Michael L. Tushman
Charles A. O'Reilly

Innovation ist machbar

Michael L. Tushman
Charles A. O'Reilly

Innovation ist machbar

verlag
moderne industrie

Die Deutsche Bibliothek – CIP-Einheitsaufnahme

Tushman, Michael L.:
Innovation ist machbar/Michael L. Tushman; Charles A. O'Reilly.
[Aus dem Amerikan. übertr. von Helga Höhlein]. – Landsberg/Lech:
mi, Verl. Moderne Industrie, 1998
ISBN 3-478-34350-X

Aus dem Amerikanischen übertragen von Dr. Helga Höhlein.

Umschlaggestaltung: Daniela Lang, Stoffen
Satz: Kaltner Media GmbH, Bobingen
Druck: Himmer, Augsburg
Bindearbeiten: Thomas, Augsburg
Printed in Germany 340350/02983
ISBN 3-478-34350-X

Inhaltsverzeichnis

Vorwort und Danksagung

Das vorliegende Buch ist aus unserer zwanzigjährigen Zusammenarbeit entstanden; es zeugt von unserem ständigen Bestreben, Unternehmensforschung und Führungspraxis miteinander zu verbinden. In diesen zwei Jahrzehnten wurden unsere Bemühungen um ein erfolgreiches Management von Innovation, Unternehmenskultur, Führungsaufgaben und Wandel durch zwei treibende Kräfte geprägt: die Evolution unserer wissenschaftlichen Disziplinen und unsere engen Kontakte zu Tausenden von Führungskräften. Forschung und Praxis haben sich gegenseitig befruchtet und geformt. Die frühen wissenschaftlichen Arbeiten von Mike L. Tushman über Kommunikationsnetzwerke in Forschung und Entwicklung sowie innovative Organisationsgestaltung erwiesen sich als eine sinnvolle Ergänzung der frühen Forschungsarbeiten von Charles A. O'Reilly über Entscheidungsfindung, Kommunikation und Kultur. Unsere Konzepte fanden erstmalig bei der Erarbeitung des *Executive Program* der *Columbia University* zum Thema *Managing Strategic Innovation and Change* Anwendung. Dieses auf strategische Innovation und strategischen Wandel ausgerichtete Programm verschaffte uns die Ausgangsbasis, um mit Führungskräften aus der Unternehmenspraxis in Kontakt treten und unsere Forschungsarbeiten zur Bewältigung von Innovation, Kultur und Wandel vertiefen zu können.

Im Lauf unserer langjährigen Lehrtätigkeit ist uns von Führungskräften immer wieder gesagt worden, unser Ansatz zu erfolgreichem Management von Innovation und Wandel erleichtere ihnen das Verstehen der dualistischen Tendenzen im Unternehmen: Erfüllung derzeitiger Leistungsansprüche einerseits und Vorbereitung der Organisation auf künftige Innovationen andererseits. Damit wurde den Führungskräften ein systematisches Vorgehen ermöglicht. So haben unsere Kontakte zu den eher pragmatisch orientierten Managern wie auch zu unseren mehr wissenschaftlich interessierten Kollegen unsere Arbeit gemeinsam geprägt und uns auf Spannungen aufmerksam gemacht, wie sie mit Innovationsmanagement unweigerlich verbunden sind. Die Forschungsarbeiten von Mike L. Tushman erbrachten neue Erkenntnisse über Technologiezyklen, Führungsteams und Organisationsentwicklung, während sich Charles A. O'Reilly verstärkt mit kulturellen, demographischen und personalpolitischen Fragestellungen befaßte. Unsere Lehrtätigkeit, die Ausbildung von Nachwuchsführungskräften und unsere Beratungspraxis haben ebenfalls eine Weiterentwicklung erfahren – immer mehr sahen wir uns aufgerufen, Managern und Organisationen zum Erfolg durch Innovation zu verhelfen.

Kürzlich hielt Don Hambrick, ein Kollege und Freund von der *Graduate School of Business* (*Columbia University*), seine Präsidialansprache vor der *Academy of Management*. In seinen Ausführungen hob er hervor, die Managementforschung zeige allzu häufig eine recht begrenzte Auswirkung auf die Managementpraxis. Don Hambrick forderte seine akademischen Kollegen auf, ihre wissenschaftlichen Ergebnisse den Führungskräften aus der Unternehmenspraxis mit höherem Nutzwert zu präsentieren. Wir stimmen ihm zu. Unserer Erfahrung nach kann die Organisationsforschung für Führungskräfte außerordentlich wertvoll sein, doch verstehen Wissenschaftler häufig nicht den Druck, dem die Führungskräfte im Unternehmensalltag ausgesetzt sind; und oft genug gelingt es ihnen nicht, ihre Forschungsergebnisse anwendungsnah darzustellen. Don Hambricks Mahnruf wie auch unser eigenes Bestreben, die reale Situation in den Organisationen zu verändern, waren Auslöser für das vorliegende Buch.

Im Lauf der letzten zehn Jahre haben wir Unterstützung und Ermutigung durch buchstäblich Tausende von Führungskräften aus aller Welt erfahren. Sie alle haben unsere Überlegungen und Konzepte geschärft, erweitert und verbessert. Ihnen gebührt unser Dank. Sie sind Koautoren in einem ganz realen Sinn. Mark Twain hat einmal gesagt, ein Mensch, der eine Katze am Schwanz nach Haus zu führen beabsichtige, lerne dabei zehnmal soviel wie einer, der lediglich zuschaue. So verstanden haben wir den Managern sorgfältig zugeschaut und eine Unmenge von ihnen gelernt. Während sie die Katze heimführten, verfaßten wir dieses Buch.

Wir waren bemüht, einschlägige Forschungsarbeiten zu Innovation, Technologie und Wandel anwendungsnah und nutzbringend darzustellen. Wir hoffen, daß unser Buch bei den Lesern – Führungskräften wie auch Nachwuchsführungskräften – etwas zu bewirken vermag. Wir möchten erreichen, daß unsere Leser die Dynamik von Innovation und Wandel nicht nur verstehen, sondern auch in der Praxis anzuwenden wissen und den Prozeß somit praktizieren. Wir haben unsere Aufgabe darin gesehen, die Kapitel so abzufassen, daß zum einen die Sorgen und Nöte der Manager im Unternehmensalltag erfaßt und zum anderen Theorie und Forschung überzeugend eingebunden sind.

Eine Reihe von Kollegen haben beim Entstehen des Buches eine wichtige Rolle gespielt. Aber einen Menschen gibt es, ohne den dieses Buch bestimmt nicht geschrieben worden wäre: Guido Spichy von *Ciba-Geigy* (jetzt *Novartis*). Guido Spichy hat uns vor allem mit seiner Energie und seiner Begeisterung geholfen. Er hat uns Möglichkeiten verschafft, damit wir unsere Vorstellungen bei *Ciba* testen konnten – er hat als unser „Produkt-Champion" hergehalten. Andere *Ciba*-Führungskräfte förderten die weitere Ausarbeitung unserer Konzepte, darunter Alex Krauer, François L'Eplatinier, Kurt Huber, Michael Jacoby, Rolf Meyer, Uwe Eisenlohr, Dieter Wyrsch, Glenn Bradley, Michel de Rougement, Robert Spoerry und Pierre Urech. Sie alle – und rund fünfhundert weitere Führungskräfte bei *Ciba* – haben uns eine Menge in bezug auf Innovation und Wandel beigebracht. Wertvolle Beiträge kamen auch von John Lane (*Data General*), Russ Demers (*Bristol-Myers Squibb*), Jerry Abarbanel (*Dun & Bradstreet*), John Elias und C.K. Chow (*BOC*), Sandy Quesada (*IBM*), John Whitehead (*Technicon*), Tracy Koon (*Intel*), Rod Spence und Johan Swanepol (*Anglo American*), Peter Lindwall (*Ericsson*), Ron Bossert (*Johnson & Jonson*), Dan Cole (*SciMed*), Dan Reid (*Citibank*), Cory Billington und Ed Feitzinger (*Hewlett-Packard*), Fabio Corno (*Centro Studi d'Impresa*, Italien), Joan Burke (*John Hancock*), Dean Hayakawa (*The Nomura School of Advanced Management*, Tokio), Kathy Esslinger (*American Electronics Association*), Rauno Puskala (*Nordic Management of Technology Group*), Soren Sjolander (*Chalmers University*), Al Bean (*Lehigh University*) und Nick Nichols (*Caltech*). Ohne ihre Unterstützung und Ermutigung wäre das Buch nicht zustande gekommen.

Auch viele Kollegen, Freunde und Studenten haben in bemerkenswerter Weise zu unserer Arbeit beigetragen. Jeff Pfeffer von der *Stanford University* und David Nadler bei der *Delta Consulting Group* sind uns in den letzten zwanzig Jahren gute Freunde und kritische Berater gewesen. Ihre Ideen ziehen sich durch das ganze Buch. Elaine Romanelli, Phil Anderson, Sara Keck und Lori Rosenkopf waren Doktoranden von Mike L. Tushman. Dave Caldwell, Jenny Chatman und Jim Wade studierten bei Charles A. O'Reilly. Wir wissen sie mittlerweile als Kollegen zu schätzen. Ihr Enthusiasmus, ihre Kreativität und ihre Energie waren uns stets Erkenntnisquelle und Herausforderung zugleich.

Ralph Katz, Andy Pettigrew, Don Hambrick, Kaye Schoonhoven, Jeff Pfeffer, Andy Van de Ven, Jenny Chatman, Bala Chakravarthy, Charlie Galunic, Linda Johanson (früher Linda Pike) und Martin Gargiulo haben die ersten Manuskript-Versionen gelesen und uns wichtiges *Feedback* zukommen lassen. Auch unsere Studenten an den Universitäten in Columbia, Stanford und Berkeley sowie am *MIT* und bei *INSEAD* haben unsere Vorstellungen und Konzepte hinterfragt und geformt. Ohne gute Studenten wäre unser Professoren-Dasein mit Sicherheit weniger fruchtbar und interessant. Entscheidend für unsere Arbeit war auch die Unterstützung seitens der Institutionen: Ohne die langfristige Unterstützung der *Columbia University* für Mike L. Tushman und die Unterstützung der *Berkeley University* für Charles A. O'Reilly hätte dieses Buch nicht geschrieben werden können. Die Fakultät und die Verwaltung in diesen Institutionen wissen gute Forschung und die Umsetzung dieser Forschung in praxisnahes Managerwissen sehr zu schätzen.

Damit ist die Liste all derjenigen, die zu diesem Buch beigetragen haben, keineswegs erschöpft. An der *Harvard Business School Press* lernten wir höchst kompetente Fachleute kennen – Carlo Franco, Hollis Heimbouch, Barbara Roth, Natalie Greenberg und Nindy LeRoy. Es war eine Freude, mit ihnen zusammenarbeiten zu dürfen. Sie haben dazu beigetragen, daß unser Buch die Sprache der Manager spricht. Die verwaltungstechnische und redaktionelle Unterstützung von Joy Glazener hat Stil und Produktivität von Mike L. Tushman an unzähligen Stellen verbessert. Alan Gistrak und Murray Bilmes lieferten fundamentale Einsichten zur Fertigstellung des Buches. Sie alle haben mehr dazu beigetragen, als ihnen bewußt ist. Ihre professionelle Unterstützung war für unser Buch von unschätzbarem Wert.

Ganz besonders aber möchten wir den wichtigsten privaten Stützpfeilern danken – unseren Familien. Für Rachel und Jonathan, die Kinder von Mike L. Tushman, „ist das Buch endlich fertig". Dank euch allen für eure Geduld und eure Liebe! Marjorie William hat tatkräftig mit professionellem Einblick, emotionaler Energie, Verstandesschärfe und all ihrer Liebe und ihrem Zuspruch Mike L. Tushman den Freiraum und Hintergrund verschafft, der es ihm ermöglichte, dieses Buch zu schreiben und neue Dimensionen seines Lebens zu erfahren. Anne und Brant Wenegrat standen Charles A. O'Reilly ebenso großzügig bei. Ulrike Schaede schließlich machte das ganze Projekt zu einem vergnüglichen Unterfangen.

Kapitel 1
Die Tyrannei des Erfolgs

Im Jahr 1972 standen *IBM*, *General Motors* und *Sears* auf der *Fortune-500*-Liste an erster, vierter und sechster Stelle. 1983 wurden sie unter den meistbewunderten Unternehmen im Land aufgeführt. 1982 lag *IBM* in der entsprechenden Umfrage sogar an der Spitze. Doch 1992 hatte jedes dieser Unternehmen zu kämpfen, und keines von ihnen zählte noch zu den ersten 20 *Fortune*-Unternehmen. Kumulativ gesehen mußten sie allein im Jahr 1992 insgesamt 32,4 Milliarden Dollar Verluste hinnehmen. Wie konnte das geschehen? Wie konnten die allem Anschein nach klugen Manager, die doch außerordentlich hoch bezahlt wurden, um ein Scheitern zu verhindern, es zulassen, daß diese einst bewunderten Unternehmen ihre Wettbewerbsvorteile einbüßten?[1]

1963 hielt Thomas Watson Jr., einer der wohl berühmtesten Manager in ganz Amerika, einen Vortrag vor einer Gruppe von Betriebswirtschaftlern an der *Columbia University*. Er wies darauf hin, daß heute nur noch zwei der um 1900 führenden 25 Industriefirmen in den Vereinigten Staaten in dieser Kategorie zu finden seien: „Zahlen wie diese rufen uns in Erinnerung, daß ... Erfolg – bestenfalls – eine vorübergehende Errungenschaft ist, die uns jederzeit abhanden kommen kann“ (Loomis 1993, S. 36–42). Keine 30 Jahre später traf diese Aussage unmittelbar auf *IBM* zu. Mitte der 80er Jahre entfielen 40 Prozent der Umsätze und 70 Prozent der Gewinne in der Computerbranche auf *IBM*. Das Unternehmen verfügte über ein immenses Potential in bezug auf Technologie, finanzielle Möglichkeiten, Marketing und Personalwesen. So wie *Xerox* den Reprographik-Markt in den 70er Jahren beherrschte, so dominierte *IBM* den Computermarkt. Doch in den Jahren 1986 bis Ende 1994 sah sich *IBM* gezwungen, fast 200000 Mitarbeiter zu entlassen. Insgesamt hatte das Unternehmen 14 Milliarden Dollar Hardware-Gewinne eingebüßt; allein für 1993 wies der Jahresbericht einen Verlust von 8,1 Milliarden Dollar aus (Sager 1995b, S. 116–120; Sherman 1994).

In den 80er Jahren schwelgte die Wirtschaftspresse in Berichterstattungen über all die Management-Heldentaten von Unternehmen wie *Toyota*, *Apple* und *People Express*. Heute existiert *People Express* nicht mehr, *Apple* ist nur noch ein Schatten seiner selbst, und europäische Autohersteller wie *Mercedes* ziehen *Ford* und nicht *Toyota* als Vergleichsmaßstab heran. In den 80er Jahren stürzten sich die Führungskräfte auf die Umsetzung von Techniken wie Qualitätszirkel, *Just-in-Time*-Lagerhaltung und schlanke Produktion. Heute lesen wir Artikel, die das Scheitern von *Total Quality Management* (*TQM*) und die mit übertriebenem *Reengineering* in blutarmen Organisationen verbundenen Gefahren thematisieren. Zur Zeit werden Firmen wie *ABB*, *GE* und *Microsoft* in Wirtschaftsjournalen und Fachzeitschriften hochgejubelt. Unseren bisherigen Erfahrungen zufolge ist durchaus damit zu rechnen, daß die Wirtschaftspresse in rund zehn Jahren über rückläufige Entwicklungen bei so manchen dieser Unternehmen zu berichten hat (Abrahamson 1996).

Dieses Muster – *Erfolg, gefolgt von Mißerfolg; Innovation, gefolgt von Trägheit* – ist immer wieder zu beobachten, unabhängig von Unternehmen, Branche und Zeit. Und das ist keineswegs ein amerikanisches, europäisches oder asiatisches Phänomen; vielmehr handelt es sich um eine globale Krankheit, die Manager aller Führungsebenen befallen kann. Ob es sich um das Ableben großer US-amerikanischer Firmen wie *Singer Sewing Machines*, *International Harvester* oder *Western Union* (einst die erfolgreichsten Technologieunternehmen der Welt) handelt oder um den derzeitigen Existenzkampf von Unternehmen wie *Philips*, *Nissan* oder *Fiat* – die Botschaft ist eindeutig: Erfolg ist oft von kurzer Dauer.

Aber Erfolg muß nicht lähmen. Wirklich erfolgreiche Unternehmen sind in der Lage, zeitgleich mit der Entwicklung der organisatorischen Voraussetzungen für eine langfristige strategische Erneuerung auch kurzfristige Vorteile zu nutzen. Sie verändern sich durch proaktive Innovation und strategischen Wandel. Proaktive Firmen sind in der Lage, die Stärken der Gegenwart zu Stärken der Zukunft zu machen, indem sie das Innovationstempo in ihren Branchen vorgeben.[2]

Um nicht nur heute, sondern auch morgen Erfolg zu haben, müssen Manager „auf zwei Hochzeiten tanzen“. Zum einen müssen sie ständig um Verbesserung ihrer kurzfristigen Wettbewerbsfähigkeit bemüht sein, was eine effizientere Abstimmung von Strategie, Struktur, Mitarbeitern, Kultur und Prozessen – die Beherrschung der Grundlagen – voraussetzt. Doch Effizienz allein gewährleistet nicht den langfristigen Erfolg. Im Gegenteil: Ein Erfolg von heute kann durchaus die Wahrscheinlichkeit zukünftigen Mißerfolgs erhöhen. Um auf Dauer Erfolg zu haben, müssen die Manager zum anderen erkennen, wie und wann revolutionäre Innovation und, damit verbunden, revolutionärer organisatorischer Wandel angesagt sind.

Organisatorische Erneuerung setzt die Beherrschung der Dynamik von Innovation und organisatorischem Wandel voraus. Wirklich gute Führungskräfte verstehen sich darauf, ihren Managementaufgaben für heute wie für morgen gleichermaßen gerecht zu werden. Die Fähigkeit, auf zwei Hochzeiten gleichzeitig zu tanzen, ist für langfristiges Überleben und langfristigen Erfolg unerläßlich. Das hierfür erforderliche Instrumentarium können alle Manager verstehen und anwenden. Es versetzt die Führungskräfte in die Lage, sich zu Architekten ihrer Organisation zu entwickeln und die betriebliche Arbeitssituation in angemessener Weise zu gestalten und zu organisieren. Zugleich vermittelt es ein tieferes Verstehen der Dynamik von Innovation und organisatorischem Wandel.

Die Tyrannei des Erfolgs – ein Problem seit eh und je

Wenn sich Manager mit ständig wandelnden Wettbewerbsbedingungen, neuen Technologien und wechselnden Märkten konfrontiert sehen, gewinnen sie leicht den Eindruck, sie hätten Herausforderungen zu bewältigen, wie sie ihren Vorgängern gänzlich erspart geblieben seien. Einerseits haben sie damit recht – andererseits aber auch nicht. Recht haben sie insoweit, als die Veränderung von Märkten und Technologien vielfach auf neuartige und unberechenbare Weise erfolgt, aber die grundlegende Dynamik eines solchen Wandels ist in allen Branchen, in allen Ländern und zu allen Zeiten unverändert. Somit mögen die spezifischen Merkmale der Wettbewerbsumgebung einzigartig sein – die Art und Weise, in der sie sich auf Führungskräfte und Organisationen auswirken, bleibt immer gleich.

Wir wollen die Dynamik von Innovation und organisatorischem Wandel erkunden, indem wir weder mit den neuesten biotechnologischen Errungenschaften noch mit dem *Info-Highway* der 90er Jahre beginnen, sondern zunächst einmal hundert Jahre zurückgehen und eines der ältesten belegten Beispiele für die Reaktion von Führungskräften auf die Herausforderung durch Innovation und Wandel aufgreifen. Wenn Sie den folgenden Bericht lesen, sollten Sie einmal überlegen, wie die Geschichte heute – in Ihrer Organisation – ablaufen könnte.

Elting Morison war weder Manager noch Management-Professor, sondern ein auf technologische Entwicklungen spezialisierter Historiker.[3] An betriebswirtschaftlichen Fragen war er in keiner Weise interessiert. Dennoch könnte sein sorgfältiger Bericht über Entwicklung und Akzeptanz einer relativ einfachen Innovation in der US-Marine durchaus eine Parabel für Innovationsaktivitäten in so manchen heutigen Organisationen abgeben. Morison beschreibt, wie ein Geschütz mit kontinuierlicher Zielnachführung – eine neuartige Technik zum Zielen und Abfeuern von Schiffskanonen – um die Jahrhundertwende Eingang in die US-Marine fand. Diese Innovation bedeutete dramatische Fortschritte bei der Bewältigung einer der wichtigsten Aufgaben der Marine: Es galt, gegnerische Schiffe zielsicher zu treffen und zu zerstören. Und doch wäre es zu dieser Innovation fast nicht gekommen.

1898 waren Schiffskanonen geradezu berüchtigt für ihre geringe Trefferquote. In einer Untersuchung stellte das *Bureau of Ordnance* (die *F&E*-Gruppe der Marine) fest, daß von 9500 abgeschossenen Kanonenkugeln nur 121 ihr Ziel erreicht hatten! Kanonenschüsse mit Geschützen, die an Deck eines in ständiger vertikaler und horizontaler Bewegung befindlichen Schiffes fest installiert sind, sind keine leichte Aufgabe. Die US-Marine konnte vergleichsweise sogar mit guten Leistungen aufwarten. Sie war kurz zuvor am Spanisch-Amerikanischen Krieg beteiligt gewesen, und jeder Vergleich in bezug auf Treffergenauigkeit und Treffergeschwindigkeit hätte ergeben, daß die amerikanische Marine den höchsten Leistungsstandard aufwies. Jeglicher Kritik an ihrer geringen Trefferquote konnte entgegengehalten werden, daß keine Marine zu besseren Geschützleistungen auf See imstande war.

Die geringe Trefferquote wurde schlicht als notwendiges Übel in Anbetracht der Komplexität einer Kriegsführung auf See hingenommen, bis Admiral Percy Scott von der britischen Marine ein Kanonenschütze auf seinem Schiff auffiel, der mit seinen Trefferquoten weit über der Norm lag. Nach sorgfältiger Beobachtung erkannte Scott, daß der Kanonenschütze die Rollbewegungen des Schiffes instinktiv berücksichtigte, wenn er ein Ziel ins Auge faßte. Daraufhin ließ der Admiral die Kanone auf einer Hebevorrichtung installieren, was die Anpassung an das Ziel erleichterte; ergänzt wurde das Geschütz durch eine teleskopische Zielvorrichtung. Mit dieser neuen Technik (der Kanone und den damit verbundenen Teilsystemen) erhöhte sich die Trefferquote auf Scotts Schiff um mehr als 3000 Prozent.

Admiral Scott war von Natur aus Erfinder und kein „Produkt-Champion". Er sorgte für die Nachrüstung seines Schiffes, zeigte aber keinerlei Interesse, andere Offiziere der britischen Marine zu derselben Umstellung zu veranlassen. Allerdings teilte Scott seine Innovation einem gewissen Leutnant Sims, einem jungen amerikanischen Marineoffizier, mit. Sims diente auf einem US-amerikanischen Schiff, das auch im südchinesischen Meer patrouillierte. Als gewissenhafter Offizier war Sims daran interessiert, die Treffergenauigkeit seiner Kanonenschützen zu verbessern. Schnell ließ er sich davon überzeugen, daß der neue Ansatz von Scott für die US-Marine von entscheidender Bedeutung wäre. Wer hätte wohl etwas gegen eine 3000prozentige Verbesserung der Treffersicherheit seiner Kanonen einzuwenden? Er setzte sich für die Innovation ein, indem er umfassendes Material zu ihrer Effizienz und Präzision zusammentrug. Sims stellte seine Daten sorgfältig zusammen und sandte detaillierte Berichte an die Marine und das *Bureau of Ordnance* in Washington, D.C. Er rechnete mit einer schnellen und positiven Antwort.

Sims sollte enttäuscht werden. Er wartete ab, hörte aber nichts aus Washington. Die Antwort der Marine und des *Bureau of Ordnance* auf Sims' neues Produkt bestand zunächst darin, nichts weiter zu unternehmen. Seine Berichte wurden schlichtweg ignoriert. Schließlich konnte ein junger Leutnant, 7500 Meilen von der Kommandozentrale entfernt, kaum mehr von Kanonengeschützen auf See verstehen als erfahrene Offiziere und Experten aus der Forschungsabteilung der Marine. Aber Sims war nicht bereit, so einfach auf seine Innovation zu verzichten; er sammelte weiterhin Daten und schickte unverdrossen Berichte an das *Bureau* und die Militärs in Washington. Seiner Ansicht nach mußte jeder vernünftige Mensch die Vorteile eines Kanonengeschützes mit kontinuierlicher Zielnachführung einsehen. Überzeugt, daß die Technologen im *Bureau of*

Ordnance letztlich auf seine Daten reagieren müßten, schickte Sims noch mehr Berichte als Beleg für die Wirksamkeit seiner Innovation ein. Seine Berichte blieben weiterhin unbeachtet.

In Anbetracht dieses Schweigens intensivierte Sims seine Bemühungen. Sein Ton wurde direkter. Er begann, seine Berichte auch an andere Schiffsoffiziere zu verteilen. Schon bald wurde er den zuständigen Stellen zu lästig, um noch ignoriert zu werden. Zu viele Leute wußten mittlerweile von seinen merkwürdigen Behauptungen, so daß sich das *Bureau of Ordnance* zu einer Antwort gezwungen sah. Zunächst wies man mit vermeintlich vernünftigen Argumenten darauf hin, die Innovation könnte gar nicht so funktionieren, wie Sims behauptete. Und außerdem, so wendete man ein, gäbe es doch gar kein Problem in bezug auf die Treffergenauigkeit bei der US-Marine. Die Marine verfügte über die beste Technologie der Welt und hätte diese noch kürzlich siegreich in einem Krieg eingesetzt. Wenn es ein Problem gäbe, dann beträfe dies wohl eher die Schützen und ihre Ausbildung, nicht aber die Geschützeinrichtung als solche.

Diese Reaktion versetzte Sims derart in Wut, daß er den Konflikt mit weiteren Daten, Berichten und harschen Tönen noch schürte. Angesichts dieser zunehmend in aller Öffentlichkeit ausgetragenen Kontroverse war das *Bureau* gezwungen, Sims Konzeption von einem Kanonengeschütz mit kontinuierlicher Zielnachführung zu testen. Bei diesem Test wurde eine Kanonenplattform eingesetzt, die fest auf trockenem Boden verankert war. Weil somit das Rollen eines Schiffes auf See nicht berücksichtigt wurde, „bewiesen“ die Ergebnisse allem Anschein nach, daß eine Geschützeinrichtung mit kontinuierlicher Zielnachführung nicht möglich war – wie man es in der Marine und im *Bureau* schon immer gewußt hatte. Die Folge war, daß sich Sims, die Marine und das *Bureau of Ordnance* gegenseitig beschimpften.

Doch nun war es um Sims Karriere geschehen. Er hatte die obersten Marine-Behörden herausgefordert, er hatte ihre Motive und Kompetenz in Zweifel gezogen, und er war in höchstem Maße aufdringlich geworden. Schließlich unternahm er noch den bemerkenswerten Schritt, den ganzen Fall zu dokumentieren und seinen Bericht direkt an Theodore Roosevelt, den Präsidenten der Vereinigten Staaten, zu schicken. Erstaunlicherweise las der Präsident, der in früheren Zeiten mit seinem Freiwilligenregiment „*Rough Riders*" und als Unterstaatssekretär in der Marine gedient hatte, tatsächlich den Sims-Bericht und erkannte das Potential des neuen Ansatzes. Unter Mißachtung der in der Marine üblichen Gepflogenheiten und der gesamten Hierarchie holte er Sims nach Washington und setzte ihn als Inspektor für die Zielpraxis ein: Roosevelt ordnete in der gesamten Marine den Einsatz von Kanonengeschützen mit kontinuierlicher Zielnachführung an, und Sims erhielt den Auftrag, dafür zu sorgen, daß diese Anordnung befolgt wurde.

Wichtig ist vor allem der folgende Umstand: Zu dieser Innovation konnte es nur deshalb kommen, weil ein „Produkt-Champion" bereit war, seine Karriere um des Prinzips willen zu opfern. Die Innovation wurde trotz ihrer „bewiesenen Untauglichkeit" eingeführt – gegen den Widerstand genau der Leute, von denen ein Außenstehender am ehesten Einsicht in die damit verbundenen Vorteile erwartet hätte. Und schließlich kam die Innovation deshalb zustande, weil sich der oberste Chef aus nach wie vor unerfindlichen Gründen die Zeit nahm, einen Bericht zu lesen, und obendrein bereit war, nicht auf seine erfahrenen Berater zu hören. So sollte die Einführung von organisatorischen Innovationen ganz sicher nicht erfolgen, aber der Fall zeigt deutlich, welche Prozesse Innovation und Wandel erschweren.

Wir haben die Geschichte von Leutnant Sims mit Managern aus Asien, Europa und Amerika diskutiert und dabei festgestellt, daß in unseren heutigen Organisationen genau dieselbe Dynamik am Werk ist. Die Herausforderung als solche hat sich nicht geändert. Aber leider auch nicht die Reaktion, wie sie in vielen Organisationen zu beobachten ist.

Aus der Vergangenheit lernen

Bevor wir uns fragen, was wir aus Morisons Bericht in Sachen *Management* lernen können, müssen wir erst einmal begreifen, warum ein solcher Widerstand gegen ein unumstritten wichtiges Produkt für die Marine geleistet wurde. Die Opposition war derart beeindruckend, daß Morison in Anbetracht der angestrengten Bemühungen seitens der Marine-Hierarchie um Wahrung des *Status quo* von „dynamischem Konservatismus“ sprach. Morison nennt mehrere Gründe. Erstens war Sims als der „Produkt-Champion“ ein Mensch, der anders war als andere – ein Offizier niederen Ranges am äußersten Rand der Organisation (buchstäblich 7500 Meilen weit entfernt). Zudem verhielt er sich intolerant gegenüber Bürokratie und Hierarchie der Marine; er fügte sich nicht in die Kultur und die Traditionen der Marine, wo Loyalität und Gehorsam zählten. Da Sims wenig Glaubwürdigkeit besaß und nicht in der Lage war, sich mit glaubwürdigeren Offizieren zu verbünden, wurde er schnell als „hirnrissiger Egotist“ und „Tatsachenverdreher“ abgestempelt.

Zweitens wehrte man sich gegen Kanonengeschütze mit kontinuierlicher Zielnachführung, da mit einer solchen Einrichtung (zumindest aus Sicht der Marine-Hierarchie) keine dringenden organisatorischen Probleme gelöst wurden. Außerdem war jüngst der Dienst auf See durch eine Reihe anderer technologischer Veränderungen – darunter die Einführung von Dampfturbinen und Elektromotoren – erschüttert worden. Eine glorreiche, erfolggekrönte Geschichte, Verkennung der Trefferproblematik, hervorragendes Abschneiden im Leistungsvergleich und andere vordringliche Veränderungen hatten insgesamt zur Folge, daß Sims und seine Innovation beiseite geschoben wurden.

Drittens hatte die Marine als Organisation eine starke, stolze, konservative Kultur entwickelt, in der Mut, Tapferkeit und Feindberührung als Tugenden geschätzt wurden. Die Einführung von Kanonengeschützen mit kontinuierlicher Zielnachführung hätte bedeutet, daß die Schlachten auf See kalt und aus weiter Entfernung geführt würden. Die Innovation würde Strategie und Taktiken der Kriegsführung auf See verändern. Die Kernwerte der Marine verlören an Bedeutung.

Viertens würde die Einführung des neuen Kanonengeschützes die Bedeutung der seit jeher entscheidenden navigatorischen Fähigkeiten und damit die Macht des Kapitäns und seiner Navigationsoffiziere mindern, denn nun kam es auf die neu erworbenen Kenntnisse und Erfahrungen des Artillerieoffiziers an. In dieser neuen Welt hätten der Kapitän und die Navigationsoffiziere nur noch die Aufgabe, das Schiff so zu steuern, daß die Kanonenschützen ihr Ziel sehen konnten. Navigation und Tapferkeit als die in der Marine ausschlaggebenden Kompetenzen würden bei Einführung der neuen Technologie ihren Wert verlieren.

Und schließlich war das *Bureau of Ordnance* die offizielle Hochburg für kanonentechnologisches Wissen. Auch diese Abteilung war stolz auf ihre Kompetenz, aber natürlich stand sie in keinem engeren Kontakt zu ihren „Kunden". Mit der Einführung eines neuen Kanonengeschützes, das eine derart massive Erhöhung der Trefferquote ermöglichte, hätte die Marine zugeben müssen, daß ihre Kompetenz geringer war als bisher angenommen. Und daß die Entwicklung eines solchen Produkts auch noch von einem rangniedrigen und als unkonventionell bekannten Offizier kam, galt als zusätzliche Beleidigung. Da das neue Kanonengeschütz nicht mit offizieller Genehmigung der Marine erfunden worden war, konnte es nach der im *Bureau of Ordnance* vertretenen Logik nichts taugen.

Die Marine als eine traditionell erfolgreiche Organisation hatte Strukturen, Systeme, kulturelle Werte und Führungsgepflogenheiten entwickelt, die samt und sonders aufeinander abgestimmt waren. Die Mitglieder dieser Gesellschaft wußten aus Erfahrung, was funktionierte, und sie meinten auch zu wissen, was wichtig und praktikabel war. Doch schon die Einführung einer scheinbar wichtigen Innovation konnte das Gefüge durcheinanderbringen, und deshalb reagierte man mit Widerstand und Trägheit – nicht, weil die „Manager" uneinsichtige Sturköpfe gewesen wären, sondern weil sie von einer bestimmten Kultur durchdrungen waren und damit Erfolg gehabt hatten. Sims und seine Innovation bedeuteten eine Bedrohung für den *Status quo*. Dieses Erfolgssyndrom, dieser aktive Widerstand gegen Innovation und Wandel, hielt die US-Marine in ihrer glorreichen Vergangenheit gefangen.

Morison führt dieses Beispiel an, um seine Kernhypothese zu entwickeln – eine Hypothese, die sich durch unser ganzes Buch zieht. Er meint, aufgrund „begrenzter Identifikation" (Konzentration auf das Produkt und weniger auf den Prozeß) seien erfolgreiche Organisationen dynamisch konservativ in ihrem aktiven Bemühen um Wahrung ihrer Kernkompetenzen. Dieser Konservatismus könne jeder erfolgreichen Organisation und jedem erfolgreichen System die erforderliche Selbsterneuerung beträchtlich erschweren. In Morisons Beispiel mußte die Reform der Marine von einem externen Agenten, dem Präsidenten, und dem Protagonisten Sims, der die Normen der vorhandenen Kultur verletzte, regelrecht erzwungen werden.

Die Problematik der begrenzten Identifikation und des dynamischen Konservatismus gilt es auch heute zu beachten – nicht nur in der US-Marine, sondern in den meisten erfolgreichen Unternehmen schlechthin. Paradoxerweise führt vielfach gerade eine erfolgreiche Firmengeschichte im Verbund mit den derzeitigen Entwicklungen hinsichtlich Strategie, Struktur, Mitarbeitern und Kultur eines Unternehmens dazu, daß Innovation und adaptiver Wandel behindert werden. Die Offiziere der US-Marine um die Jahrhundertwende standen vor derselben Herausforderung wie unsere Manager heute: Es gilt, einen Ausgleich zu finden zwischen der Notwendigkeit einer starken Abstimmung von Strategie, Struktur, Mitarbeitern und kulturellen Normen zwecks erfolgreicher Bewältigung anstehender Aufgaben einerseits und der Notwendigkeit periodisch-revolutionärer Veränderungen als Voraussetzung für eine erfolgreiche Bewältigung künftiger Aufgaben andererseits. Findet ein solcher Ausgleich zum falschen Zeitpunkt statt, kann dies, wie wir noch sehen werden, Mißerfolge nach sich ziehen. Findet ein solcher Ausgleich gar nicht statt, sind Mißerfolge vorprogrammiert.

Lektionen für Manager von heute

Bevor wir das neunzehnte Jahrhundert verlassen, wollen wir aufzeigen, welche einschlägigen Lektionen sonst noch aus dem Fall *Sims* zu lernen sind:

1. Die 3000prozentige Erhöhung der Treffgenauigkeit war nicht Resultat der Grundlagenforschung beziehungsweise einer neuen Technologie. Vielmehr folgte diese bahnbrechende Innovation aus der kreativen Anwendung einer bereits bestehenden Technologie. Neu war die von einem Praktiker und nicht einem Wissenschaftler stammende Erkenntnis, daß vorhandene Technologien miteinander kombiniert und zur Erzielung beträchtlicher Leistungsverbesserungen eingesetzt werden können.

2. Kanonengeschütze mit kontinuierlicher Zielnachführung resultierten aus dem Zusammentreffen eines Zufallsereignisses mit einer bereitwilligen, motivierten Führungskraft. Admiral Scott war Kommandant eines Schiffes, auf dem sich die Schützen frei fühlen konn-

ten, eigenmächtig etwas auszuprobieren. Dieses Experimentieren mit Versuch und Irrtum führte letztlich zu dem einen Vorfall, den Scott beobachtet und der Entwicklung seines neuen Kanonengeschützes zugrunde gelegt hatte. Scotts Einheit war durch eine eher freiheitliche Kultur geprägt, die nicht auf strikter hierarchischer Autorität bestand, sondern Innovation und Wandel förderte.

3. Solange Erwartungshaltung und Leistung nicht auseinanderklaffen, wird ein erfolgreiches System aktiv um Wahrung seiner Stabilität bemüht sein. Die Führungskräfte erfolgreicher Organisationen wissen aus Erfahrung, was funktioniert und was nicht, und sie sind in der Lage, ihre Erfahrungen in formelle und informelle Strukturen und Prozesse einzubringen. Allerdings sind solche Lektionen häufig nur in einem einförmigen und gleichförmigen Umfeld effektiv: Sobald ein Lernprozeß nicht nur die Erfahrungen von gestern, sondern vorrangig Reaktionen auf die Anforderungen von heute verlangt, gerät eine solche Organisation schnell ins Stolpern. Von Generälen heißt es, sie seien allzeit bereit, den letzten Krieg noch einmal zu führen. Auch Manager zeigen sich oft nur allzu bereit, auf Märkten von gestern zu kämpfen.

   Um der Tyrannei des Erfolgs zu entgehen, müssen Manager zuweilen gerade in Phasen des Erfolgs Leistungsdefizite beziehungsweise Möglichkeiten zur Leistungssteigerung schaffen. Sims versuchte es mit Daten, aber Fakten sind häufig eine Funktion des historischen und politischen Kontexts. Da keine Krise anstand, galt eine Verbesserung der Trefferquote nicht als hinreichend vordringlich, um die Marine aus ihrer Trägheit zu reißen. Hätte hingegen die Marine Schiffe durch gegnerischen Beschuß verloren, wäre die Reaktion der Organisation auf ein Geschütz, mit dem sich die Trefferquote um 3000 Prozent erhöhen ließ, mit Sicherheit anders ausgefallen. Wenn erfolgreiche Organisationen keine Probleme haben, entwickeln sie Arroganz – und werden entsprechend verletzlich.

4. Wichtig ist auch die Feststellung, daß der Widerstand, der Sims entgegengebracht wurde, das gesamte System durchzog. Dieser Widerstand konzentrierte sich nicht auf eine einzige Person oder eine kleine Gruppe von Individuen, die einen bevorstehenden Wandel ab-

lehnten. Vielmehr wehrte sich die gesamte Marine mit Struktur, Kultur, Traditionen, Prozessen und Mitarbeitern gegen die von der Innovation ausgehende Bedrohung. Die Karrieren in der Marine basierten auf Konformität, Autoritätsgläubigkeit und Erfahrung auf See. In einer solchen Kultur war Sims so etwas wie eine begnadete Ausnahme. Die Führungskräfte in der Marine waren Männer, die es im alten System zu etwas gebracht und ihr Leben auf See für den Erfolg dieses Systems eingesetzt hatten. Demgegenüber setzt eine erfolgreiche Realisierung von Innovation und Wandel voraus, daß die Führungskräfte eine Möglichkeit finden, die im gesamten System verwurzelten Ursachen für den Widerstand gegen Innovation und Wandel ohne eigene Emotionen zu diagnostizieren.

5. Beachtenswerterweise setzten sich Innovation und Wandel dann sehr schnell durch, als der oberste Chef (in diesem Fall der Präsident) aktiv wurde. Wie wir an späterer Stelle noch ausführlich erörtern werden, entschließen sich 90 Prozent aller Organisationen in Anbetracht revolutionärer Veränderungen erst unter Leitung eines neuen Topmanagement-Teams zu einer Neuorientierung. Eine kürzlich von *McKinsey & Company* durchgeführte Studie in 85 Großunternehmen, die sich ausnahmslos mit Schwierigkeiten konfrontiert sahen, kam zu dem Ergebnis, daß erst zwei Drittel der Spitzenführungskräfte ersetzt werden mußten, bevor der Betrieb wieder richtig funktionierte (Lublin/Markels 1995, S. 131). Es ist schon sehr ungewöhnlich, wenn einer derzeitigen Unternehmensleitung die Bewältigung revolutionären Wandels gelingt. Allerdings gilt in den meisten erfolgreichen Unternehmen das derzeitige Management als Auslöser für den Wandel. Diese Ergebnisse unterstreichen, wie wichtig es ist, daß die Führungskräfte lernen, sich sowohl für evolutionäre als auch für revolutionäre Innovationen wie auch für organisatorischen Wandel einzusetzen.

6. Einerseits müssen Manager darauf achten, daß sich kein Widerstand gegen Wandel ausprägt; andererseits sollten sie aber auch die erheblichen Vorteile zu schätzen wissen, die eine robuste, stabile, zuverlässige Organisation zu bieten hat. Ordnung, Stabilität und Disziplin führen sowohl in militärischen Auseinandersetzungen als auch im kommerziellen Konkurrenzkampf zum Sieg. Einer Marine, in der es zu viele Offiziere wie Sims gibt, fehlt unter Umständen die richtige

Koordination, um effektiv agieren zu können. Wandel kann eine Organisation auch lähmen. Die meisten Spitzenführungskräfte haben es mit vielen „Produkt-Champions" zu tun, die nur allzu bereit sind, die Organisation zu verändern. Im nachhinein stellt sich dann heraus, daß von 100 solcher brillanten Agenten vermutlich nur 10 echte Champions waren. Bei den übrigen 90 handelte es sich wohl tatsächlich um „hirnrissige Egotisten", und für einen solchen hatten manche Offiziere Leutnant Sims auch gehalten. Leider wissen Manager den Champion häufig nicht vom Schwadroneur zu unterscheiden, und deshalb haben erfolgreiche Organisationen allen Grund, sich vor den „Simsen" dieser Welt zu hüten. Dynamischer Konservatismus ist wichtig – wie auch das Lernen nach der *Trial-and-error*-Methode als Ausgangsbasis für so manche bahnbrechende Innovation.

Praktische Anleitung zu organisatorischem Wandel und organisatorischer Erneuerung

Die Lehren, die uns Morison nahegebracht hat, fügen sich in den Kontext eines weitaus umfassenderen Phänomens ein. So sind die Probleme von Leutnant Sims vor rund hundert Jahren durchaus den Schwierigkeiten vergleichbar, die unzählige Manager heute zu bewältigen haben. Werfen Sie einen Blick auf die in Tabelle 1.1 aufgelisteten Branchen. Entdecken Sie irgendwelche Gemeinsamkeiten? Zunächst wohl kaum. Wie könnte auch die Finanzdienstleistungsbranche Ähnlichkeiten mit der Branche für Sportgeräte aufweisen! Aber einen Störfaktor gibt es, der allen gemeinsam ist: In allen Branchen kommt es immer wieder vor, daß eine Reihe führender Unternehmen in Zeiten schnellen Wandels zu Verlierern werden. Ob es um Uhren, Autos, Motorräder, Reifen, Bankwesen, Fluglinien, reprographische Betriebe, Sportschuhe oder Finanzdienstleistungen geht – der Wettbewerb auf dem heimischen Markt hat sich rasch zum globalen Wettbewerb entwickelt; die Zykluszeiten für die Produktentwicklung sind drastisch verkürzt; Qualität, Lieferservice und Kundendienst sowie Innovation sind die entscheidenden Wettbewerbsvoraussetzungen geworden. Zudem werden Gewinner – branchenunabhängig – häufig dann zu Verlierern, wenn sich die Bedingungen in der jeweiligen Produktklasse verändern. Die Zahl der Manager, denen die erforderliche Anpassung an derart veränderte Wettbewerbsbedingungen nicht gelingt, ist weitaus höher als die Zahl derjenigen, die dazu in der Lage sind (siehe Tabelle 1.2).

Uhren	Lebensmittelverarbeitende Betriebe
Autos	Mikrowellen-Öfen
Kameras	Sportgeräte
Stereoanlagen	Halbleiter
Medizinische Ausrüstungen	Industrieroboter
Farbfernseher	Maschinenwerkzeuge
Handwerkzeuge	Optische Geräte
Gürtelreifen	Beratungsdienste
Elektromotoren	Computer-Hardware
Fotokopierer	Textilien
Schiffsbau	Fluglinien
Software	Finanzdienstleistungen

Tab. 1.1: Branchen mit hohem Verlustpotential: Führende Unternehmen verlieren schnell ihre Marktposition

ICI (Chemieprodukte)	*SSIH* (Uhren)
IBM (Personalcomputer)	*Oticon* (Hörhilfen)
Kodak (Photozubehör)	*Bank of America* (Finanzdienstleistungen)
Sears (Einzelhandel)	*Goodyear* (Reifen)
General Motors (Automobile)	*Polaroid* (Photozubehör)
Ampex (Videorekorder)	*Bausch and Lomb* (Optik)
Winchester (Diskettenlaufwerke)	*Smith-Corona* (Schreibmaschinen)
U.S. Steel (Stahl)	*Fuji Xerox* (Kopierer)
Syntax (Pharmazeutische Produkte)	*Zenith* (Fernseher)
Philips (Elektronik)	*EMI* (CT-Scanner)
Volkswagen (Automobile)	*Harley-Davidson* (Motorräder)

Tab. 1.2: Die Tyrannei des Erfolgs: Produktklassen-Gewinner fallen ihrem eigenen Erfolg zum Opfer

Zu solchen Mißerfolgen kommt es nicht nur in rückläufigen Branchen, in denen das eine oder andere Unternehmen „Exit-Strategien" ausspielt; im

Gegenteil – all diese Beispiele weisen veränderte Produktklassen und erhöhte Marktchancen auf. Außerdem fehlte es den rückläufigen Unternehmen keineswegs an der für Erfolg maßgeblichen Technologie. Vielmehr werden intern entwickelte Innovationen – ganz wie das Kanonengeschütz mit kontinuierlicher Zielnachführung – schlichtweg vergeudet. Somit ist das Scheitern solcher Organisationen auf die Unfähigkeit der Spitzenführungskräfte zurückzuführen, Innovation und Wandel in die richtigen Bahnen zu lenken. Doch organisatorische Stabilität braucht erfolgreiche Organisationen keineswegs wie Geiseln an ihre Vergangenheit zu fesseln. Es gibt langfristige Erfolgsgeschichten zuhauf: *GE Medical Systems, Intel, Microsoft, Ericsson Radio, Alcoa, Ciba Vision, Hewlett-Packard Printers* und *BOC Gases* sind Beispiele für Unternehmen, die proaktiv vom Erfolg von heute zum Erfolg von morgen übergegangen sind – durch Innovation und Wandel.

Dieses paradoxe Muster, demzufolge Gewinner häufig zu Verlierern werden und Unternehmen ihre innovative Stoßkraft einbüßen, ist ein weltweit zu beobachtendes Phänomen. Ob wir nun die Überlebenskämpfe von *IBM, Apple* oder *General Motors* in den Vereinigten Staaten, *Michelin* in Frankreich, *Philips* in Holland, *EMI* oder *British Gas* in England oder *Mazda* in Japan betrachten – immer wieder fallen führende Unternehmen ihren eigenen Erfolgen aus der Vergangenheit zum Opfer. Diese paradoxen Muster sind unmittelbare Folgen von Managementaktionen und organisatorischen Prozessen in Zeiten diskontinuierlichen Wandels – sie sind nicht etwa der „unsichtbaren Hand“ in Marktwirtschaft und öffentlichem Leben zuzuschreiben. Es sind die Manager, die mit ihren Entscheidungen Erfolg beziehungsweise Mißerfolg bewirken; nur sie sind in der Lage, der Tyrannei des Erfolgs angemessen entgegenzuwirken.

Der Unterschied zwischen Gewinnern und Verlierern gestaltet sich, auf lange Sicht gesehen, in allen Ländern und Branchen ähnlich. Um dieses Phänomen verstehen zu können, müssen wir erkennen, wie sich technologischer Wandel auf Innovationszyklen auswirkt, wie Branchenstandards entstehen, wie periodische Veränderungen in der Technologie entsprechende Veränderungen in Management und Organisation erfordern und wie die Unternehmenskultur eine große Hilfe, aber auch ein erhebliches Hindernis für die Reaktion des Managements auf solche Veränderungen bedeuten kann. Um nicht in die „Erfolgsfalle“ zu tappen, müssen Manager lernen, wie sie den Gefahren dieser Dynamik ausweichen können.

Doch langfristige Wettbewerbsfähigkeit setzt mehr voraus als lediglich ein Bewußtsein für veränderte strategische Anforderungen. Manager müssen auch erkennen, daß Erfolg ein zweischneidiges Schwert sein kann – daß kurzfristige Effektivität organisatorischem Mißerfolg dadurch Vorschub leisten kann, daß sie die langfristige Anpassungsfähigkeit behindert. Flexibilität, Geschwindigkeit, Innovation und Reaktionsfähigkeit sind maßgebliche Faktoren bei der Entwicklung von Produktklassen, aber auch auf Merkmale wie Beständigkeit, Zuverlässigkeit und Effizienz kommt es an: Zuviel von ersterem, und die Organisation könnte den Wert ihrer frühen Innovationen verkennen; zuviel von letzterem, und das Unternehmen entwickelt unter Umständen eine toxische Dosis an Widerstand und Trägheit. Führungskompetenzen, die sowohl Innovation als auch Effizienz fördern, sind *das* Kriterium, das über langfristigen organisatorischen Erfolg – oder Mißerfolg – entscheidet.

Die Herausforderung an das Management ist unmißverständlich und erschreckend zugleich. Langfristiger organisatorischer Erfolg setzt Innovationsströme voraus – die Entwicklung systematisch unterschiedlicher Innovationstypen über längere Zeiträume hinweg. Solche *Innovationsströme* aber verlaufen entgegengesetzt zu den Kräften, die organisatorische Trägheit unterstützen. In Anbetracht dieser gegenläufigen Kräfte von *Wandel* und *Stabilität* müssen die Führungskräfte duale Organisationen schaffen – Organisationen, die Stabilität und evolutionäre Veränderungen ebenso fördern wie Experimente und diskontinuierlichen Wandel. Wie unsere weiteren Ausführungen zeigen werden, sorgen die Manager in den meisten erfolgreichen Unternehmen dafür, daß Strategie, Struktur, Mitarbeiterpotential und Unternehmenskultur sorgfältig aufeinander abgestimmt sind, um Erfolg in der Gegenwart zu sichern; zugleich aber fordern sie regelmäßig einen revolutionären Wandel heraus, um organisatorische Erneuerung für die Zukunft zu bewirken. Duale Unternehmen schaffen die organisatorischen Voraussetzungen für Höchstleistungen in Gegenwart und Zukunft.

Leistungsdefizite, Widerstand gegen Wandel, organisatorische Trägheit und evolutionäre Innovationen als Behinderung für bahnbrechende Innovationen bedeuten fürunsere heutigen Organisationen eine ebenso große Gefahr wie für die US-Marine um die Jahrhundertwende. Die Manager von heute sehen sich eher noch in verstärktem Maße mit der Notwendigkeit konfrontiert, sowohl Effizienz als auch Innovation und Flexibilität zu gewährleisten, und deshalb müssen wir auch mehr leisten als die US-Marine zu Beginn des Jahrhunderts. Mit dem vorliegenden Buch stellen wir den Managern von heute ein bewährtes integriertes Instrumentarium vor, das ihnen nicht nur zu einem besseren Verstehen der Zusammenhänge, sondern auch zu der Fähigkeit verhilft, sowohl ihre Innovationsströme als auch die vorhandene organisatorische Dynamik in die richtigen Bahnen zu lenken. Wir haben keine Patentlösungen zu bieten – wohl aber ein bewährtes Verfahren, das Managern die Anpassung ihres Führungsstils und den Aufbau von Teams und Organisationen zur Bewältigung von Wandel und Erneuerung *durch Innovationsströme* erleichtert.

Unser Buch zielt auf ein Management ab, das sowohl den Anforderungen von heute als auch den Möglichkeiten von morgen gerecht wird. Nur Höchstleistungen in beiden Richtungen vermögen auf Dauer den Erfolg eines Unternehmens zu sichern. Kapitel 2 steckt den Rahmen ab: Die Ausführungen verdeutlichen, wie tiefgründig und global die Herausforderungen in bezug auf Innovation und organisatorische Erneuerung sind. Die Kapitel 3, 4, 5 und 6 sind auf die Bewältigung der gegenwärtig anstehenden Managementaufgaben ausgerichtet – die Entwicklung von organisatorischen Fähigkeiten, Strukturen, Kompetenzen und vor allem Kulturen, die den heutigen Wettbewerbsbedingungen voll und ganz Rechnung tragen. Kapitel 3 enthält grundlegende Ausführungen zu Strategie, Zielsetzungen und Visionen und bestimmt Kriterien zur Ermittlung von Leistungsdefiziten und bisher ungenutzten Chancen. Kapitel 4 bietet einen auf Kongruenz basierenden Problemlösungsansatz – eine bewährte Methode, um aktuellen Leistungsdefiziten auf die Spur zu kommen. Kapitel 5 und 6 sind der Unternehmenskultur als einem besonders wichtigen Faktor für Erfolg durch Innovation gewidmet.

Kapitel 7 und 8 stellen Innovationsströme und diskontinuierlichen organisatorischen Wandel als Möglichkeiten zur Erneuerung von Unternehmen vor. Kapitel 7 schildert Technologiezyklen, hebt die Bedeutung von Innovationsströmen hervor und drängt auf Schaffung von dualen Organisationen, während Kapitel 8 auf die praktische Umsetzung abzielt und die

Aufgaben der Manager und ihrer Teams bei der Durchführung der mit Innovationsströmen verbundenen organisatorischen Veränderungen erörtert. Kapitel 9 faßt abschließend unsere Kernaussagen zusammen: *Innovation ist machbar.*

Anmerkungen:

1. Nachzulesen ist dieser Zusammenhang in den von *Fortune* veröffentlichten Jahresbeiträgen „*America's Most Admired Companies*" und „*Corporate Reputations*".
2. Wir beziehen uns auf einschlägige Forschungsarbeiten zu den Themen *Innovation* und *Wandel*: Burgelman (1991); Christensen/Bower (1996); Eisenhardt/Tabrizi (1995); Foster (1985); Henderson (in Vorbereitung); Hurst (1995); Iansiti/Clark (1994); Leonard-Barton (1995); Morone (1993); Nadler/Tushman (in Vorbereitung); Utterback (1994); Van de Ven/Angle/Poole (1989).
3. Der nachstehende Bericht stützt sich auf Morison (1966).

Kapitel 2
Duale Organisationen: Bewältigung von evolutionärem wie revolutionärem Wandel

Mitte der 50er Jahre sorgten Vakuumröhren für einen Markt mit rund 700 Millionen Dollar Umsatz. Zu den auf dem Gebiet der Vakuumröhren führenden Firmen zählten große Technologieunternehmen wie *RCA*, *Sylvania*, *Raytheon* und *Westinghouse*. Doch in den Jahren von 1955 bis 1982 vollzog sich ein nahezu vollständiger Umschwung in der Branchenführung – das Aufkommen des Transistors löste eine regelrechte Krise aus. Schon 1965 waren neue Firmen wie *Motorola* und *Texas Instruments* als wichtige Marktteilnehmer hinzugekommen, während *Sylvania* und *RCA* als Konkurrenten immer mehr zurückblieben. Im Lauf der nächsten 20 Jahre entwickelten sich weitere Senkrechtstarter wie *Intel*, *Toshiba* und *Hitachi* zu neuen Marktführern; *Sylvania* und *RCA* schieden aus der Produktklasse aus (Tabelle 2.1).

Was war mit Unternehmen wie *RCA* geschehen? *RCA* hatte zunächst die Umstellung von Vakuumröhren auf Transistoren mit Erfolg bewältigt. Aber unternehmensintern wurde erbittert darüber gestritten, ob das Unternehmen ins Transistorengeschäft hätte einsteigen und eine Kannibalisierung des rentablen Röhrengeschäfts riskieren dürfen. Die einen argumentierten zu Recht, das Transistorengeschäft sei noch neu und seine Rentabilität längst nicht erwiesen. Die anderen hielten es für riskant, die neue Technologie nicht aufzugreifen, weil man nicht wissen konnte, ob sich Transistoren nicht doch durchsetzen würden. Und wenn *RCA* ins Halbleiter-Geschäft einsteigen wollte, galt es, äußerst heikle Organisationsprobleme zu lösen. Wie konnte das Unternehmen beiden Technologien gerecht werden? Sollte die neue Halbleiter-Sparte dem Chef der Elektronikgruppe und damit einem Manager zugeordnet werden, der fest mit der alten Kultur der Vakuumröhren verwachsen war? In Anbetracht seiner großen Marketing-Ressourcen und seiner finanziellen und technologischen Möglichkeiten beschloß *RCA* letztlich, ins Halbleiter-

Geschäft einzusteigen. Doch in Ermanglung einer klaren Strategie und in Unkenntnis der unternehmenskulturellen Unterschiede, die beim Konkurrieren auf dem Halbleiter-Markt einerseits und dem Markt für Vakuumröhren andererseits zu berücksichtigen waren, mußte *RCA* scheitern.

1955 (Vakuumröhren)	1955 (Transistoren)	1965 Halbleiter)	1975 (Integrierte Schaltung)	1982 (VLSI)	1995 (Submikron)
RCA	*Hughes*	*TI*	*TI*	*Motorola*	*Intel*
Sylvania	*Transitron*	*Fairchild*	*Fairchild*	*TI*	*NEC*
General Electric	*Philco*	*Motorola*	*National*	*NEC*	*Toshiba*
Raytheon	*Sylvania*	*GI*	*Intel*	*Hitachi*	*Hitachi*
Westinghouse	*Texas Instruments*	*GE*	*Motorola*	*National*	*Motorola*
Amperex	*GE*	*RCA*	*Rockwell*	*Toshiba*	*Samsung*
National Video	*RCA*	*Sprague*	*GI*	*Intel*	*TI*
Rawland	*Westinghouse*	*Philco*	*RCA*	*Philips*	*Fujitsu*
Eimac	*Motorola*	*Transitron*	*Philips*	*Fujitsu*	*Mitsubishi*
Landsdale	*Clevite*	*Raytheon*	*AMD*	*Fairchild*	*Philips*

Tab. 2.1: Halbleiter-Branche 1955–1995
Quelle: Richard N. Foster, *Innovation: The Attacker's Advantage* (New York: Summit, 1996, S. 133). Mit freundlicher Genehmigung von Simon & Schuster. *Copyright* © McKinsey & Co., Inc.

Richard Foster, einer der Direktoren bei der Beratungsfirma *McKinsey & Company*, meint dazu: „Von den zehn Marktführern in der Vakuumröhren-Branche im Jahr 1955 waren 1975 nur noch zwei da. In allen Fällen sind drei Varianten von Fehlverhalten auszumachen. Die erste Fehlentscheidung ist die, nicht in die neue Technologie zu investieren. Die zweite ist eine Investition in die falsche Technologie. Die dritte Variante ist kulturbedingt. Die Unternehmen scheiterten, weil sie nicht in der Lage waren, zwei Spiele gleichzeitig zu spielen: Sie mußten zum einen als effektive Verteidiger schnell veraltender Technologien agieren und zum anderen als effektive Angreifer im Bereich neuer Technologien“ (Foster 1986). Firmen wie *Intel* und *Motorola* hatten weniger nachhaltig mit internen Konflikten und Trägheitsphänomenen zu kämpfen und waren im Lauf ihrer Entwicklung zu organisatorischer Erneuerung fähig. Andere Firmen wie *RCA* sahen sich außerstande, die verschiedenen technologischen Ansätze zu bewältigen: Sie hatten sich in ihrer erfolgreichen Vergangenheit verfangen.

Betrachten wir nun – im Gegensatz zu *RCA* – das Uhrengeschäft von *Hattori-Seiko*. Zwar war *Seiko* der dominierende japanische Uhrenhersteller in den 60er Jahren, aber auf dem globalen Uhrenmarkt waren die japanischen Unternehmen kleine Spieler (Tabelle 2.2).

Das ehrgeizige Ziel vor Augen, globaler Branchenführer zu werden, und in Anbetracht eigener experimenteller Erfahrungen mit alternativen Oszillationstechnologien (Quarz, Mechanik und Stimmgabel) ging die Geschäftsführung von *Seiko* eine kühne Wette ein: *Seiko* sollte sich vom Hersteller ausschließlich mechanischer Uhren zu einem Produzenten von Quarzuhren *und* mechanischen Uhren entwickeln. Diese Umstellung auf das Geschäft mit preisgünstigen, qualitativ hochwertigen Uhren erschütterte nicht nur *Seiko* selbst, sondern die Uhrenbranche weltweit. Obgleich die Quarz-Oszillation wie auch die Stimmgabel-Technik in der Schweiz erfunden worden waren, entschlossen sich die Schweizer zu einer erneuten Investition in das Geschäft mit mechanischen Uhren. Doch letztlich siegte die Quarz-Technologie als Branchenstandard. Während *Seiko* und andere japanische Unternehmen einen Aufschwung erfuhren, mußte die schweizerische Uhrenbranche drastische Einbußen hinnehmen (Tabelle 2.2). Im Jahr 1980 war *SSIH*, die größte Uhrenfirma der Schweiz, schließlich nur noch halb so groß wie *Seiko*. Erst als *SSIH* und *Asuag*, die beiden größten schweizerischen Unternehmen, bankrott gingen, von den Banken in der Schweiz übernommen und von Nicholas Hayek zu *SMH* umgebildet wurden, konnte die Schweiz allmählich wieder Fuß fassen auf dem Uhrenmarkt.[1]

Zahlen der Firmen und Mitarbeiter in der schweizerischen Uhrenindustrie: 1950–1985

	Zahl der Firmen	Zahl der Mitarbeiter
1945	2500	80000
1950	1863	60236
1955	2316	70026
1960	2167	74216
1965	1927	83922
1970	1618	89448
1975	1169	62567
1976	1083	55182
1977	1021	54825
1978	979	52669
1979	867	46716
1980	861	46998
1982	730	38200
1985	600	32000

Quelle: Nach M. Porter und E. Hoff, „Hattori Seiko and the World Watch Industry in 1980." Case 9-385-3000. Boston: Harvard Business School, 1985. *Copyright* © 1985 President and Fellows of Harvard College. Nachdruck mit Genehmigung.

Export von Uhrwerken und fertigen Uhren: 1951–1980 (in Tausend)

	Japan	Schweiz
1951	31	33549
1955	19	33742
1960	145	40981
1965	4860	53164
1970	11399	71437
1975	17017	65798
1980*	68300	50986

* Einschließl. Uhrwerk [21].

Tab. 2.2: Uhrenproduktion weltweit

Quelle: Nachdruck aus: Amy Glassmeier, „Technological Discontinuities and Flexible Production Networks: The Case of Switzerland and the World Watch Industry." Research Policy, 20, 1991. Mit freundlicher Genehmigung von Elsevier Science-NL, Sara Burgerhartstraat 25, 1055 KV Amsterdam, The Netherlands.

Strukturmuster für organisatorischen Wandel

Organisationen beschäftigen vernünftige Leute und werden in aller Regel von klugen Managern geführt. Wie kommt es dann, daß sich Innovation und Wandel in erfolgreichen Organisationen derart schwierig gestalten? Und warum treten in allen Branchen dieselben Muster für Erfolg und Mißerfolg im Lauf der Zeit so deutlich in Erscheinung? Wie kann ein Manager wissen, wann evolutionärer und wann revolutionärer Wandel angesagt ist?

Das Beispiel von *RCA* verdeutlicht ebenso wie der Fall *Seiko* das Evolutionsmuster von Organisationen: Lange Perioden kontinuierlicher Veränderungen werden von revolutionärem, diskontinuierlichem Wandel abgelöst. Organisatorische Diskontinuitäten dieser Art werden entweder durch Leistungskrisen oder durch Neuerungen in Technologie, Wettbewerb oder Gesetzgebung verursacht. Während weniger erfolgreiche Firmen (z. B. *SSIH*, *RCA*) auf Erschütterungen in ihrer Umwelt lediglich reagieren, leiten erfolgreiche Unternehmen proaktiv Innovationen ein, die ihrer Branche ein neues Profil geben (z. B. *Seiko*).[2]

Wachstum durch Evolution

Über viele Jahre hinweg hat uns die biologische Evolutionstheorie nahegelegt, der Prozeß der Anpassung vollziehe sich allmählich und nur über lange Zeiträume – mit Mutation, Selektion und Retention als ausschlaggebenden Entwicklungsstadien. Zu Mutationen ist es im Lauf von Generationen bei allen Spezies gekommen. Solche den Umweltbedingungen bestangepaßten Veränderungen sicherten einem Lebewesen auf Dauer Überleben und Nachkommenschaft (Gould 1987a; 1987b). Sollte beispielsweise die Welt kälter und schneereicher werden, würden Tiere mit hellerem und dichterem Fell mit größerer Wahrscheinlichkeit überleben. Und da sich Klimaveränderungen auf die Vegetation auswirken, wären Spezies mit längeren Hälsen und stärkeren Schnäbeln besser ausgerüstet. Derartige Mutationen hatten Adaptation und „Fitneß“ zur Folge, die dann über spätere Generationen hinweg bewahrt wurden. Die Umwelt veränderte sich allmählich, und auch die Anpassung der Spezies erfolgte allmählich.

Allerdings sparte diese Sichtweise eine ganz entscheidende Frage aus: Was würde geschehen, wenn die Umwelt keinen allmählichen Wandel erführe, sondern von periodischen Diskontinuitäten erschüttert würde? Was würde bei schnellen Temperaturwechseln oder bei dramatischen Veränderungen im Nahrungsangebot geschehen? Unter solchen Bedingungen käme es einer Einbahnstraße zur völligen Ausrottung der eigenen Spezies gleich, wollte man sich auf einen allmählichen Wandel einstellen. Bei Diskontinuitäten wäre vielmehr eine andere Version der Darwinschen Theorie angesagt – die Version vom gestörten Gleichgewicht, bei der lange Perioden kontinuierlichen Wandels periodisch durch massive Diskontinuitäten unterbrochen werden. Überleben beziehungsweise Selektion wären dann denjenigen Spezies vorbehalten, welche die zur Nutzung der neuen Umwelt erforderlichen Eigenschaften und Merkmale aufwiesen.

Nicht anders scheint es sich mit Organisationen zu verhalten. Die Unternehmensforschung hat viele Ähnlichkeiten zwischen Populationen aus dem Tierreich und solchen aus den unterschiedlichsten Organisationen – Weinkellereien, Zeitungsverlage, Automobilfirmen, Biotech-Unternehmen und Restaurants – aufgedeckt (Baum/Singh 1994; Carroll/Hannan 1995; Hannan/Carroll 1992). Die Ergebnisse bestätigen, daß organisatorische Populationen ebenfalls dem Druck der Umwelt ausgesetzt sind: Ihre Evolution erfolgt über Perioden allmählicher Anpassung, die von Diskontinuitäten abgelöst werden. Mutationen oder Variationen in bezug auf Organisationsstrategie und Organisationsform sind den unterschiedlichen Umweltbedingungen mehr oder weniger gut angepaßt. Nur die Organisationen und Manager haben Erfolgschancen, die am ehesten fähig sind, sich auf bestimmte Markt- oder Wettbewerbsbedingungen einzustellen. Auf Dauer sind es die Bestangepaßten, die überleben – bis eine Diskontinuität größeren Maßes eintritt. Dann nämlich geht es nicht mehr um unpersönliche Selektionsprozesse, wie sie in der Natur stattfinden. Vielmehr sehen sich die Manager mit der Herausforderung konfrontiert, ihre Organisationen so umzugestalten, daß sie den neuen Bedingungen angepaßt sind. Manager, die eine Adaptation an Diskontinuitäten lediglich mit allmählichem Wandel erzielen wollen, werden kaum Erfolg haben.[3]

Die altbekannte S-Kurve, wie sie in Abbildung 2.1 dargestellt ist, gibt das Wachstum von Organisationen anschaulich wieder. *Apple Computer* beispielsweise war ganz zu Anfang weniger eine Organisation als vielmehr eine kleine Gruppe von Leuten, denen es um nichts anderes als Design, Produktion und Verkauf eines neues Produkts, des Personalcomputers, ging. Mit zunehmendem Erfolg bildeten sich die Anfänge einer formalen Organisation aus, wie sie für funktionale Unternehmen charakteristisch ist – Zuweisung von Aufgaben und Verantwortlichkeiten, rudimentäre Systeme für Kostenrechnung und Lohnbuchhaltung und eine Unternehmenskultur mit gemeinsamer Erwartungshaltung der Mitarbeiter in bezug auf Innovation, persönlichen Einsatz und Geschwindigkeit. Erfolg in diesem Stadium bedeutete Kongruenz beziehungsweise wechselseitige Abstimmung von Strategie, Struktur, Mitarbeitern und Kultur. Wer zu den Wertvorstellungen von *Apple* paßte und sich seinen kulturellen Normen verschrieb, blieb. Wer die Vision von Steve Jobs und Stephen Wozniak für zu „kultisch" hielt, ging. Die Struktur von *Apple* war zu Anfang auf die Strategie des Unternehmens und die für ihre Umsetzung entscheidenden Aufgaben abgestimmt. Der Erfolg basierte nicht nur auf dem Angebot eines neuen Produkts mit wünschenswerten Merkmalen, sondern auch auf der Tatsache, daß die Organisation zu Design, Herstellung, Vermarktung und Vertrieb des neuen PCs imstande war. Die vorhandenen Systeme dienten den Resultaten und Prozessen, die für die Umsetzung einer ganz bestimmten Produktstrategie erforderlich waren.

Mit weiterem erfolgreichem Wachstum vollzogen sich im Unternehmen einschneidende Veränderungen. Zum einen wurde die Firma größer; weitere Strukturen und Systeme kamen hinzu. Zwar wollte Jobs diesem Trend zur Professionalisierung entgegenwirken (er bezeichnete professionelle Manager als *bozos* – als „Stallburschen"), aber die neuen Strukturen und Vorgehensweisen waren im Zuge von Effizienz und Kontrolle erforderlich. Ohne sie wäre Chaos entstanden. Mit der Zeit entwickelte das Unternehmen dann auch neue Normen in bezug auf das, was als wichtig und akzeptabel galt beziehungsweise nicht mehr toleriert wurde: Die Kultur paßte sich den neuen Herausforderungen an (Rebello/Burrows/Sager 1996).

Zwangsläufig mußte sich auch die Strategie von *Apple* ändern. Die Firma, die zunächst nur ein einziges Produkt – den *Apple PC* und seinen Nachfolger *Apple II* – vertrieben hatte, entwickelte sich zum Anbieter einer umfangreichen Produktpalette auf zunehmend wettbewerbsgeprägten Märkten. Das Unternehmen ging von seiner bisher gezielt ausgerichteten Strategie ab und stellte sich auf ein marktumfassendes Angebot ein.

Apple verkaufte nun nicht mehr ausschließlich an PC-Benutzer, sondern auch an Bildungseinrichtungen und industrielle Märkte. Diese strategische Umstellung machte weitere Anpassungen in bezug auf Struktur, Mitarbeiter, Kultur und entscheidende Aufgaben erforderlich. Der vor aller Öffentlichkeit ausgetragene Rausschmiß von Jobs war Ausdruck der im *Apple*-Verwaltungsrat vertretenen Auffassung, John Sculley bringe die erforderlichen Fähigkeiten mit, um ein größeres, stärker diversifiziertes Unternehmen zu führen.

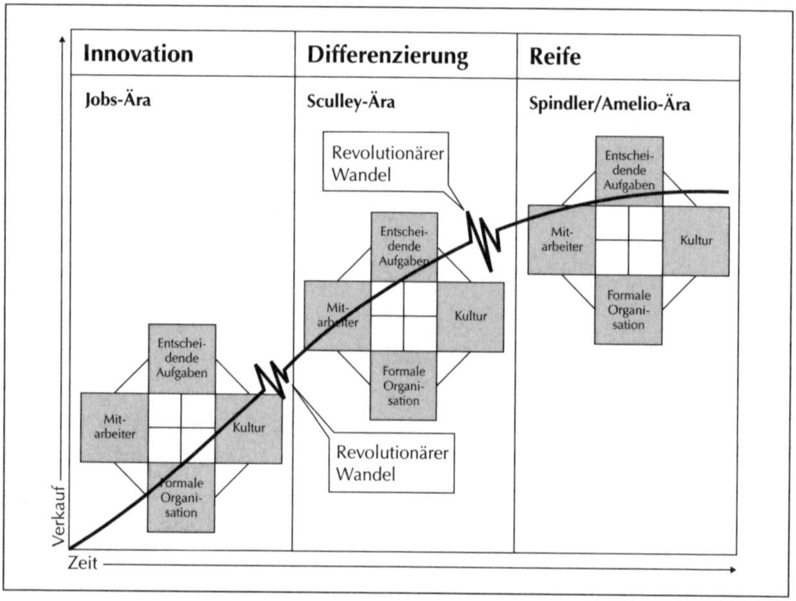

Abb. 2.1: Organisatorische Evolution durch gestörte Gleichgewichte: kontinuierlicher und revolutionärer Wandel bei *Apple*

Mit zunehmender Entwicklung der PC-Branche tauchten *IBM*-PCs samt Klon-Produkten auf. Das *Microsoft*-Betriebssystem *Windows* lockerte den bisher festen Zugriff von *Apple* auf das benutzerfreundliche Graphik-Interface und löste eine Schlacht unter den drei inkompatiblen Betriebssystemen *Mac*, *OS/2* (*IBM*) und *Windows* aus. Nachdem sich *Windows* als Branchenstandard durchgesetzt hatte, verlagerte sich die Wettbewerbsbasis auf Kosten, Qualität und Effizienz. In Anbetracht dieser Entwicklungen blieb den *Apple*-Managern wiederum nichts anderes übrig, als erneut einen Ausgleich zwischen Strategie, Struktur, Mitarbeitern und Kultur zu suchen. 1994 ersetzte der Verwaltungsrat seinen Hauptgeschäftsführer Sculley durch Michael Spindler: Er schien die betrieblichen Kompetenzen zu besitzen, deren es zur Führung des Unternehmens auf einem reifen Markt bedurfte. Spindler hatte die Aufgabe, die Effizienzen in den Vordergrund zu stellen und die auf heutigen Märkten erforderlichen Gewinnspannen zu senken sowie die *Apple*-Software als Branchenstandard bei den Betriebssystemen zu etablieren. Als die Leistung von *Apple* hinter den Erwartungen zurückblieb, entschied sich der Verwaltungsrat für Gil Amelio, einen in Sachen *Wandel* erfahrenen Experten: Er sollte zum Abschluß bringen, was Spindler nicht zu leisten vermocht hatte.

Schauen Sie sich noch einmal die Entwicklung von *Apple* über einen Zeitraum von 20 Jahren an. Lange Perioden kontinuierlicher Veränderungen wurden durch diskontinuierlichen, revolutionären Wandel unterbrochen. Während die erste Diskontinuität – der Übergang vom Verkauf eines einzigen Produkts zum Vertrieb eines umfassenden Produktprogramms – proaktiv herbeigeführt wurde, resultierte die zweite Diskontinuität – die Zielsetzung, auf reifen Märkten zu konkurrieren und die Marktführung wiederzuerlangen – aus einer Leistungskrise. Beide Revolutionen wurden von neuen Führungsteams eingeleitet. Kontinuierliche Veränderungen waren erforderlich, um kurzfristig die Anpassung von Strategie, Struktur, Mitarbeitern und Kultur zu verstärken. Doch während ein kontinuierlicher allmählicher Wandel für kurzfristigen Erfolg unabdingbar ist, erweist sich langfristiger Erfolg damit als keineswegs gesichert. Die verschiedenen Phasen einer Produktklasse erfordern sehr unterschiedliche Kompetenzen, Strategien, Strukturen, Kulturen und Führungsfähigkeiten. Wie in Kapitel 7 noch ausführlich diskutiert wird, sind auf jungen Märkten neue Technologien, Innovation und Flexibilität von entscheidender Bedeutung. Auf reifen Märkten hingegen sind Kosten, Effizienz und allmähliche Innovationen maßgeblich. Diese Übergänge gilt es durch diskontinuierlichen organisatorischen Wandel zu steuern – entweder proaktiv oder reaktiv. Es ist kein Zufall, daß Steve Jobs bei *Apple* so lange Erfolg hatte, bis der Markt differenzierter wurde und die Kompetenzen eines John Sculley erforderte. Ebensowenig überrascht, daß mit zunehmender Konsolidierung der Branche und verstärktem Kostenwettbewerb betrieblich orientierte Manager wie Michael Spindler und dann Gil Amelio zum Zuge kamen, um *Apple* neu auszurichten.

Wachstum durch Revolution: Zur Dynamik von Technologiezyklen und Innovationsströmen

Zwar kann auch organisatorisches Wachstum als solches zu einem periodischen Bedarf an diskontinuierlichem Wandel führen, aber oft ist es ein noch fundamentalerer Prozeß, der diskontinuierlichen Wandel auslöst. Dieses Phänomen ist in allen Branchen zu beobachten: die Dynamik von Technologiezyklen und Innovationsströmen. Die Entwicklung von Branchenstandards (oder dominanten Produkttypen) und später die radikale Abkehr von denselben (Produktsubstitutionen) bilden einen Technologiezyklus (Abbildung 2.2). Technologiezyklen umfassen grundlegend verschiedene Innovationstypen beziehungsweise Innovationsströme, wie es sie auf allen Märkten gibt. Um auf Dauer Erfolg zu haben, dürfen sich die Führungskräfte nicht mit einfachem Innovationsmanagement begnügen, sondern müssen imstande sein, ganze Innovationsströme zu steuern.[4]

Ob es sich um Computerchips, Automobile, Babywindeln oder Finanzdispositionsberichte handelt – ein Technologiezyklus beginnt immer mit der Einführung einer Innovation: Ein neues Produkt oder eine neue Dienstleistung findet allgemeine Akzeptanz. So bekamen um die Jahrhundertwende Fahrräder und Pferdekutschen Konkurrenz durch das „Gefährt ohne Pferd" – das spätere Automobil. Zunächst entstand in dieser neuen Produktklasse ein erheblicher Wettbewerb unter alternativen Technologien: Man kannte alternative Energiequellen (Dampf, Batterie und Verbrennungsmotoren), und es gab verschiedene Steuerungsmechanismen und unterschiedliche Innenausstattungen. Doch schon in verhältnismäßig kurzer Zeit setzte sich ein dominantes Produkt durch – das *Model T Ford*. Dieses Modell hatte einen Verbrennungsmotor, das Steuerrad auf der linken Seite, das Bremspedal rechts und die Kupplung links. Mit der Festigung dieses Standards verlagerte sich die Wettbewerbsbasis in der Automobilindustrie auf Variationen in bezug auf Antrieb, äußeres Erscheinungsbild, spezifische Produktmerkmale und Kosten. Auch die Endphase von *Model T* war bei *Ford* mit einem das ganze System erfassenden organisatorischen Wandel verbunden. Zu diesem Zeitpunkt sahen sich die *Ford*-Manager gezwungen, ihre Strategie und Organisation proaktiv zu verändern und den Automobilmarkt neu zu gestalten.

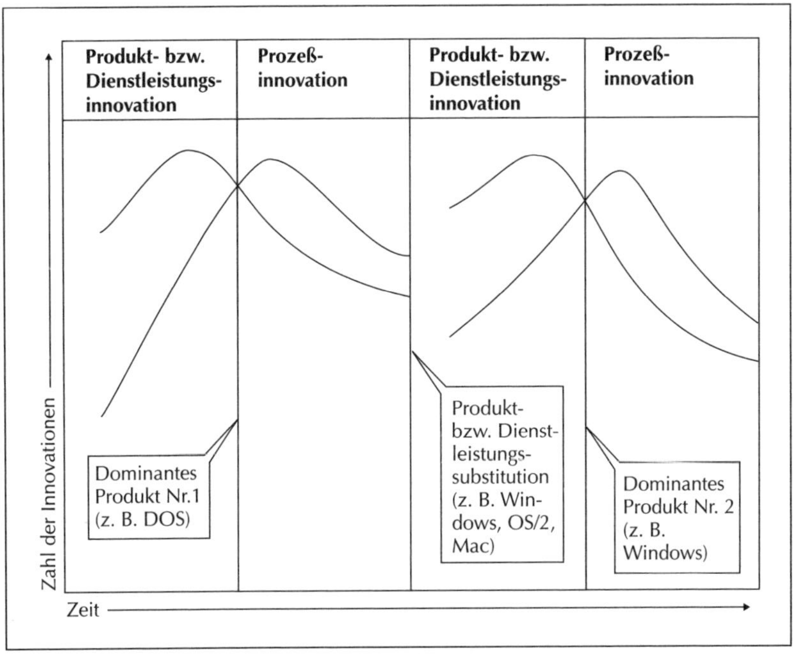

Abb. 2.2: Innovationsmuster im Zeitverlauf
Quelle: Nach James W. Utterback, *Mastering the Dynamics of Innovation* (Boston, Mass.: Harvard Business School Press, 1994, S. 100). Nachdruck mit Genehmigung von Harvard Business School Press. *Copyright* © 1994 President and Fellows of Harvard College. Alle Rechte vorbehalten.

Die Phase kontinuierlicher Veränderungen auf der Basis des *Model-T*-Designs hielt an bis 1919, als *General Motors* ein radikal neues Autokonzept einführte – das Auto mit geschlossener Blechkarosserie. Innerhalb weniger Jahre setzte sich die geschlossene Karosserie als Branchenstandard durch. *Ford* mußte sogar sein berühmtes Produktionswerk in *River Rouge* vorübergehend schließen, um die zur Herstellung geschlossener Karosserien erforderlichen Werkzeuginstallationen vornehmen zu können. Die einseitige Ausrichtung auf allmählichen Wandel und erhöhte Produktivität hatte *Ford* daran gehindert, die Innovation von *General Motors* schneller aufzugreifen.[5]

Mit ein bißchen Phantasie entwickelt jeder Manager ein Gefühl für die Herausforderungen bei der Bewältigung von Technologiezyklen und Innovationsströmen. Ungeachtet ihres Wachstums- und Erfolgsdrucks müssen Führungskräfte ihre Strategien kontinuierlich anpassen und ihre Organisationen möglichst proaktiv so ausrichten, daß der unterschwelligen Dynamik technologischen Wandels auf ihren Märkten Rechnung getragen wird. Wie in Kapitel 7 noch ausführlich beschrieben wird, lösen tiefgreifende Verlagerungen in den Innovationsströmen (zum Beispiel die Einführung von Automobilen mit geschlossener Karosserie) eine grundlegende Veränderung der Wettbewerbsbasis aus. Diese veränderte Wettbewerbsbasis verlangt ihrerseits eher nach revolutionärem und nicht nach kontinuierlichem organisatorischem Wandel. Erfolg durch Innovation setzt voraus, daß die Manager die Dynamik der einschlägigen Technologiezyklen und Innovationsströme durchschauen und in der Lage sind, ihre Innovationsströme durch diskontinuierlichen organisatorischen Wandel proaktiv zu gestalten. Die Gefahr dabei ist, daß erfolgreiche Firmen in Anbetracht der Notwendigkeit diskontinuierlichen Wandels unter einer lebensbedrohlichen Trägheit leiden – ein Resultat genau der Kongruenz, die ihnen zum Erfolg verholfen hat.

Kongruenz als Management-Falle

Erfolgreiche Unternehmen lernen aus Erfahrung, was funktioniert und was nicht, und dieses Wissen bringen sie in ihre Unternehmensabläufe ein. In Zeiten evolutionären Wandels nehmen Manager kontinuierliche allmähliche Veränderungen vor in dem Bemühen, die Organisation noch besser auf ihre Mission auszurichten. Da es sich um verhältnismäßig geringfügige Änderungen handelt, bleibt die so verursachte Inkongruenz kontrollierbar (zum Beispiel eine Erweiterung des Verkaufsbezirks, eine Schwerpunktverlagerung bei den Produkten eines Produktprogramms, ein neues Logistikpaket oder eine verbesserte Verfahrenstechnik in der Produktion). Der Prozeß zur Durchführung derartiger Veränderungen ist hinlänglich bekannt, und die damit verbundenen Unsicherheiten für die Mitarbeiter halten sich in tolerierbaren Grenzen. Zudem wird die Möglichkeit geboten, die Neuerungen schon vorab kennenzulernen. Das gesamte System paßt sich an (Miller 1993; Nadler/Tushman 1992; in Vorbereitung).

Aber dieser Erfolg hat auch seine Schattenseite. Mit zunehmendem Wachstum entwickeln Firmen zwangsläufig Strukturen, Prozesse und

Systeme zur Bewältigung der erhöhten Komplexität ihrer Arbeitsabläufe. Diese Strukturen und Systeme sind miteinander verflochten, erschweren die vorgesehenen Veränderungen und verursachen einen erheblichen Kosten- und Zeitaufwand bei ihrer Umsetzung. Strukturelle Trägheit macht sich breit – Widerstand gegen Wandel aufgrund von Größe, Komplexität und Interdependenz in den Strukturen, Systemen und formalen Prozessen der Organisation (Abbildung 2.3).

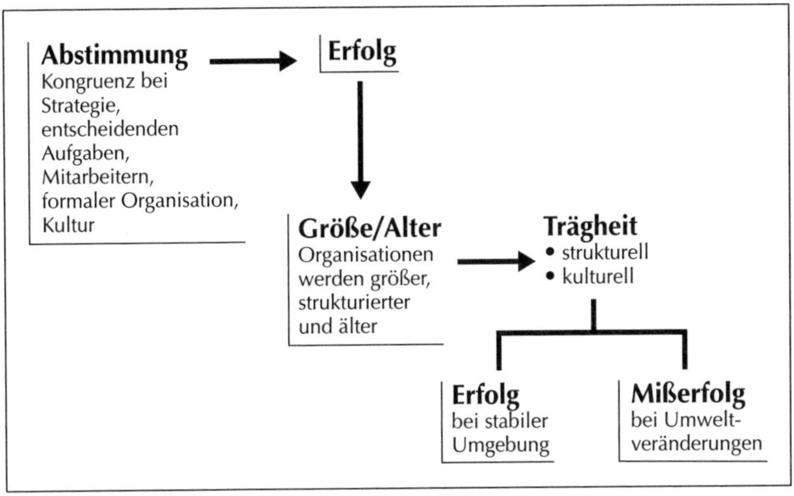

Abb. 2.3: Kongruenz als Management-Falle: Erfolgssyndrom

Ganz anders und weitaus nachdrücklicher als die strukturelle Trägheit wirkt sich die kulturelle Trägheit aus, die mit zunehmendem Alter und Erfolg einer Organisation in Erscheinung tritt. Wenn Organisationen reifer werden, verfestigt sich ein Teil des Gelernten in der gemeinsamen Erwartungshaltung zum Betriebsablauf. Diese Erwartungshaltung äußert sich in informellen Normen, Werten und sozialen Netzwerken, aber auch in den Mythen und Heldentaten, die in die Firmengeschichte eingegangen sind. Je erfolgreicher eine Organisation gewesen ist, desto stärker wird das Gelernte institutionalisiert und gefestigt, was kultureller Trägheit und organisatorischer Selbstgefälligkeit weiteren Vorschub leistet. In relativ stabilen Umgebungen ist die Unternehmenskultur ein entscheidendes Erfolgskriterium. Sie bietet eine effektive Möglichkeit zur Kontrolle und Koordinierung von Mitarbeitern ohne ausgeklügelte und formell verankerte Kontrollsysteme. Doch zu Zeiten diskontinuierlichen Wandels kann dieselbe Kultur, die den bisherigen Erfolg getragen hat, schnell zur hinderlichen Barriere gegen jeglichen Wandel werden. Als Lou Gerstner die Geschäftsführung bei *IBM* übernahm, erkannte er, daß mit der Ausarbeitung einer neuen Strategie noch keine Lösung für das Dilemma gefunden war, in dem sich *IBM* befand. Vielmehr war er sich sicher: „Die neue Ausrichtung der Kultur ist der wichtigste – und schwierigste – Teil einer Unternehmensumbildung" (Hays 1994).

Strukturelle und kulturelle Trägheitsmomente sind sehr einflußreiche Determinanten kurzfristiger Erfolge, aber andererseits können sie die Organisation auch an ihre Vergangenheit fesseln. Strukturelle Trägheit ist im Management leichter zu erkennen, zu diskutieren und abzuändern; der Umgang mit kultureller Trägheit erweist sich als weitaus schwieriger. Gerade weil kulturelle Trägheit so wenig greifbar und schwer anzugehen ist, scheitern Manager so häufig in ihrem Bemühen, einen revolutionären Wandel herbeizuführen – so sehr sie von seiner Notwendigkeit überzeugt sein mögen.

Unternehmenskultur und anhaltendes Wachstum

Das Paradoxon, daß die Kultur ein Unternehmen in seiner Wettbewerbsfähigkeit einerseits fördern und andererseits behindern kann, läßt sich unter verschiedenen Aspekten diskutieren. Betrachten wir beispielsweise die Liste der Unternehmen in Tabelle 2.3. In diesen Firmen, die in den letzten Jahren immer wieder Schlagzeilen in der Wirtschaftspresse gemacht haben, galt die Kultur als treibende Kraft für Erfolg beziehungsweise Mißerfolg der Organisation. Das Bemerkenswerte an dieser Liste ist ihre Heterogenität. Die Unternehmenskultur spielt überall eine wichtige Rolle – in allen Ländern, Branchen und Organisationen jedweder Größe. Ob es sich um einen Elektronikriesen wie *Samsung*, eine Bank in Hongkong, ein US-amerikanisches Konglomerat wie *AlliedSignal*, eine *High-Tech*-Firma wie *Applied Materials*, ein *Low-Tech*-Unternehmen wie *Nordstrom* oder einen Autohersteller wie *Nissan*, *Rover* oder *General Motors* handelt – immer erweist sich die Unternehmenskultur als ein entscheidendes Kriterium für die Unternehmensleistung. Selbst die Kommentare zur Bedeutung der Unternehmenskultur weisen vergleichbare Formulierungen auf. So sagt Yukata Kume als ehemaliger *Nissan*-Präsident: „Als ich vor fünf Jahren Präsident wurde, sah ich meine anspruchsvollste Aufgabe in der Reformierung der Unternehmenskultur. ... Ich erkannte, daß der Hauptgrund für unsere mißliche Geschäftslage bei *Nissan* selbst zu suchen war" (Kotter/Rothbard 1993). Und Jack Welch von *GE* kommentiert die künftigen Anforderungen an Organisationen folgendermaßen: „In den 90er Jahren werden ausschließlich die Unternehmen zu den Helden, den Gewinnern, zählen, die Kulturen entwickelt haben, in denen das Tempo des Wandels nicht gefürchtet, sondern begrüßt wird" (Zitat aus *Fortune* 1991, S. 31).

Hewlett-Packard	*British Airways*	*Federal Express*
Oki Electric	*Kodak*	*Sears*
Johnson&Johnson	*AlliedSignal*	*Deutsche Bank*
General Electric	*The Home Depot*	*PepsiCo*
Silicon Graphics	*McKinsey*	*Philips*
Motorola	*Royal Dutch/Shell*	*Bausch&Lomb*
Levi Strauss	*Southwest Airlines*	*Applied Materials*
Microsoft	*PPG*	*General Motors*
Samsung	*Nike*	*Wal-Mart*
Siemens	*Saturn*	*Boeing*
Nordstrom	*IBM*	*Nissan*
Procter&Gamble	*Tenneco*	*Rover*
Coca Cola	*Broken Hill Proprietary*	*Ford*
Lucky-Goldstar	*Goldman, Sachs*	*NUMMI*
SBC Warburg	*Westinghouse*	*United Airlines*
Apple	*Bear Stearns*	*British Petroleum*
Swiss Bank Corp	*Rubbermaid*	*Unilever*
Nokia	*Matsushita*	*Salomon*
Intel	*Chrysler*	*Kao*
Aetna	*Medtronics*	

Tab. 2.3: Unternehmenskultur als Kriterium für Erfolg beziehungsweise Mißerfolg von Unternehmen

Zeitungsartikel und Berichte über Erfolg und Mißerfolg von Unternehmen sind in keiner Weise ein Beweis, aber sie bieten doch interessante Einblicke in die Sorgen von Managern und engagierten Journalisten. Gleich, ob es sich um die Frage handelt, ob *Nike* seine *„Just do it"*-Kultur mit Erfolg zur Ankurbelung globalen Wachstums exportieren kann oder ob *Nokia*, ein finnischer Hersteller von Mobiltelefonen, seine schwerfällige Kultur so rechtzeitig abzuschütteln vermag, daß er auf dem schnellebigen Telekommunikationsmarkt konkurrenzfähig ist – die Herausforderungen an das Management sind vergleichbar: Wie können Manager ihre Unternehmenskulturen so diagnostizieren und proaktiv gestalten, daß die Strategien von heute umgesetzt und zugleich Innovationsströme zur Gewährleistung der Wettbewerbsvorteile von morgen geschaffen werden? Die folgenden Beispiele sollen zum Verstehen der Problematik beitragen: Im ersten Beispiel verhalf die Kultur einem Unternehmen zum Erfolg, und im zweiten Beispiel erwies sich die Unternehmenskultur als ein wesentlicher Grund für die Schwierigkeiten bei der Anpassung an neue Bedingungen.

Die gute Nachricht: Unternehmenskulturen können Wettbewerbsvorteile sichern

Zunächst wollen wir uns mit der beachtlichen Kehrtwende bei *British Airways* befassen. 1981 mußte *British Airways* Verluste in Höhe von fast 1 Milliarde Dollar einstecken. Viele Fluggäste kritisierten die Fluglinie (unter Verwendung ihrer Initialen) abfällig als *BA* (sprich: *Bloody Awful* –„verdammt miserabel“). Wenn man Vielflieger nach ihren Erfahrungen mit *BA* fragte, bekam man Horrorgeschichten zu hören. Selbst den eigenen Mitarbeitern war die Situation unangenehm. So gibt einer von ihnen zu: „Ich weiß noch – wenn man Ende der 70er Jahre auf Partys ging und eine höflich-angeregte Unterhaltung führen wollte, erwähnte man tunlichst nicht, daß man für *British Airways* arbeitete, denn dann kam das Gespräch unweigerlich auf die neuesten Reiseerfahrungen der Leute, und die waren gewöhnlich negativ.“ Als die britische Regierung die Privatisierung der Fluglinie ankündigte, ließ die *Financial Times* schnippisch verlauten, vermutlich würden einige Investoren das Kapital aufkaufen, aber nur deswegen, weil „es auf jedem Markt ein paar Masochisten gibt“.

Doch knapp fünf Jahre später erzielte *BA* die höchsten Gewinne in der Branche: 94 Prozent der eigenen Mitarbeiter erwarben im Jahr 1987 Kapitalanteile, als die Fluglinie in eine Aktiengesellschaft umgewandelt wurde; und von den Fluggästen waren Kommentare wie die folgenden zu hören: „Ich kann gar nicht genug hervorheben, wie sehr sich meine Erinnerungen an *British Airways* als Unternehmen und meine Erfahrungen vor zehn Jahren vom heutigen Leistungsangebot unterscheiden. Der Service hat sich wirklich beachtlich verbessert." Und worauf war diese Kehrtwende zurückzuführen? In erster Linie auf eine „Kulturrevolution", die vom Topmanagement, Lord King und Sir Colin Marshall, zuwege gebracht worden war.

Nachdem *British Airways* erst einmal erkannt hatte, daß es sich eher als Dienstleistungsunternehmen denn als Transportunternehmen verstehen sollte, mußte die gesamte Belegschaft mit 37000 Mitarbeitern an einem zweitägigen Kulturwandel-Programm *(„Putting People First")* teilnehmen – ganz nach dem Motto: *Im Mittelpunkt steht der Mensch.* Und fast alle der 1400 Führungskräfte absolvierten eine fünftägige Version dieses Programms *(„Managing People First", MPF)*, das über fortschrittliches Personalmanagement aufklären sollte. Oberflächlich betrachtet ist das Programm als solches nichts Besonderes. Was *MPF* jedoch von den meisten Management-Ausbildungsprogrammen unterscheidet, sind seine Größenordnung, die Konsistenz, mit der es angewendet wird, und die Unterstützung, die ihm vom Topmanagement entgegengebracht wird. Der Vorsitzende Colin Marshall hat es als „das wichtigste derzeit durchgeführte Programm" bei *BA* bezeichnet und bei fast allen der insgesamt 64 *MPF*-Kurse höchstpersönlich eine Ansprache gehalten (Leahy 1990).

Der Kulturwandel bei *British Airways* war vor allem durch die folgenden Aspekte gekennzeichnet: Die neue Kultur erfaßte die gesamte Organisation; es wurde ein Beurteilungsplan erarbeitet, in dem nicht nur die Aktivitäten der Manager als solche, sondern auch die Art und Weise ihrer Durchführung erfaßt wurden; und man entwickelte ein Vergütungsprogramm, dem zufolge leistungsabhängige Prämien bis zu 20 Prozent gezahlt wurden. Die Manager bei *BA* wissen, daß jede Fluggesellschaft Passagiere an Bord nehmen und sie über den Atlantik befördern kann. *BA* hat erkannt, daß Wettbewerbsvorteile nur durch den Service zu erlangen sind, der den Fluggästen geboten wird. So meint Rob Nelson als Programmleiter: „Beim Kundendienst ist es doch so, daß man selbst Affen dazu bringen kann, freundlich zu lächeln und Augenkontakt herzustellen; aber was zum Teufel passiert, wenn ein Wunsch mal aus der Reihe fällt?"

British Airways beschäftigt im wesentlichen noch dasselbe Personal, fliegt weitgehend dieselben Routen und wendet dieselbe Technologie an, und doch hat sich *BA* zu einer der weltweit führenden Fluglinien gemausert. Der Wettbewerbsvorteil von *BA* ist nicht strategischer oder technologischer Art, sondern gründet in der unternehmensweit getragenen Kultur: Die bei *BA* vollzogene „Kulturrevolution“ machte umfassende Prozeßinnovationen bei der Abfertigung der Fluggäste möglich. Diese Prozeßinnovationen prägten die Erwartungshaltung der Passagiere in bezug auf die Service-Qualität in einer Weise, wie sie von der Konkurrenz nur schwer nachzuahmen ist.

Die schlechte Nachricht: Unternehmenskulturen können Innovation und Wandel im Keim ersticken

Ausgerechnet die Kultur, die einem Unternehmen in früheren Zeiten zum Erfolg verholfen hat, trägt häufig zu seinem Niedergang bei. Betrachten wir nun noch zwei Paradebeispiele für Geschäftserfolg in Amerika und die Schwierigkeiten, mit denen sich die Unternehmen *IBM* und *Sears* in späteren Zeiten auseinandersetzen mußten.

Das Computergeschäft ist ausgesprochen komplex. *IBM* war und ist ein sehr großes Unternehmen, und das erschwert jeden Entscheidungsprozeß. Doch wurden in hoher Zahl allem Anschein nach gescheite Leute eigens zu dem Zweck eingestellt, Veränderungen im voraus zu erkennen und sicherzustellen, daß die Firma auf diese Veränderungen vorbereitet wäre. Wie läßt sich dann das Fiasko erklären, das annähernd 200000 Mitarbeiter den Arbeitsplatz gekostet und den Aktionären einen Verlust in Milliardenhöhe (Dollar) beschert hat?

Als Begründung sind strategische, organisatorische, konstruktionstechnische, technologische und personalpolitische Aspekte zu nennen. Allerdings ist der Hauptgrund (und sicher auch ein entscheidender Beitrag zur Problemlösung) in der *IBM*-Unternehmenskultur zu suchen – einer Kultur, die geprägt war durch Fokussierung auf Interna, umfassende Verfahren zur Problemlösung in Form von Konsensbildung und „Aufschieben“, eine erfolgsbedingte Arroganzhaltung sowie den von manchen Mitarbeitern vertretenen Anspruch auf Arbeitsplatzgarantie ohne entsprechende Gegenleistung. Diese Kultur, verbrämt mit den alten *IBM*-Grundwerten *Höchstleistung, Kundenzufriedenheit* und *Wertschätzung des Individuums*, führte zu Voreingenommenheit und übermäßiger Konzentration auf interne Abläufe und verstellte damit den Blick auf die sich ändernden Bedingungen am Markt. In seinem Brief an die Aktionäre im Jahresbericht 1993 räumt der Hauptgeschäftsführer Lou Gerstner ein: „Wir sind zu bürokratisch gewesen und haben uns in unserer eigenen Weltsicht verfangen." Als eine seiner schwierigsten und wichtigsten Aufgaben erkennt er die Umwandlung dieser festgefahrenen und patriarchalischen Kultur zu einer Kultur mit Gespür für Dringlichkeit und Priorität. Ohne eine solche Umwandlung, so meint er, werde *IBM* seine Talente und technologischen Ressourcen weiterhin vergeuden (Sager/Cortese 1994, S. 96).

In einem gänzlich anderen Branchenkontext vollzieht sich bei *Sears*, dem großen amerikanischen Einzelhändler, ein ähnliches Drama. Wieder handelt es sich um eine komplexe Situation – es wäre unangemessen, sie übermäßig vereinfachen zu wollen. Dennoch läßt sich das Problem verhältnismäßig leicht eingrenzen. Bis 1991 war *Sears* der größte Einzelhändler in den Vereinigten Staaten; das Unternehmen hatte über 800 Geschäfte und 500 000 Mitarbeiter mit mehr als 6 000 Beschäftigten in der Zentrale im *Sears Tower* in Chicago. Jahrzehntelang war *Sears* das Familienkaufhaus Amerikas gewesen, wo man alles kaufen konnte – von Bekleidung über Werkzeuge bis hin zu Küchengeräten. Doch schon Mitte der 80er Jahre zeigten sich erste Schwierigkeiten. Der Marktanteil lag gegenüber seinem Höhepunkt in den 70er Jahren um 15 Prozent niedriger, der Aktienpreis war seit Übernahme der Geschäftsführung durch Edward Brennan im Jahr 1985 um 40 Prozent gesunken, und chronisch hohe Kosten machten es *Sears* unmöglich, mit den Preisen der Konkurrenz – etwa *Wal-Mart, Kmart, Circuit City, The Home Depot* – und anderen preisgünstigen Fachgeschäften Schritt zu halten.

Unter Brennans Führung unternahm *Sears* eine Reihe von strategischen Veränderungen in dem Bemühen, dem Niedergang Einhalt zu gebieten. Doch die Umsetzung der Strategie war trostlos. Beobachter und Analysten führten den Mißerfolg auf Brennans Unfähigkeit zurück, die alte *Sears*-Kultur „aufzupolieren". Wie ein angesehener Analyst bemerkte, war dies eine Kultur, die seit jeher die Einzelhandelsbranche dominiert habe. Doch dieser Erfolg habe bei den Führungskräften von *Sears* zu Arroganz und einer geradezu fremdenfeindlichen „Nabelschau" geführt. Ein anderer meinte: „Das Hauptproblem bei *Sears* besteht in der ‚*Sears*inierung' der Führungskräfte – die sind dermaßen von der Kunde einstigen Glanzes indoktriniert und so fest in eine übermächtige Bürokratie eingebunden, daß sie sich nicht ohne weiteres umstellen können" (Strom 1992). Die alte *Sears*-Kultur war wie die frühere Kultur von *IBM* ein Produkt des eigenen Erfolgs: stolz, nach innen gerichtet und gegen Wandel eingestellt.

Die Lehre daraus lautet schlicht: Die Unternehmenskultur ist für kurzfristige Erfolge ebenso entscheidend wie – bei unzureichender Gestaltung und Organisation – für langfristige Mißerfolge. Die Unternehmenskultur kann Wettbewerbsvorteile sichern, aber auch Hindernisse gegen Innovationen und Veränderungen aufbauen, die für den Unternehmenserfolg unerläßlich sind. In Anbetracht signifikanter Neuerungen in Technologie, Gesetzgebung oder Konkurrenz durchschauen gute Manager diese Dynamik und sind darauf vorbereitet, die kurzfristigen Erfordernisse zur Erhöhung von Kongruenz und zur Stärkung der derzeitigen Kultur ebenso zu berücksichtigen wie die Notwendigkeit einer periodischen organisatorischen Umwandlung und Erneuerung der eigenen Kultur. Diese Transformationen umfassen Verlagerungen sowohl in der Struktur des Unternehmens und seinen Systemen als auch in seiner Kultur und seinen Kompetenzen. Die Durchführung von Veränderungen in der Struktur und in den Systemen ist verhältnismäßig einfach; Veränderungen in der Kultur sind nicht so leicht zu bewerkstelligen. Die aktive Gestaltung und Organisation von Unternehmenskulturen, die dem kontinuierlichen wie dem diskontinuierlichen Wandel gleichermaßen förderlich sind, ist die wohl anspruchsvollste Aufgabe bei der Bewältigung von strategischer Innovation und Wandel.

Duale Organisationen: Bewältigung von evolutionärem wie revolutionärem Wandel

Wie nun können sich Manager der Tyrannei des Erfolgs von heute entziehen? Wie in Kapitel 7 erörtert wird, weisen duale Organisationen –

Organisationen mit intern inkonsistenten Kompetenzen, Strukturen und Kulturen, aber einer einzigen, gemeinsam getragenen Vision – die Palette an Fähigkeiten auf, um sowohl heute als auch morgen Höchstleistungen zu erzielen. Sie vermitteln den Managern Optionen, auf deren Grundlage ihre Innovationsströme proaktiv zu gestalten sind. Wenn aber ein Führungsteam entweder die Entwicklung eines dominanten Produkts oder die Diskontinuität eines Produkts beziehungsweise Prozesses beschließt, muß es auch bereit sein, einen diskontinuierlichen organisatorischen Wandel einzuleiten.

Für Manager bedeutet dies die Erkenntnis, daß sie zeitweilig in einer Welt relativer Stabilität und allmählicher Veränderungen, zeitweilig aber auch in einer Welt revolutionären Wandels arbeiten. Innovationsströme und Technologiezyklen verlangen, daß Führungskräfte ihre eigenen Produkte und organisatorischen Anpassungsmechanismen im Zuge der Entwicklung von Innovationsströmen regelmäßig „abstoßen". So sagt Lou Platt, Hauptgeschäftsführer von *Hewlett-Packard*: „Wir müssen bereit sein, das, was wir heute tun, zu kannibalisieren, um unsere Führungsposition für die Zukunft zu sichern. Es läuft der menschlichen Natur zuwider, aber man muß das eigene Geschäft kaputtmachen, noch während alles gut läuft" (Deutschman 1994, S. 90).

Doch der Aufbau dualer Organisationen und die Einleitung revolutionären Wandels sind eine schwierige Aufgabe. Vor vierhundert Jahren hat Niccolò Machiavelli festgestellt: „Auch muß man bedenken, daß kein Vorhaben schwieriger in der Ausführung, unsicherer hinsichtlich seines Erfolges und gefährlicher bei seiner Verwirklichung ist, als eine neue Ordnung einzuführen; denn wer Neuerungen einführen will, hat alle zu Feinden, die aus der alten Ordnung Nutzen ziehen, und hat nur lasche Verteidiger an all denen, die von der neuen Ordnung Vorteile hätten."[6]

Proaktive Veränderungen bieten eindeutig Vorzüge, aber nur eine kleine Minderheit weitblickender Unternehmen leitet einen diskontinuierlichen Wandel ein, bevor Leistungsmängel sichtbar werden. Doch solches Vorgehen birgt Risiken. Ein Grund dafür, daß *RCA* nicht auf dem Halbleiter-Markt und *SSIH* nicht auf dem Markt für Quarzuhren zu konkurrieren vermochten, ist in dem Widerstand der jeweiligen Unternehmen zu sehen, auf einen bestimmten Erlösstrom aus dem Geschäft mit Vakuumröhren beziehungsweise mechanischen Uhren zugunsten eines noch unsicheren Geschäfts mit Transistoren beziehungsweise Quarzuhren zu verzichten. Die besten unter den Managern sind bereit, diesen Schritt zu wagen. So sagt Andy Grove: „In der Entwicklung eines jeden Unternehmens ist irgendwann der Zeitpunkt gekommen, zu dem ein dramatischer Wandel angesagt ist, wenn die nächsthöhere Leistungsstufe erklommen werden soll. Wird dieser Zeitpunkt verpaßt, beginnt unweigerlich der Abstieg" (Sherman 1993, S. 58).

Das eigentliche Testkriterium für Führungskompetenz ist daher die Fähigkeit, sowohl kurzfristig durch erhöhte Anpassung oder Abstimmung von Strategie, Struktur, individuellen Kompetenzen, Kultur und Prozessen mit Erfolg zu konkurrieren als auch gleichzeitig Vorbereitungen für die unausweichlichen organisatorischen Revolutionen zu treffen, die durch Verlagerungen in den Innovationsströmen erforderlich werden. Die Fähigkeit zur Gestaltung von Innovationsströmen steht und fällt mit der Fähigkeit einer Organisation, in einer Vielzahl von Innovationsbereichen gleichzeitig tätig zu sein. Die Gestaltung und Führung einer Organisation, die allmähliche Innovationen ebenso zu bewältigen vermag wie radikale Durchbrüche, kommt der Geschicklichkeit eines Jongleurs gleich: Ein Jongleur mit nur wenigen Bällen in der Luft ist uninteressant. Erst wenn ein Künstler mit vielen Bällen jongliert, wird seinem Können Anerkennung gezollt. Organisationen, die heute *und* morgen Erfolg haben wollen, brauchen Manager, die mit mehreren inkonsistenten Unternehmensarchitekturen und Kulturen zugleich umzugehen verstehen und imstande sind, duale Organisationen aufzubauen und zu führen.

Der Aufbau dualer Organisationen und die Bewältigung von Innovationsströmen und revolutionärem Wandel sind Aufgaben, die zweifellos in den Erfolg der Gegenwart eingebettet sind. Für eine Organisation, die heute nicht erfolgreich ist, kann es kein Morgen geben. Kapitel 3 stellt die grundlegenden Baublöcke für Erfolg durch Innovation vor – zunächst Festlegung von Strategie, Zielen und Vision einer Unternehmenseinheit und dann Ermittlung der entscheidenden Leistungsdefizite beziehungsweise Marktchancen. Ein erfolgreicheres Management von heute schafft die Voraussetzungen für proaktive Gestaltung der Innovationsströme von morgen.

Anmerkungen:

1. Detaillierte Ausführungen zur Uhrenindustrie bieten Glassmeier (1991), Landes (1983) und Taylor (1993).
2. Cooper/Smith (1992, S. 92–120) diskutieren eingehend die Reaktion führender Unternehmen auf technologischen Wandel. Organisatorische Evolutionsmuster sind ausführlich beschrieben bei Lawrence/Dyer (1983); Meyer/Brooks/Goes (1990); Miller (1990, 1994); Miller/Friesen (1984); Tushman/Newman/Romanelli (1986); Van de Ven/Grazman (in Vorbereitung).
3. Weitere Ausführungen zur Reaktion von Organisationen auf Erschütterungen in ihrer Umwelt sind nachzulesen bei Chakravarthy (1981); Greenwood/Hinings (1993); Hurst (1995); Miles/Cameron (1982); Nadler/Shaw/Walton (1995); Pettigrew (1985); Quinn/Cameron (1983); Strebel (1992).
4. Zum Thema *Technologiezyklen* wird der Leser auf Kapitel 7 sowie auf folgende Veröffentlichungen verwiesen: Abernathy/Clark (1985); Dosi (1982); Tushman/Anderson (1986); Tushman/Rosenkopf (1992); Utterback (1994); Wade (1995).
5. Abernathy (1978) bietet eine ausführliche Beschreibung der Automobilindustrie.
6. Die deutsche Übersetzung ist der zweisprachigen *Reclam*-Ausgabe entnommen: *Il Principe. Der Fürst*. Übersetzt und herausgegeben von Philipp Rippel. Stuttgart: Philipp Reclam jun. (1986, S. 45). *[Anmerk. d. Übers.]*

Kapitel 3
Ermittlung von Problemen und Chancen: Grundlage für den Erfolg

Seit mehr als einem Jahrhundert hatte sich die Industriegas-Sparte von *BOC*, einem großen britischen Konglomerat, dem industriellen Fortschritt zum Wohl des britischen Königreichs verschrieben. 35000 Mitarbeiter waren in 15 Ländern mit der Produktion und Auslieferung von Sauerstoff, Stickstoff, Helium und anderen Naturgasen an die unterschiedlichsten Nutzerkreise befaßt – vom Lebensmittelbereich über den Stahlsektor bis hin zur Halbleiter-Branche.

Bis 1983 verfolgte die Industriegas-Sparte von *BOC* einen stetigen Kurs. Als aber C.K. Chow, ein aggressiver Unternehmer aus Hongkong und *BOC*-Leiter in der nordpazifischen Region, zum Hauptgeschäftsführer ernannt wurde, vollzog sich ein scharfer Bruch mit den Traditionen. Chow wußte, daß die Industriegas-Sparte zunehmend mit Problemen konfrontiert würde. Verschiedentlich beschwerten sich wichtige globale Kunden über unzureichend abgestimmte Mitteilungen und verwirrende Berichte zu Preisen, Produkten und Technologien aus den verschiedenen Regionen. Diese Kunden forderten Globallösungen, während *BOC* auf unabhängige, lokal abgestimmte Angebote ausgerichtet war. Zudem befürchtete Chow, *BOC* geriete ins technologische Abseits. Die Konkurrenz drängte mit kühnen neuen Produkten und Prozessen nach vorn; demgegenüber schien *BOC* lediglich lokale Innovationen einzuführen. Seiner Ansicht nach war es um die Fähigkeit des Unternehmens, Einfluß auf die Technologie zu nehmen und globale Innovationen zu entwickeln, eher dürftig bestellt. Chow erkannte ein gewisses Potential für *BOC*, mußte sich aber gegen eine Phalanx mächtiger regionaler Manager durchsetzen, die mit der derzeitigen Leistung von *BOC* durchaus zufrieden waren. Doch Chow wußte, daß ohne kraftvolle Unterstützung seitens der Regionalmanager kein Wandel herbeizuführen war.

Management-Problemlösung: Ermittlung von Problemen und Chancen

Ob es sich nun um *BOC* oder um die US-Marine handelt – wenn eine Organisation keine Gefahr sieht, führen Trägheit und Zufriedenheit mit dem *Status quo* dazu, daß die erforderlichen Innovationen unterbleiben. Demgegenüber sind Unternehmenskrisen häufig dazu angetan, gewichtige Innovationen und Veränderungen auszulösen. Nur zu oft erwächst die Notwendigkeit eines Wandels aus Krisensituationen (wie beispielsweise bei *IBM* und den schweizerischen Uhrenherstellern). Doch die erfolgreichsten Unternehmen warten gar nicht erst, bis Krisen entstehen. Dort heißt es im Management vielmehr: „Wenn wir uns jetzt keinen Ruck geben, werden wir schon in nächster Zukunft in Schwierigkeiten geraten." Solche Manager sorgen proaktiv für Krisen und Chancen, indem sie Probleme erzeugen – und lösen.

Zunächst konzentrieren wir uns auf den ersten Schritt der Management-Problemlösung: die Ermittlung von Problemen und Chancen. So wie jeder Arzt erst einmal zuhört, wenn der Patient von seinen Symptomen berichtet, so muß auch der Manager als erstes die kritischen Probleme seiner Organisation erkennen. Erst dann kann man Problemursachen diagnostizieren und unter Vermeidung unerwarteter Nebeneffekte geeignete Abhilfemaßnahmen ergreifen. Genauso verhält es sich mit Chancen: Erst wenn bislang ungenutzte Chancen ermittelt sind, können die Manager solche Aspekte in ihrer derzeitigen Organisation analysieren, die den Absichten und Bestrebungen ihrer Unternehmenseinheit entgegenstehen könnten.[1]

Wie nun stellen Manager fest, wo ihre wichtigsten Probleme beziehungsweise Chancen liegen? Als erstes muß sich ein Manager (und sein Team) über die in der eigenen Unternehmenseinheit verfolgte Strategie, über ihre Ziele und über die Vision im klaren sein. Diese Klarheit ist eine fundamentale Voraussetzung für die Bewältigung von Innovation und Wandel. Nur wenn Strategie, Ziele und Vision klar definiert sind, können die Manager darangehen, die derzeitige Leistung ihrer Organisation ehrlich einzuschätzen. Der Vergleich zwischen der (auf der Basis von Strategie, Zielen und Vision) erwarteten Leistung und der aktuellen Leistung setzt voraus, daß die Manager die Leistung ihrer Organisation objektiv sehen und nicht etwa ihren Hoffnungen, Vorstellungen oder Wünschen nachhängen. Die Diskrepanz zwischen der erwarteten und der aktuellen Unternehmensleistung gilt dann als das Leistungsdefizit, das ein Manager mit seinem Team diagnostizieren und lösen muß.

Strategie ist nicht nur ein Thema in den oberen Führungsriegen. Die Entwicklung einer klaren Vorstellung davon, wie eine Organisation oder eine Unternehmenseinheit zu konkurrieren gedenkt und welche Ziele und Absichten sie verfolgt, ist der erste Schritt zur disziplinierten Problemdefinition und Problemlösung. Wenn es bei diesem Prozeß zu Fehldeutungen und Unklarheiten kommt, wird die effektive Bewältigung heutiger wie künftiger Anforderungen für die Manager um so schwieriger. Es ist eine alte Binsenwahrheit: Solange man sich nicht darüber im klaren ist, wohin man gehen will, kommt es auch nicht auf die Richtung an.

Unserer Erfahrung nach haben Manager große Schwierigkeiten, die entscheidenden Probleme und Chancen in aller Konsequenz zu erkennen. Unter dem erbarmungslosen Druck und der Komplexität des Alltagsgeschäfts fehlt es ihnen praktisch nicht nur an Zeit, sondern auch an dem nötigen Abstand, um ihre Probleme objektiv zu definieren. Doch ohne diese Klarheit bei der Problemermittlung kann es leicht dazu kommen, daß ein Manager scheinbar effektive kurzfristige Aktionen einleitet, die in Wirklichkeit aber die größeren, entscheidenderen und langfristigen Probleme oder Chancen gar nicht erfassen. Solange beispielsweise Chow sein *BOC*-Team nicht von der Bedeutung globaler Kunden und einer globalen technologischen Entwicklung überzeugen kann, wird sich die Aufmerksamkeit der Regionalmanager weiterhin auf lokale Probleme konzentrieren.

Während Leistungsprobleme reale, konkrete Situationen betreffen, können sich Chancen in Zukunft zu potentiellen Problemen entwickeln, wenn die Organisation nicht schon heute aktiv wird. Wirklich gute Manager dulden in ihren Einheiten keine Leistungsdefizite, sind aber darüber hinaus in der Lage, auch künftige Chancen zu definieren und die Organisation rechtzeitig zu „mobilisieren“. Wir halten es nicht mit der Spruchweisheit, was einen nicht brenne, solle man auch nicht blasen. Vielmehr legen wir den Unternehmen nahe, auch dann, wenn in der Organisation nichts „brennt", vorsorglich zu „blasen" und neue Chancen zu ermitteln. Leutnant Sims stieß zum Teil auch deshalb auf Schwierigkeiten, weil die Marine kein Leistungsproblem sah – war sie doch weltweit der treffsicherste Verband auf See. Es bedurfte schon eines Teddy Roosevelt, um zu erkennen, daß die Marine künftig in Schwierigkeiten geraten würde, wenn ihr der Einsatz von Kanonengeschützen mit kontinuierlicher Zielnachführung nicht gelang, bevor die Konkurrenz dazu überging. Die Definition von Problemen und Chancen vor dem Hintergrund derzeitigen Erfolgs ist eine Aufgabe, von der andere unter Umständen nur schwer zu überzeugen sind.

Die Art und Weise, in der ein Problem oder eine Chance definiert wird, bestimmt auch die in Erwägung gezogenen Lösungen. Jeder Manager muß sich tagtäglich mit ähnlich gelagerten Fällen befassen – stets gilt es zu entscheiden, welche der vielen Probleme oder Chancen im Unternehmen in Angriff zu nehmen sind, selbst wenn dadurch die kurzfristige Leistung in Mitleidenschaft gezogen werden könnte. Solange der Manager nicht klar zwischen Erwartungen und Ergebnissen zu unterscheiden weiß, gelten Probleme wie Chancen vermutlich als vage oder politische Entscheidungen, so daß Innovation und Wandel letztlich unterbleiben.

Verstehen des strategischen Kontexts

Doch wie wird entschieden, welche Strategie gewählt, welche Zielsetzung verfolgt und welche Vision für eine Unternehmenseinheit verbindlich sein soll? Obgleich es keine Patentantworten auf solche Fragen gibt, bestimmen drei Schlüsselfaktoren den Kontext, in dem ein Manager und sein Team Strategie, Ziele und Vision festlegen: (1) die Umgebung, in der eine Unternehmenseinheit tätig ist; (2) die Ressourcen, die dem Manager zur Verfügung stehen; und (3) die bisherige Entwicklung der Organisation oder Unternehmenseinheit (Abbildung 3.1). Das Verständnis für die Chancen und Zwänge des Unternehmens erleichtert dem Manager die Aufgabe, realistische Erwartungen und Absichten zu formulieren und seine Unternehmenseinheit entsprechend auszurichten.[2]

Umgebung

Wettbewerb: Um Strategie, Ziele und Vision bestimmen zu können, muß der Manager zunächst die Chancen und Gefahren abschätzen, die der Unternehmenseinheit durch die Wettbewerbssituation vorgegeben sind. Dazu gehört auch die Kenntnis sämtlicher Zugänge und Abgänge in der eigenen Produktklasse (derzeitige und potentielle Konkurrenten) einschließlich der wesentlichen Aspekte der Konkurrenz (Kosten, Service, neue Produkte). Chow und sein Team beispielsweise ermittelten die wichtigsten Anhaltspunkte für die Einschätzung ihrer Wettbewerbsfähigkeit sowohl anhand der etablierten Industriegas-Anbieter (*L'Air Liquide* und *Praxar*) als auch neuer Konkurrenten. Diese globalen Spieler konkurrierten in bezug auf Service, Produktqualität und Innovation.

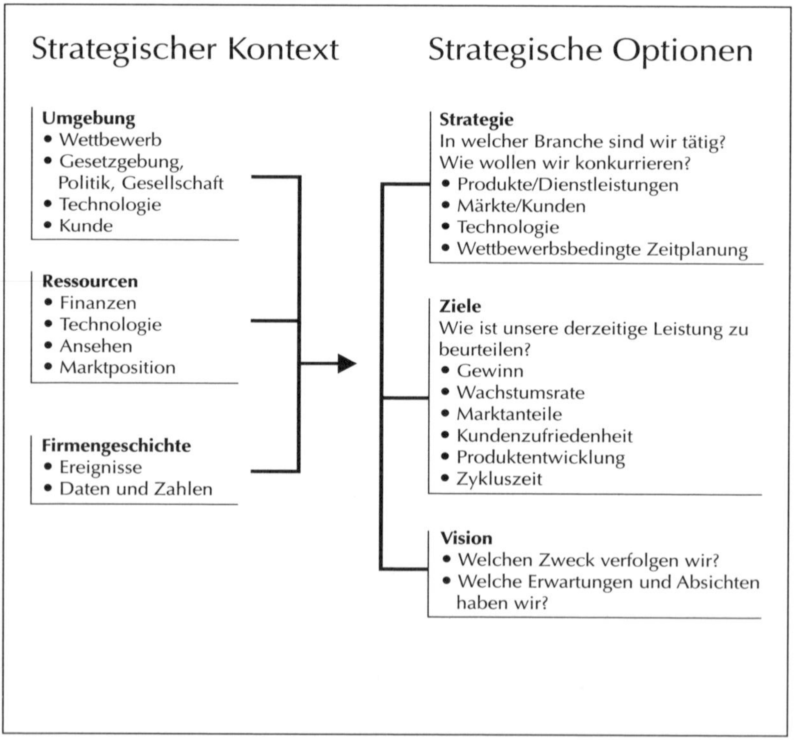

Abb. 3.1: Vom strategischen Kontext zu strategischen Optionen

Gesetzgebung, Politik, Gesellschaft: Manager müssen auch berücksichtigen, wie sich die gesetzlichen, politischen und sozialen Faktoren auf ihre Wettbewerbsfähigkeit auswirken. Dazu müssen sie sich mit den Konsequenzen von Regulierung, Deregulierung und Privatisierung ebenso auskennen wie mit Umweltfragen und veränderten Kundenstrukturen. Je nach Unternehmenseinheit oder Organisation umfaßt eine solche Beurteilung auch Faktoren wie das Öffnen des europäischen Marktes im Jahr 1992, das Inkrafttreten der *NAFTA* (Nordamerikanische Freihandelszone), die Abschaffung der Apartheid in Südafrika, die Wiedervereinigung Deutschlands oder der Regierungswechsel in Hongkong 1997. Für *BOC* beispielsweise hatte die Öffnung des europäischen Marktes unmittelbare Auswirkungen auf die Wettbewerbsstrategie des Unternehmens in Europa – so wie auch das Ende der Apartheid die Organisation des Unternehmens in Südafrika grundlegend veränderte.

Technologie: In allen Branchen, von *High-Tech*-Branchen bis zu *Low-Tech*-Branchen, bringen technologische Veränderungen erhebliche Wettbewerbschancen, aber auch Gefahren mit sich. So können ein technologischer Wandel und die Entwicklung von Branchenstandards eine Produktklasse rasch verändern (siehe Branchenauflistung in Tabelle 1.1). Ob es sich um Informationsdienste, das Bankwesen, Aluminiumhersteller oder die Automobilindustrie handelt – Veränderungen in der Technologie verstärken die Konkurrenz oder leiten Gärungsprozesse ein, die für altgediente Unternehmen häufig eine Bedrohung darstellen und neuen Konkurrenten neue Chancen und Möglichkeiten bieten. In Anbetracht von Kostenaufwand und Komplexität der Technologien sowie der Beschaffenheit des technologischen Wandels ist kein Unternehmen in der Lage, Geschwindigkeit und Richtung des technologischen Wandels fest im Griff zu behalten. Trotzdem müssen die Manager technologische Chancen und Gefahren in ihre strategische Entscheidungsfindung einbeziehen. Bei *BOC* beispielsweise hatten Chow und sein Team die Konsequenzen nichtkryogenischer Gaslieferungen zu berücksichtigen. Das Industriegas-Geschäft wird gegenwärtig von kryogenischen Verfahren zur Luftzerlegung beherrscht, doch bei weiterer Perfektionierung der nichtkryogenischen Technologie könnte sich die Branche grundlegend wandeln.

Kundenanspruch: Im Zeitalter des *Total Quality Management* müssen die Manager letztlich auch die sich ständig verändernden Anforderungen ihrer internen und externen Kunden kennen. Chows Team bei *BOC* zum Beispiel machte die Beobachtung, daß die Kunden des Unternehmens zunehmend global ausgerichtet waren und integrierte Gaslieferungsangebote wünschten, während *BOC* traditionsgemäß für jedes Land andere Lösungen anbot.

Ressourcen

Jeder Manager muß die gesamte Palette an verfügbaren Ressourcen kennen – und dies betrifft das finanzielle und technologische Potential ebenso wie Ansehen und Personalsituation des Unternehmens. Weiterhin gilt es, Stärken und Schwächen im Vergleich zur Konkurrenz realistisch einzuschätzen. Manager mit erheblichen finanziellen, technologischen und personalpolitischen Ressourcen verfügen natürlich über größere strategische Flexibilität als Manager mit eingeschränkten Ressourcen. So stehen beispielsweise dem Rektor eines reichen, privat finanzierten *College* aller Wahrscheinlichkeit nach mehr strategische Optionen offen als dem Rektor einer staatlichen Universität.

Firmengeschichte

Als letzten Kontextfaktor muß ein Manager die bisherige Entwicklung seiner Unternehmenseinheit berücksichtigen. Das derzeitige Verhalten einer Organisation wird zumindest teilweise durch die Ereignisse und Erfahrungen aus der Vergangenheit bestimmt. Die Entwicklungsgeschichte einer Organisation kann nachhaltige, unbemerkte Auswirkungen auf ihr derzeitiges Verhalten haben (Kets de Vries/Miller 1984; Milliken/Lant 1991; Weick 1979). Manager müssen daher die Vergangenheit ihrer Unternehmenseinheit, die Art ihrer Gründung oder Bildung, die wichtigsten Ereignisse und Krisen im Verlauf ihrer Entwicklung und den bisherigen Führungsstil genau kennen. Diese Entwicklung spiegelt sich häufig in der derzeitigen Kultur des Unternehmens und in seinen Prozessen, Strukturen und Kompetenzen wider. Bei *BOC* erkannten Chow und sein Team sehr schnell, daß sie den Kundenforderungen nach integrierten Gaslösungen nur dann gerecht werden konnten, wenn sie das historische Vermächtnis der unabhängigen *BOC*-Regionen überwinden würden. Je älter und etablierter eine Organisation ist, desto mehr gilt es die bisherige Entwicklung zu berücksichtigen. Was Innovation und Wandel anbelangt, so ist die Unternehmenshistorie häufig dazu angetan, das Unternehmen an seine Vergangenheit zu fesseln – zu dessen Nachteil.

Führungskräfte müssen auch ihren jeweiligen Vorgänger im Amt kennen und wissen, welches Vermächtnis er hinterlassen und was er geleistet oder auch nicht geleistet hat. Solche längst zurückliegenden Aktivitäten bedingen die Chancen und Zwänge von heute. Bleiben sie unberücksichtigt, laufen die Manager Gefahr, dem Geist ihrer Vorgänger im Amt zum Opfer zu fallen. So hatte Chow bei *BOC* begriffen, daß seine Vorgänger das Unternehmen im *Laisser-faire*-Stil als Föderation autonomer Geschäftseinheiten geführt hatten. Die Regionaldirektoren hatten sich seit Jahrzehnten als eigenständige Unternehmer verstanden. In Kenntnis dieser Zusammenhänge konnte Chow die Aspekte in der Vorgeschichte von *BOC* ermitteln, die den erforderlichen Wandel behindern würden.

Vom strategischen Kontext zu strategischen Optionen

Wenn Führungskräfte den Kontext von Umgebung, Ressourcen und Firmengeschichte kennen, treffen sie bessere Entscheidungen in bezug auf Strategie, Ziele und Vision einer Unternehmenseinheit. Die Strategie definiert, in welcher Branche ein Unternehmen tätig ist, wie es zu konkurrieren beabsichtigt und welche Zielkunden es bedienen will. Ziele bedeuten meßbare Erwartungen, mit denen die aktuelle Leistung zu vergleichen ist. Während Strategie und Ziele somit Aufschluß über Branche, Kunden und Leistungsstandards eines Unternehmens geben, vermittelt die Vision seine umfassenderen Absichten und Bestrebungen.

Strategie einer Unternehmenseinheit

Die Strategie zeigt sich an den Entscheidungen, die Manager in bezug auf ihre Wettbewerbsvorstellungen treffen. Unter Berücksichtigung der Chancen und Gefahren für eine Unternehmenseinheit – und eingedenk ihrer Stärken und Schwächen – wird eine Strategie durch Optionen wie die folgenden bestimmt:

1. *Produkt- beziehungsweise Dienstleistungsangebot*: Die erste strategische Entscheidung betrifft die Wahl des Produkts beziehungsweise der Dienstleistung sowie den Umfang unterschiedlicher Angebotsformen. *Anaquest*, ein pharmazeutisches Unternehmen, hatte sich traditionsgemäß auf einen engen Narkotika-Bereich konzentriert. 1991 nahm Martin McGlynn, der neue Präsident von *Anaquest*, eine Neuorientierung der Unternehmensstrategie vor. In Anbetracht verstärkter Konkurrenz durch *Baxter* und *Abbot* sowie vermehrter Nachfragen seitens der Anästhesisten nach einem umfassenden Angebot entschlossen sich McGlynn und sein Team, *Anaquest* vom Hersteller mit einem einzigen Narkosemittel zu einem Lieferanten mit umfassendem Anästhesie-Angebot auszubauen.

2. *Zielmärkte beziehungsweise Zielkunden*: Die zweite strategische Entscheidung gilt der Wahl des Zielmarktes beziehungsweise des Zielkunden. Dabei ist es unerheblich, ob es sich um interne oder externe Kunden handelt und ob die Unternehmenseinheit ein Produkt oder eine Dienstleistung bereitstellt: Die Manager müssen sich darüber im klaren sein, wer ihre Kunden sind. Jede Veränderung im Kundenstamm ist zugleich Ausdruck einer veränderten Unternehmensstrategie. McGlynn und sein Team waren der Ansicht, daß *Anaquest* auf dem US-Markt eine starke Position besaß, in Europa und im Fernen Osten hingegen kaum vertreten war. Sie beschlossen, nicht nur auf dem nordamerikanischen Markt zu konkurrieren, sondern aggressiv in die relativ schlecht bedienten Märkte Europas und Japans vorzudringen. Während McGlynn *Anaquest* auf neue Märkte brachte, sahen sich Chow und sein Team nach Einschätzung der Wettbewerbssituation zu der Schlußfolgerung veranlaßt, *BOC* müsse sowohl auf den regionalen Märkten als auch auf dem globalen gewerblichen Markt stark vertreten sein. Sie sorgten dafür, daß die traditionellen geographischen Stärken mit Marktsektor-Stärke in den Bereichen *Elektronikgase*, *Nahrungsmittel* und *Stahl* gefestigt wurden.

3. *Technologische Optionen*: Gleich, ob ein Unternehmen in einer *High-Tech*- oder einer *Low-Tech*-Branche tätig ist und ob es Pro-

dukte oder Dienstleistungen bereitstellt – die Manager müssen ihre technologischen Möglichkeiten im Rahmen der Strategie ihrer Unternehmenseinheit genau kennen. Da sich keine Organisation und keine Unternehmenseinheit Investitionen in allen relevanten Technologien leisten kann, müssen die Führungskräfte entscheiden, in welche Technologien in welchem Umfang investiert werden soll.[3] Diese Entscheidung blieb auch McGlynn und seinem Team nicht erspart. Da *Anaquest* nicht in alle gängigen Inhalations- und Injektionstechnologien gleichzeitig investieren konnte, beschloß das Unternehmen, seine technologische Investition auf eine einzige Inhalationstechnologie und eine bestimmte Injektionstechnologie zu beschränken.

4. *Wettbewerbsbedingte Zeitplanung*: Ein letzter strategischer Aspekt betrifft die wettbewerbsbedingte Zeitplanung für den Einstieg in eine Produktklasse. Soll das Produkt oder die Dienstleistung als erster Vertreter der Produktklasse auf dem Markt erscheinen und um Entwicklung von Markenbewußtsein und Marktposition bemüht sein, oder sollen die Manager abwarten, bis sich ein entsprechender Markt entwickelt hat und Konsumentenpräferenzen bekannt sind? So mußten auch McGlynn und sein Team bei *Anaquest* entscheiden, ob das Unternehmen als Pionier auf dem Narkosemittel-Markt auftreten oder lieber noch warten sollte, um dann als „schneller Zweiter" zum Zuge zu kommen. Die Wahl des Zeitpunkts kann erhebliche Konsequenzen für die Ressourcenzuteilung und die Organisationsgestaltung haben.

Ziele einer Unternehmenseinheit

Während die Strategie definiert, wie ein Unternehmen konkurrieren will, geben die Ziele eine meßbare Reihe von kurzfristigeren Standards und Kriterien zur Ermittlung der Unternehmensleistung vor. Manager müssen sich also nicht nur über Produkte, Märkte, Technologie und Zeitplan im klaren sein, sondern auch Ziele beziehungsweise Standards zur Leistungsmessung definieren. Diese Ziele können Gewinn- und Wachstumsraten, Marktanteil und Kundenzufriedenheit ebenso betreffen wie die Entwicklung neuer Produkte und die Zykluszeit.

Scott Kisting ist Regionaldirektor bei der *Norwest Bank*; seine Aufgabe besteht in erster Linie im Ausbau des Filialbankwesens. Vor seiner Einstellung arbeiteten die *Norwest*-Filialen mit Umsatzzielen und zahlreichen Systemen zur Umsatzmessung, was die lokalen Bankleiter häufig dazu veranlaßte, sich auf den Verkauf aller möglichen Produkte zu konzentrieren, die ihnen zur Erfüllung ihrer Tagesumsatzziele verhelfen konnten. Wie vorauszusehen war, handelte es sich dabei um Produkte, die besonders leicht zu manipulieren waren. Anstatt beispielsweise ein CD (*Certificate of Deposit*, Einlagenzertifikat) in Höhe von 50000 Dollar an den Mann zu bringen, suchte ein unternehmerisch denkender Bankleiter den Kunden dazu zu bewegen, fünf 10000-Dollar-CDs zu kaufen. Natürlich war dies der Entwicklung langfristiger Kundenbeziehungen nicht dienlich. Im Rahmen seiner Strategie, den Umsatz durch den Aufbau besserer Beziehungen zum Kunden und die Bereitstellung eines besseren Kundendienstes zu erhöhen, entwickelte Kisting Meßkriterien zur Beurteilung des Kontaktaufbaus: Wie viele Anrufe wurden getätigt? Wie viele Haushalte wurden im Kundenprofil erfaßt? Und wie zufrieden zeigten sich die Bankkunden in Kundenerhebungen? Die Ergebnisse waren beachtlich: Die Kundenzufriedenheit stieg deutlich an. Kisting tat nichts anderes, als seine Strategie zu klären, Ziele vorzugeben und dann geeignete Meßkriterien zu erarbeiten, an denen der Erfolg seiner Strategie zu beurteilen war. Mit anderen Worten: Die Strategie einer Unternehmenseinheit läßt erkennen, wie eine Organisation konkurriert, während die Ziele meßbare Standards vorgeben, an denen das Management den Erfolg der Unternehmenseinheit mißt.

Vision einer Unternehmenseinheit

Die Vision bestimmt den allumfassenden Zweck einer Organisation und bringt ihre Existenzberechtigung in einer Weise zum Ausdruck, die den Mitarbeitern Stolz auf die eigenen Leistungen vermittelt. Eine Vision spiegelt die Absichten und Bestrebungen in der Unternehmenseinheit eines Managers wider. Sie gibt zu erkennen, warum die Mitarbeiter in der Organisation ein echtes Interesse daran haben sollten, die Strategie mit Erfolg umzusetzen. Während eine gute Strategie und gute Zielvorgaben eine intellektuelle Herausforderung für die Mitarbeiter bedeuten, spricht eine Vision die Mitarbeiter emotional an.[4]

In einem Interview aus dem Jahr 1992 gab John Young, damaliger Hauptgeschäftsführer von *Hewlett-Packard*, den folgenden Kommentar ab: „Die Maximierung des Aktionärsvermögens hat schon immer weit unten auf der Liste gestanden. Sicher, der Gewinn ist ein Eckstein unseres Tuns – er ist eine Meßgröße für unseren Beitrag und ein Mittel zu selbstfinanziertem Wachstum; aber Gewinn ist nie Selbstzweck gewesen" (Collins/Porras 1994, S. 57). Und weiter führte er aus, der eigentliche Zweck bestehe darin, etwas zu tun, worauf man stolz sein könne. Die Vision von *HP*, wie sie im *„HP Way"* zum Ausdruck kommt und vom Management nachhaltig unterstützt wird, aktiviert die emotionale Einstellung der Mitarbeiter. Der *„HP Way"* weist die vom Unternehmen vertretenen Prinzipien und seinen Führungsstil aus – einschließlich Achtung und Vertrauen gegenüber den Mitarbeitern, Beteiligung, Anerkennung, Sicherheit und die Möglichkeit zum Lernen. All diese Prinzipien erfahren eine nachhaltige Unterstützung seitens des Managements. Sie bilden eine wichtige Basis für die Beziehung zwischen Mitarbeitern und Unternehmen – eine Beziehung, in die sich die Mitarbeiter emotional wie ökonomisch eingebunden fühlen.

Eine gut formulierte Vision hat deutliche praktische Vorzüge zu bieten. Wenn eine Vision klar und schlüssig formuliert und im ganzen Unternehmen bekannt ist, können Entscheidungen in der gesamten Organisation konsistenter und gezielter getroffen werden. Ist eine Vision hingegen nicht eindeutig oder praktizieren die leitenden Führungskräfte nicht das, was sie predigen, lösen solche Inkonsistenzen Zynismus, Frustration und betriebspolitische Machenschaften aus. Der Mangel an einer klaren Vision und an klaren Kernwerten zwingt die Manager zur Anwendung formaler Kontrollen, um das Verhalten der Mitarbeiter in die gewünschten Bahnen zu lenken – eine denkbar ineffektive Methode zur Nutzung des Humankapitals. Von allen der in diesem Buch erörterten Konzepte ist die Vision besonders vage und am wenigsten greifbar, und doch zählt sie zu den wichtigsten Konzepten schlechthin.

Bei der Entwicklung einer wettbewerbsgeprägten Vision helfen die folgenden Richtlinien weiter: Erstens sollte die Formulierung der Vision kurz und treffend sein. Zweitens sollte die Vision die Mitarbeiter ansprechen und herausfordern – sie muß anspruchsvoll sein. Drittens sollte die Vision realistisch angelegt sein und nicht an einen Pfadfinder-Ehrenkodex erinnern. Und viertens sollte die Vision auf keinen Fall mit Strategie oder meßbaren Zielen verwechselt werden. Eine Vision läßt sich durch Formulierungen wie die folgenden übermitteln: „Wir wollen ... sein." Oder: „Wir streben ... an." Oder: „Wir beabsichtigen ..." Solche Formulierungen werden vom Management vorgenommen, wobei äußerst wichtig ist, daß alle beteiligten Führungskräfte voll dahinterstehen und sich an jedes einzelne Wort halten.

Eine der ersten Aktionen von Paul O'Neill nach Übernahme der Geschäftsführung von *Alcoa* im Jahr 1989 bestand darin, gemeinsam mit seinem Topteam eine Vision für das Unternehmen zu erarbeiten. Nach tagelangen Bemühungen, Überlegungen und Diskussionen wurde beschlossen: *Alcoa* „soll das beste Aluminiumunternehmen in der Welt werden und in anderen Branchen unserer Wahl eine führende Position erlangen. *Alcoa* soll ein weltweit wachsendes Unternehmen sein, das Höchstleistung durch Qualität anstrebt ..."[5] Seither haben sich einige Strategien, Ziele und Strukturen bei *Alcoa* verändert, aber die grundlegende Vision ist unverändert geblieben. Sollten Sie O'Neill an Bord eines Flugzeugs begegnen, würden Sie sofort merken, daß er immer noch voll hinter dieser Vision steht. Er spricht mit Überzeugung von den Details seiner Strategie, Ziele, Erträge und Technologien, aber sein größtes Anliegen besteht darin, das Unternehmen voll und ganz für die *Alcoa*-Vision zu begeistern. Er will erreichen, daß die 56000 Mitarbeiter von *Alcoa* ausnahmslos von der Überzeugung und dem Gefühl getragen sind, daß sie der qualitativ beste und kostengünstigste Aluminiumhersteller der Welt sein können und sein werden.

Skip LeFauve, Hauptgeschäftsführer von *Saturn*, motivierte seine Mitarbeiter auf ähnliche Weise. Man meinte, „Kundenzufriedenheit" anzustreben sei ein zu alltägliches Ziel – man beschloß, die Kunden zu „begeistern". Bei *General Electric* vertreten Welch und sein Team die folgende klare, einfache Vision: „*GE* wird der aggressivste und innovativste Akteur in jeder Branche sein, in der das Unternehmen tätig ist. *GE* wird die schnellste, einfachste und selbstbewußteste Organisation in der Welt sein." Und *BOC* läßt sich von der folgenden Vision leiten: „Die *BOC*-Industriegas-Sparte soll anerkanntermaßen dasjenige Unternehmen sein, das weltweit am stärksten auf den Kunden zentriert ist. Wir werden diese Vision durch Innovation und Service auf der Basis von Kooperation rund um den Globus verwirklichen."

Solche Visionen bleiben leere Worthülsen, wenn nicht das Management die Mitarbeiter zu überzeugen versteht, daß sich ihre Realisierung auch wirklich lohnt. Die einen sprechen von Missionen, Leitmotiven, Glaubensbekenntnissen oder Gelöbnissen, die anderen von Aspirationen und Philosophien. Doch zählt immer nur eines: Die Inhalte müssen ernst genommen werden. Andernfalls besteht die Gefahr, daß die Erarbeitung einer Vision zu einer zeitvergeudenden Pflichtübung gerät. Eine Vision, von der die Leute überzeugt sind, kann in einer Organisation Leidenschaft und Begeisterung wecken. Eine Vision hingegen, die im Unternehmen nicht verstanden oder nicht getragen wird, untergräbt die Glaubwürdigkeit des Managements und bedeutet eine Quelle großen Zynismus.

Die Mitarbeiter in einem Unternehmen möchten durchaus für etwas arbeiten, was über die reine Erzielung von Gewinnen hinausgeht; allerdings reagieren sie häufig verunsichert, wenn sie in den Bannkreis solcher Visionen geraten. Dennoch spricht vieles dafür, daß sich Visionen als äußerst wertvoll erweisen können. Eine von möglichst vielen Mitarbeitern getragene und in ihrer Bedeutung hoch eingeschätzte Vision vermag ein Gefühl der psychologischen Verbundenheit und Motivation zu erzeugen, wie es durch formelle Anreize nie erreicht werden könnte. Wenn eine Vision zur Schaffung der Kernwerte einer Organisation beiträgt, kann sie zum Fundament für die Kultur oder das gerade in rasch veränderlichen Situationen unerläßliche soziale Kontrollsystem werden. Eine Vision, die den Mitarbeitern glaubhaft vermittelt wird, entwickelt sich zum Bestandteil der organisatorischen Motivationsbasis. Und fest verankerte Visionen verhelfen einem Unternehmen zur Koordinierung von Aktionen ohne formale Regeln und Systeme.

Die Formulierung einer Vision ist nicht nur auf Unternehmensebene von entscheidender Bedeutung, sondern auch für Sparten, Geschäftseinheiten und Funktionsbereiche – vom Vorsitzenden bis zum Vorarbeiter – wichtig. Die Uhrensparte von *Hattori-Seiko*, einer diversifizierten japanischen Organisation, hat seit Anfang der 60er Jahre eine Vision, die sämtliche Unternehmensaktivitäten überspannt. Noch vor den Olympischen Spielen in Tokio verkündete der Hauptgeschäftsführer von *Hattori-Seiko* die folgende Vision für sein Uhrengeschäft: „Wir werden die Uhrenherstellung weltweit dominieren." Dabei konnte man in den 60er Jahren wirklich nicht wissen, ob dies eine Vision oder eher eine Halluzination war!

Damals war *Seiko* nämlich noch ein kleiner Konkurrent auf dem Uhrenmarkt. Doch mit dieser Vision vor Augen gelang es *Seiko*, seine Strategie und seine Ziele anzupassen und sich Stein für Stein eine enorme Präsenz in der Uhrenbranche aufzubauen.

Visionen auf Unternehmensebene sind meist noch recht umfassend und abstrakt, während die Visionen auf den unteren Ebenen spezifischer und konkreter sind. Entsprechend werden die Führungskräfte bei *Alcoa* aufgefordert, die Absichtserklärungen für ihre jeweilige Geschäftseinheit selbst zu formulieren. So sagt ein Bergwerksdirektor in Australien: „Wir wollen in ganz Australien als das Bergwerk gelten, das am stärksten auf Kunden und Qualität ausgerichtet ist." Wenn es O'Neill gelingt, mit seiner Vision eine solche Klarheit im gesamten Unternehmen zu erreichen, kann die zunächst abstrakte *Alcoa*-Vision Wirklichkeit werden.

Visionen müssen auf allen Ebenen im Unternehmen in sich schlüssig, kurz, einfach verständlich und emotional ansprechend formuliert sein. Große Unternehmen und Geschäftseinheiten haben relativ festgefügte Visionen, auch wenn sich Strategie und Ziele mit der Entwicklung einer Produktklasse ändern können. Solche Visionen dienen in einer Organisation als Anker, wenn sich andere Aspekte der Unternehmensabläufe wandeln. So gelangen James Collins und Jerry Porras (1994, S. 65) in ihrer Untersuchung „visionärer Organisationen" zu der Schlußfolgerung: „Die wesentliche Aufgabe eines visionären Unternehmens ist die Umsetzung seiner Kernideologie und seines einzigartigen Strebens nach Fortschritt in das Gefüge der Organisation – in die Ziele, Strategien, Taktiken, politischen Richtlinien, Verfahren, kulturellen Vorgehensweisen, Führungsverhalten, Gebäudegestaltung, Lohn- und Gehaltssysteme, Buchhaltungssysteme, Arbeitsplatzgestaltung – in alles, was das Unternehmen tut." Collins und Porras versichern nachdrücklich, daß mit der Verkündung einer Vision noch kein „visionäres Unternehmen" geschaffen sei. Dazu bedürfe es vielmehr einer unerbittlichen Konzentration darauf, die Werte mit Leben zu erfüllen. Und das hat zur Konsequenz, daß nachgeordnete Führungskräfte, denen von oben gemischte Botschaften verkündet werden, dennoch eine Vision für ihre eigene Einheit formulieren müssen – in dem Bemühen, etwaige, mit dem Topmanagement nicht übereinstimmende Signale nach Möglichkeit zu minimieren.

Wenn wir Führungskräfte aus Firmen in aller Welt auffordern, die Visionen ihrer Unternehmen zu beschreiben, erhalten wir vergleichbare Anworten. Die meisten Organisationen streben weltweite Bestleistungen an, wollen ihren Kunden zu Gefallen sein oder verfolgen das Ziel, sich durch Innovationen in ihrer Branche auszuzeichnen. So haben *Pechney* und *Aluswiss*, beides europäische Aluminiumunternehmen, ganz ähnliche Visionen wie *Alcoa*. Eine solche Ähnlichkeit ist nicht unbedingt von Nachteil. Die meisten Menschen sprechen auf universelle Werte wie Streben nach Bestleistung, Wertschätzung anderer und Beitragsleistungen zum sozialen Wohl an. Bei den Visionen als solchen sind somit kaum Unterschiede zu erkennen – wohl aber bei ihrer praktischen Umsetzung. Und gerade weil diese Umsetzung die Gewinner von den Verlierern unterscheidet, widmen wir einen Großteil unseres Buches der Problematik, wie man Strategien, Ziele und Visionen schneller und geschickter umsetzt als die Konkurrenz.

Insgesamt arbeiten Manager unter komplexen und unsicheren Bedingungen. Häufig können sie gar nicht wissen, ob eine bestimmte Strategie oder Vision angemessen ist, und doch kann ein strategischer Fehler erhebliche Konsequenzen nach sich ziehen. Manager werden mit dieser unliebsamen Realität nur dann fertig, wenn sie zweierlei beherrschen: Erstens müssen sie die Möglichkeiten und Gefahren bei ihrer Konkurrenz genauso exakt und realistisch einschätzen können wir ihre eigenen Stärken und Schwächen. Zweitens müssen sie für den Fall, daß sich ihre Beurteilungen als unzutreffend erweisen, die einzige Chance ergreifen, die ihnen bleibt – strategische Flexibilität mit rascher Anpassung an veränderte Bedingungen. So gesehen bietet die Fähigkeit, schnelle organisatorische Veränderungen vorzunehmen und aus dem eigenen Handeln zu lernen, eine gewisse Absicherung in einer Welt schnellen Wandels.

Ermittlung von Defiziten

Nachdem Manager eine klare Strategie, Ziele und eine Vision erarbeitet haben, müssen sie die harte, nüchterne Realität der aktuellen Unternehmensleistung prüfen, um den bisherigen Fortschritt in bezug auf die Erreichung dieser Ziele zu ermitteln. Eine solche Überprüfung weist möglicherweise auf Defizite bei Leistungen wie Chancen hin: Wo könnte das Unternehmen in Zukunft stehen, wenn es schon heute proaktiv Veränderungen einleiten würde?

Leistungsdefizite

Zunächst geht es um die Beurteilung der aktuellen Unternehmensleistung im Vergleich zur angestrebten Unternehmensleistung, wie sie in Strategie, Zielen und Vision zum Ausdruck kommt. Als organisatorische Leistungsdefizite gelten die Unterschiede zwischen der angestrebten Leistung und der realen Leistung (Abbildung 3.2).[6] Dazu ein Beispiel: Ed Fox war 1995 Kommandant des 75. Bezirks von New York City. Als William Bratton zum Polizeikommissar ernannt wurde, ordnete dieser eine generelle Senkung der Kriminalitätsraten um 10 Prozentpunkte an. Edward Fox war als Manager hinlänglich geschult, um das Leistungsdefizit in seinem Bezirk in aller Deutlichkeit zu erkennen: Die Zielvorgabe war eine 10prozentige Senkung, aber in seinem Bezirk stiegen die Kriminalitätsraten derzeit um bis zu 24 Prozent.

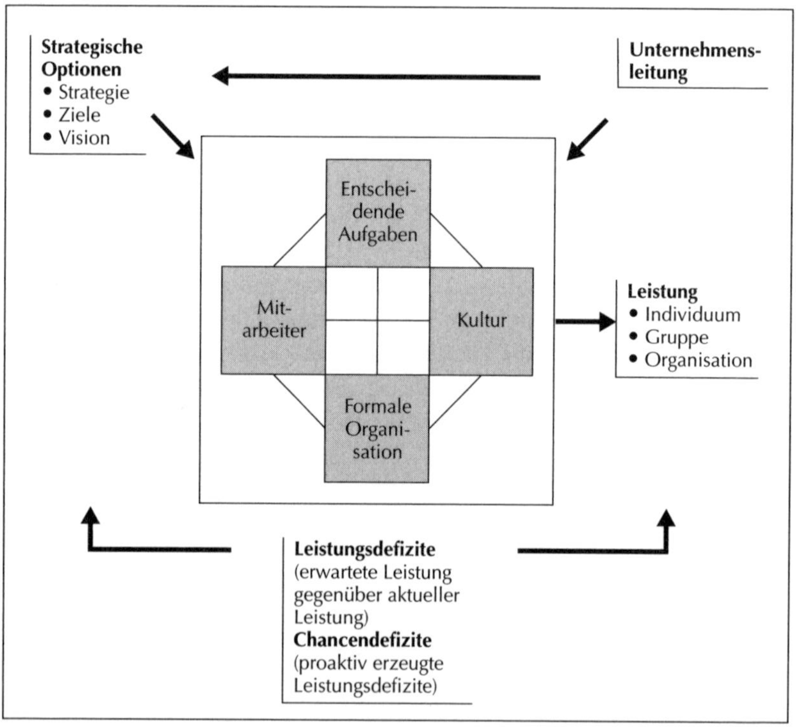

Abb. 3.2: Leistungs- und Chancendefizite

Bei der Ermittlung von Leistungsdefiziten muß unbedingt berücksichtigt werden, welche Führungskraft die Diagnose erstellt: Welche Position nimmt der Manager im umfassenderen System ein, wer ist sein Vorgesetzter, und welche Mitarbeiter sind ihm unterstellt? Eventuelle Probleme werden maßgeblich von solchen Aspekten bestimmt. Die Definition von Leistungsdefiziten erfolgt immer aus der Perspektive eines ganz bestimmten Managers. Für Kommandant Fox betrifft das Leistungsproblem den 75. Bezirk, nicht aber die umfassendere Problematik in der Bronx. Die erreichbaren Lösungen sind von den Bedingungen abhängig, mit denen sich Fox und seine Mitarbeiter konfrontiert sehen, nicht aber von der umfassenderen Problematik, die Bratton zu bewältigen hat.

Für die spezifischen Resultate, die es zu prüfen gilt, sind Strategie, Ziele und Vision maßgeblich. Als beispielsweise die Fluggesellschaft *People Express Airline* im Jahr 1982 um die „Sofa-Kundschaft" bemüht war (um Leute, die sonst nicht reisen, sondern auf ihrem Sofa vor dem Fernseher sitzen würden), galten Beschwerden von Geschäftsreisenden hinsichtlich des Fehlens fluglinienübergreifender Reservierungssysteme nicht als sonderlich wichtiges Resultat. 1984 aber, als die Entscheidung getroffen wurde, verstärkt Geschäftskunden anzusprechen, wurden solche Beschwerden als entscheidende organisatorische Probleme gewertet. Ähnlich verhielt es sich, als Chow und sein Team von der *BOC*-Industriegas-Sparte globale Kundenzufriedenheit und Marktführerschaft als wichtigste Ziele erkannten und mangelnde Effektivität bei der Erfüllung der globalen Kundenanforderungen strategische Probleme aufdeckten.

Die Manager werden vermutlich viele Leistungsdefizite entdecken. Anstatt aber zu viele Probleme gleichzeitig in Angriff zu nehmen, sollten sie als nächsten Schritt den wichtigsten zwei oder drei kritischen Fällen oberste Priorität einräumen. Die Festlegung von Prioritäten bei Leistungsdefiziten ist im wesentlichen eine unternehmenspolitische Entscheidung. Die Führungskräfte müssen die kritischsten aktuellen Probleme in aller Deutlichkeit herausstellen beziehungsweise ihre Mitarbeiter bei dieser Aufgabe unterstützen. Welch und sein Führungsteam setzten bei *GE* einen systemweiten Wandel durch, indem sie dafür sorgten, daß alle Manager am *GE*-internen *Work-out*-Programm teilnahmen. Welch gab seinen Mitarbeitern unmißverständlich zu verstehen, daß die Realisierung der *GE*-Vision – Geschwindigkeit, Einfachheit und Selbstvertrauen sowie Marktposition als Nummer 1 oder 2 – die volle Beteiligung aller Manager am Programm verlangte. Daran führte kein Weg vorbei. Sobald dann die aktuellen kritischen Probleme gelöst sind, können die Manager zur nächsten Runde entscheidender Leistungsdefizite übergehen.

Chancendefizite

Hocheffektive Organisationen haben möglicherweise zu einem bestimmten Zeitpunkt keine dringenden Probleme. In solchen Fällen müssen die Manager über die Unternehmensgrenzen hinausschauen und sich fragen, was mit ihrer Produktklasse in Zukunft geschehen wird oder geschehen könnte. Ausgehend von solchen Prognosen, können dann Zukunftschancen aufgezeigt werden, auf die sich die Organisation schon heute einstellen muß (Eisenhardt 1989; Hamel/Prahalad 1994; Hurst 1995; Strebel 1992). Als O'Neill 1989 zu *Alcoa* kam, war das Unternehmen bereits der profitabelste Aluminiumhersteller der Welt. Doch O'Neill und sein Team waren überzeugt, daß eventuelle Veränderungen auf dem Aluminium-Weltmarkt (z. B. die Niedrigpreiseinführung russischer Gußblöcke) künftig erhebliche Kosten- und Qualitätsprobleme für *Alcoa* bedeuten könnten. In Anbetracht dieser erwarteten Verschiebungen im Wettbewerb führten O'Neill und sein Team durchgreifende Veränderungen im gesamten Unternehmen ein – unter anderem eine Reihe kultureller, struktureller und gehaltspolitischer Veränderungen auf der Basis der Qualität von *Alcoa*-Produkten und -Dienstleistungen. *Alcoa* wurde aktiv, bevor es dazu gezwungen wurde.

Alternativ dazu können Manager Chancendefizite auch dadurch erzeugen, daß sie ihre Leistungsstandards erhöhen. Im Jahr 1990 beliefen sich die Umsätze bei *PepsiCo* auf über 7 Milliarden Dollar, und die Erträge waren um 10 Prozent gestiegen, doch Craig Weatherup, Präsident der *Pepsi-Cola*-Sparte, befürchtete, der Markt für Erfrischungsgetränke könnte sich rückläufig entwickeln. In weiser Voraussicht sorgte er für eine Krisensituation, indem er erklärte, nur ein 15prozentiges Wachstum der Erträge könne in Zukunft zu befriedigenden Resultaten führen. Durch

Veränderung der Spartenstrategie und der Spartenziele definierte Weatherup ein Chancendefizit, das seine 30000 Mitarbeiter aktivierte. Drei Jahre später hatte die Sparte ihr Ziel einer 15prozentigen Ertragssteigerung erreicht.

Eine leitende Führungskraft bei *Chrysler* wird mit den folgenden Worten zitiert: „Mit Erfolg zu leben ist eine ständige Herausforderung." Dieser Mann hatte erkannt, daß Erfolg häufig genug mit der Tendenz verbunden ist, konservativ zu werden, Risiken zu vermeiden und sich auf bewährte Vorgehensweisen zu verlassen. Solche Trägheitsmomente fesseln die Organisationen an ihre leistungsstarke Vergangenheit und unterbinden auf diese Weise Innovation und Wandel. Ohne die kreativen Spannungen, wie sie durch eindeutige Leistungs- oder Chancendefizite hervorgerufen werden, geraten Organisationen in Stagnation. Sie verstärken den *Status quo*, erzielen in bezug auf ihre kurzfristige Wettbewerbsfähigkeit immer bessere Leistungen – und werden gerade dadurch in hohem Maße anfällig, wenn es um langfristigen Wandel geht. Die jüngsten Entwicklungen bei *IBM*, *General Motors*, *Philips*, *DEC* und *Jaguar* sind zu augenfällig und zu vergleichbar, als daß sie einfach zu übersehen wären. Sowohl *Microsoft* als auch *Intel* leben geradezu nach dem Motto, das Andy Grove, Hauptgeschäftsführer von *Intel*, geprägt hat: „Nur die Wahnsinnigen überleben."

Erfolg durch Innovation beginnt damit, daß die Manager und ihre Teams in aller Deutlichkeit Leistungs- und Chancendefizite erkennen. Diese Feststellung mag selbstverständlich anmuten, aber erstaunlicherweise lassen sich viele Manager auf Veränderungsmaßnahmen ein, ohne eine klare Vorstellung von den entscheidenden Leistungs- beziehungsweise Chancendefiziten in ihrer Einheit zu haben. Sind aber solche Defizite erst einmal klar definiert, können wir zum nächsten Schritt übergehen: Diagnostizierung und Lösung von Leistungs- beziehungsweise Chancendefiziten. Wir beschreiben ein bewährtes Instrumentarium, das den Managern eine systematische Diagnostizierung der Ursachen für ihre aktuellen Leistungsdefizite ermöglicht und ihnen hilft, diejenigen Aspekte ihrer derzeitigen Organisation zu erkennen, die das Unternehmen daran hindern, seine Chancen in vollem Umfang zu nutzen.

Anmerkungen:

1. Zum Thema *Problemdefinition* gibt es zahlreiche Veröffentlichungen, zum Beispiel Bartunek (1984); Dutton/Fahey/Narayanan (1983); Louis/Sutton (1991); March/Simon (1958); Milliken/Lant (1991); Weick (1979).
2. Weitere Details zum Verstehen des strategischen Kontexts zwecks Bestimmung von Strategie, Zielen und Vision bieten Chandler (1990); Collins/Porras (1994); Hamel/Prahalad (1994); Porter (1980).
3. Burgelman/Rosenbloom (1989) erörtern weitere Einzelheiten zur Technologie-Strategie.
4. Zahlreiche Veröffentlichungen informieren ausführlich über Vision und strategische Absicht, darunter Collins/Porras (1994); Hamel/Prahalad (1989, 1994).
5. Kolesar (1993) führt nähere Einzelheiten zu *Alcoa* an.
6. Weitere einschlägige Details zur Problemdefinition sind nachzulesen bei March/Simon (1958); Nadler/Tushman (1988); Van de Ven/Ferry (1980).

Kapitel 4
Das Kongruenz-Modell: Problemlösung im Management

Kurt Huber, ein hagerer, dynamischer Manager, promovierter Chemiker, hat 18 Jahre lang Erfahrungen als Führungskraft bei *Ciba-Geigy* gesammelt. Als Leiter des *Ciba*-Chemiewerks in Großbritannien wurde er 1993 zum Generaldirektor des *Ciba*-Werks im deutschen Grenzach berufen. Die chemische Großanlage in Grenzach ist am Rhein, dicht an der Schweizer Grenze, gelegen. Sie war bereits 1898 gegründet worden und somit eines der ältesten *Ciba*-Werke: chemische Produktionsanlage herkömmlicher Art mit langgedienter, äußerst fachkompetenter Belegschaft; formell vereinbarte Beziehungen zwischen Gewerkschaft und Management; formell festgelegte Hierarchie mit sieben Führungsebenen; funktionale Struktur; rigide Arbeitsvorschriften. Die Anlage arbeitete mit vier getrennten Fertigungsstraßen und produzierte eine Vielzahl chemischer Substanzen für die Industriesparten von *Ciba*. Zugleich handelte es sich um eine der wettbewerbsschwächsten Anlagen der Chemiesparte: Die Lohnkosten lagen 20 Prozent über denen in vergleichbaren europäischen Anlagen und beliefen sich auf das Vierfache der Löhne, die von neu hinzukommenden Konkurrenten aus Mexiko, China und Indien gezahlt wurden. Diese Kostenprobleme hatten zur Folge, daß nicht nur Marktanteile verlorengingen, sondern daß es auch an neuen Produkten mangelte. Schlimmer noch: Da chemische Produktionsanlagen in sich schon kostenintensiv sind, müssen sie voll genutzt werden. Mit rückläufigem Produktionsvolumen war die ohnehin kostspielige Anlage immer weniger konkurrenzfähig. Hubers Auftrag bestand darin, das Werk entweder zu sanieren oder zu schließen.

Huber hatte schon andere erfolgreiche Sanierungen zustande gebracht, aber in bezug auf das Werk in Grenzach kamen selbst ihm erhebliche Bedenken. „Es gab einfach zu viele Probleme und zu viele mögliche Ursachen. Ich wußte, daß es nicht damit getan war, ein oder zwei dieser Probleme in Angriff zu nehmen. Eine normale Sanierung konnte hier nicht zum

Erfolg führen." Schon die Größenordnung der Probleme war geradezu überwältigend. Huber wußte, daß ihm nur ein einziger Versuch zur Rettung der Anlage in Grenzach zugestanden wurde: Der Leiter der Chemiesparte ließ ihn unmißverständlich wissen, ihm blieben ganze 24 Monate Zeit – sonst stünden 1500 Leute auf der Straße, und er wäre einer von ihnen.

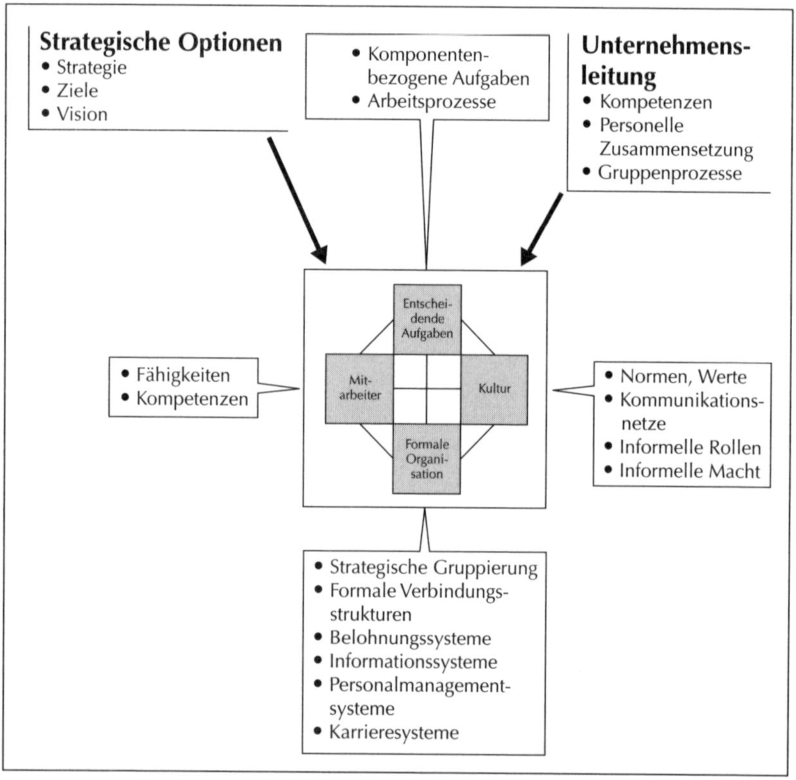

Abb. 4.1: Organisationsarchitektur: Kongruenz-Modell
Quelle: Nach D. Nadler und M. Tushman, „Designing Organizations that Have Good Fit" in *Organizational Architecture*. Hrsg.: D. Nadler (San Francisco: Jossey-Bass, 1992).

Zur Lösung dieses Problems brauchte Huber eine Methode, mit der die Ursachen für die Schwierigkeiten der Anlage in Grenzach schnell und präzise ermittelt werden konnten: die Suche nach Leistungs- und Chancendefiziten. Sobald nämlich die entscheidenden Leistungs- oder Chancendefizite erkannt sind, können Manager wie Kurt Huber rasch die Ursachen für solche Diskrepanzen aufdecken und Abhilfemaßnahmen ergreifen. Wir erleichtern Führungskräften wie Huber die Erstellung ihrer Diagnose mit einem kongruenzbasierten Problemlösungsansatz, der nicht nur direkt und einfach anzuwenden ist, sondern auf umfangreichen Forschungsarbeiten und praktischen Erfahrungen beruht.[1] Unser Ansatz verlangt weder externe Berater noch komplizierte Techniken. Der Kongruenz-Ansatz ist bereits von Managern in aller Welt erprobt worden – von Unternehmensleitern ebenso wie von Führungskräften auf den nachgeordneten Führungsebenen. Diesem Ansatz zufolge steht und fällt Unternehmenserfolg heutzutage mit der Abstimmung – der Kongruenz – zwischen Unternehmensstrategie einerseits und den bereits in Kapitel 2 eingeführten vier Organisationsblöcken andererseits: *entscheidende Aufgaben*, *formale Organisation*, *Mitarbeiter* und *Kultur*. Inkongruenz, ein Mangel an Abstimmung, beziehungsweise Inkonsistenzen unter diesen vier Blöcken sind so gut wie immer als das Grundübel bei derzeitigen Leistungsdefiziten anzusehen (Abbildung 4.1).[2]

Die Bedeutung dieses systematischen Ansatzes liegt auf der Hand: Solange Manager und ihre Teams die Grundursachen für ihre derzeitigen Leistungsdefizite beziehungsweise die Barrieren gegen die Nutzung strategischer Chancen nicht in aller Klarheit erkennen, werden ihre Versuche zur Problemlösung und Chancenermittlung vermutlich unvollständig bleiben oder weitere ungeahnte Probleme verursachen. Im folgenden soll dieser Problemlösungsansatz anhand von drei Manager-Fallstudien in drei verschiedenen Ländern und drei verschiedenen Branchen veranschaulicht werden: Kurt Huber, Direktor des *Ciba-Geigy*-Werks in Grenzach; C.K. Chow, Geschäftsführer der *BOC*-Industriegas-Sparte mit Sitz der Zentrale in einem Londoner Außenbezirk; und John Torrance, Leiter der Abteilung für Forschung und Entwicklung bei *Medtek*, einer Firma für klinische Diagnoseinstrumente mit Sitz in New York.

Organisatorische Problemlösung im Prozeßablauf

Zunächst sollen die fünf Schritte bei Anwendung des Modells beziehungsweise bei Durchführung einer Kongruenz-Analyse vorgestellt werden. Alle fünf Schritte sind einfach und unmittelbar nachzuvollziehen. Zwar ist in erster Linie von Managern die Rede, die den Kongruenz-Ansatz bereits angewendet haben, doch möchten wir unsere Leser auffordern, auch bei ihren eigenen Leistungs- oder Chancendefiziten eine Kongruenz-Analyse auszuprobieren. Am Ende dieses Kapitels folgt eine praktische Anleitung mit ausführlichen Hinweisen zur Durchführung von Kongruenz-Analysen. Auf diese Weise soll der Leser mit der Ermittlung von Organisationsdaten und der Erstellung einer sorgfältigen Diagnose der jeweiligen Zusammenhänge vertraut gemacht werden. Im folgenden wollen wir lediglich einen ersten Überblick über diesen höchst effektiven Prozeß der Problemlösung vermitteln (Abbildung 4.2).

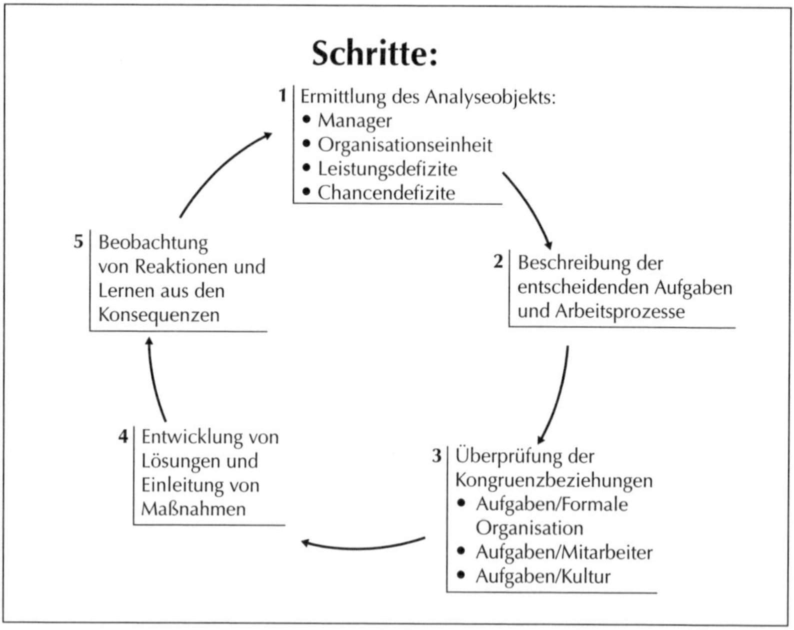

Abb. 4.2: Organisatorische Problemlösung und organisatorisches Lernen im Prozeßablauf

Schritt 1: Ermittlung entscheidender Leistungs- beziehungsweise Chancendefizite

Eine Diagnose beginnt immer damit, daß ein Manager und sein Team die Leistungsdefizite definieren, mit denen sich ihre Einheit oder Organisation konfrontiert sieht. Dabei gilt es, zunächst die Probleme und Chancen zu ermitteln, die zumindest potentiell in den Kontrollbereich der Einheit fallen, um zu vermeiden, daß die festgestellten Defizite zu umfassend definiert werden oder die Verantwortung dafür letztlich an einen Vorgesetzten abzutreten ist. Derjenige Manager, der die Diagnose erstellt, muß auch für das Defizit „zuständig" sein. Bei der *BOC*-Industriegas-Sparte zum Beispiel ermittelten Chow und sein Team einen Mangel an Innovation und Kundenorientierung als die wichtigsten Leistungsdefizite. Für John Torrance bei *Medtek* erwies sich als wichtigstes Defizit die Unfähigkeit, neue Produkte zu produzieren und die maßgeblichen Wissenschaftler zum Umdenken zu motivieren.

Als Kurt Huber vor der Aufgabe stand, das Werk in Grenzach entweder zu sanieren oder zu schließen, holte er seine Führungsriege zu einer Sitzung außerhalb der Werksanlage zusammen: Er wollte einen Konsens über die entscheidenden Leistungsdefizite erzielen, die es in Angriff zu nehmen galt. Huber leitete die Sitzung gezielt ein, indem er die Teammitglieder einzeln aufforderte, eine Art Nachruf zu verfassen, in dem sie angeben sollten, wie und wann Grenzach ihrer Meinung nach scheitern würde. Die Ergebnisse fielen ernüchternd aus. Alle Führungskräfte sagten voraus, das Werk würde schon innerhalb weniger Jahre scheitern, wenn nicht bald etwas unternommen würde. Als Grund wurde meist „Mangel an Übereinstimmung und Problembewußtsein im Management" angeführt. Durch diese Erkenntnis motiviert, stellte das Team eine Liste einschlägiger Probleme zusammen:

- Verlust von Marktanteilen und schrumpfende Gewinnspannen
- Mangel an neuen Produkten
- langsame Einführung neuer Produkte
- rückläufige Umsätze
- zu hohe Kosten bei den abgesetzten Produkten.

Nach ausführlicher Diskussion beschlossen Huber und sein Team, als wichtigstes Problem müsse zunächst der „Verlust von Marktanteilen und schrumpfende Gewinnspannen" gelöst werden. Mit dieser Entscheidung war Schritt 1 abgeschlossen, so daß die Führungskräfte zur Diagnostizierung der Ursachen für dieses Defizit übergehen konnten.

Schritt 2: Beschreibung der entscheidenden Aufgaben und Arbeitsprozesse

Wenn Klarheit in bezug auf Vision und Strategie gegeben ist, können die Führungskräfte die entscheidenden Aufgaben beschreiben, die im Rahmen der Strategieumsetzung anfallen. Welche konkreten Aufgaben sind wahrzunehmen, um die Ziele zu erreichen und für Mehrwert aus Kundensicht zu sorgen? Bei dieser Beschreibung muß auch berücksichtigt werden, in welchem Umfang die entscheidenden Aufgaben Interdependenz oder Integration erfordern. Das Maß der notwendigen Integration bestimmt unter anderem, welche Fähigkeiten sowie strukturellen und kulturellen Voraussetzungen für eine erfolgreiche Umsetzung der Strategie gegeben sein müssen. (Der Abschnitt über entscheidende Aufgaben in der praktischen Anleitung zur Anwendung des Kongruenz-Modells am Ende dieses Kapitels enthält ausführliche Hinweise.) Bei *Medtek* beispielsweise erkannte Torrance, daß er nur dann mit der Entwicklung innovativer neuer Produkte Erfolg haben würde, wenn sein Labor über chemische und hydraulische Technologien von Weltklasse-Niveau verfügte und die Mitarbeiter auch fähig waren, einen Bezug zwischen diesen Technologien und den Produktionserfordernissen und Marketing-Belangen herzustellen. Für Chow bei *BOC* wurde als entscheidende Kundendienst-Aufgabe in Anbetracht globaler Kundschaft eine enge Integration unter den geographisch weit auseinanderliegenden Organisationen erkannt. Beim Ziel der Kostensenkung, wie es vom Grenzach-Team verfolgt wurde, bestand die entscheidende Aufgabe in der Wahrung funktioneller Höchstleistungen im Werk bei gleichzeitiger Verstärkung der Integration zwischen den verschiedenen Funktionsbereichen.

Schritt 3: Überprüfung der organisatorischen Kongruenz

Nachdem die entscheidenden Aufgaben und Arbeitsprozesse bestimmt worden sind, können die übrigen drei großen Organisationsblöcke (formale Organisationsstruktur und Systeme, Mitarbeiter und die Kultur beziehungsweise die informelle Organisation) auf ihre Übereinstimmung oder *Kongruenz* hin untersucht werden, um sicherzustellen, daß alle Elemente der Erfüllung der entscheidenden Aufgaben dienlich sind. Die wichtigsten diagnostischen Fragen zur Beurteilung der vorhandenen organisatorischen Kongruenz lauten: Sind die derzeitigen formal-organisatorischen Vereinbarungen (z.B. Struktur, Systeme, Belohnungen), die Unternehmenskultur (z. B. Normen, Werte, informelle Kommunikationsnetze) und die Mitarbeiter (z. B. Kompetenzen und Motive) hinreichend geeignet oder kongruent, um die Abwicklung der entscheidenden Aufgaben und Arbeitsflüsse erfolgreich zu unterstützen? Passen die organisatorischen Baublöcke zu den mit diesen Aufgaben verbundenen Anforderungen? Passen sie zueinander?

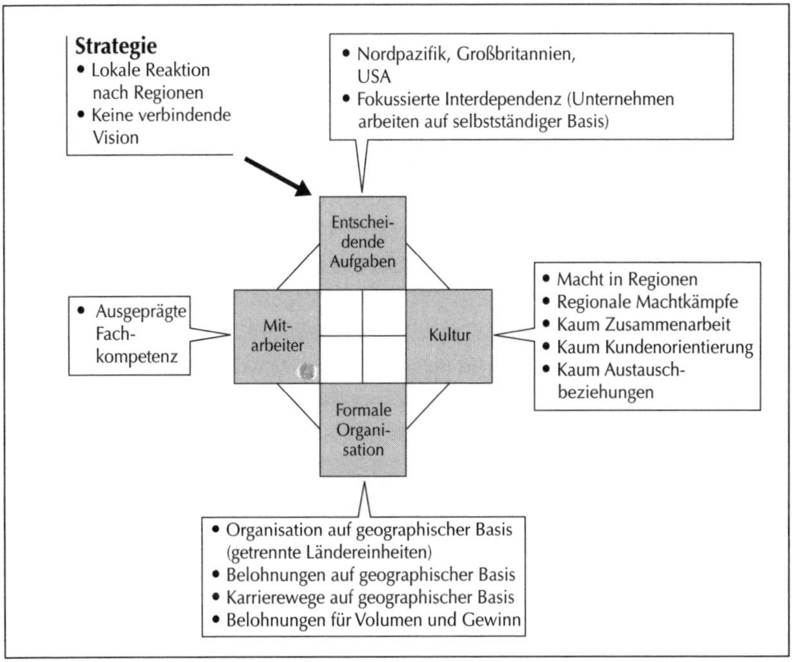

Abb. 4.3a: Kongruenz bei der *BOC*-Industriegas-Sparte vor 1993

Eine solche Diagnose verlangt lediglich, daß ein Manager oder ein Team jede Komponente des Modells sorgfältig und systematisch beschreibt und sie im Hinblick auf ihre Übereinstimmung mit den entscheidenden Aufgaben und Arbeitsprozessen überprüft. Das Ziel besteht darin, diese Komponenten schriftlich oder am Flip-chart festzuhalten, um zu sehen, inwieweit die derzeitige Organisation die zur Erfüllung der strategischen Herausforderung erforderlichen entscheidenden Aufgaben zu fördern vermag. Je besser die Komponenten aufeinander abgestimmt sind, desto größer ist die Wahrscheinlichkeit, daß die Organisation in unmittelbarer Zukunft Erfolge verbuchen kann. Lassen die Komponenten hingegen in bezug auf die entscheidenden Aufgaben oder auch untereinander Inkongruenzen erkennen, so sind letztere aller Wahrscheinlichkeit nach als wesentliche Ursache für die derzeitigen Leistungsdefizite anzusehen. (Die praktische Anleitung am Ende des Kapitels enthält nähere Ausführungen.) Zur Veranschaulichung dieses Prozesses sollen die Diagnosen herangezogen werden, die Chow und Huber für *BOC* beziehungsweise für das Grenzach-Werk erstellt haben (Abbildungen 4.3a und 4.3b sowie 4.4). (Die durchgezogenen Linien weisen kongruente Beziehungen, die gestrichelten Linien hingegen inkongruente Beziehungen aus.)

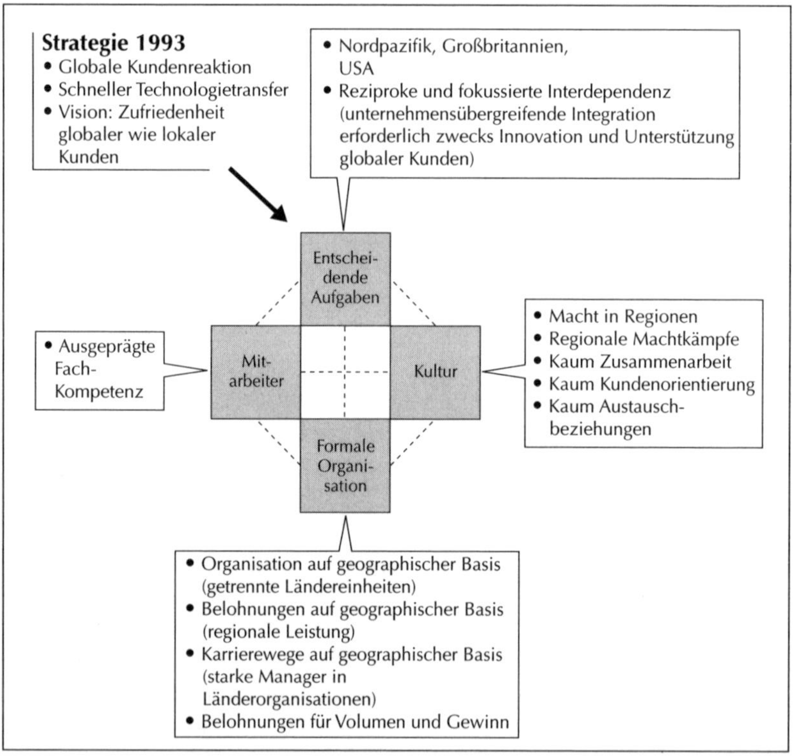

Abb. 4.3b: Kongruenzmangel bei *BOC* (1993) – verursacht durch Strategie, Vision und entscheidende Aufgaben

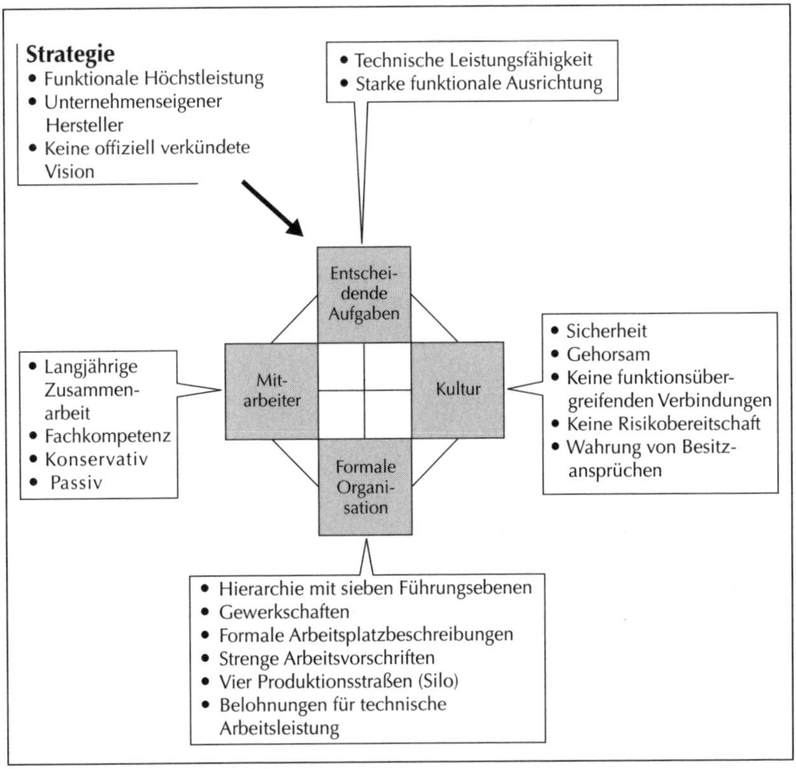

Abb. 4.4: Interne Kongruenz im Grenzach-Werk vor Huber

Anpassung der formalen Organisation: Um sicherzustellen, daß die formale Organisation und die entscheidenden Aufgaben aufeinander abgestimmt sind, muß gefragt werden: Ist die derzeitige Struktur dazu angetan, die Durchführung der als entscheidend erkannten komponentenbezogenen Aufgaben und Arbeitsprozesse sowie die notwendige Integration zu fördern? Wie Abbildung 4.3b zeigt, stellten Chow und sein Team eine wichtige Inkonsistenz fest: Die derzeitige geographische Struktur der Organisation paßte in keiner Weise zu der entscheidenden Aufgabe, eine globale Integration zu erreichen. Während das strategische Ziel bei *BOC* darin bestand, eine globale Kundschaft zu bedienen, förderte die Struktur des Unternehmens streng-regionale Loyalitäten und bot keinerlei Möglichkeit, die geographisch weit verteilten Einheiten miteinander zu verbinden. In Grenzach (Abbildung 4.4) stellten Huber und sein Team fest, daß die siebenstufige Hierarchie und die formale Struktur in Anbetracht des erforderlichen Tempos unangemessen und mit beträchtlichem Kostenaufwand für Koordination und Kontrolle verbunden war. Zudem führten rigide Arbeitsplatzbeschreibungen zu personeller Überbesetzung und langen Reaktionszeiten.

Bei der Untersuchung, inwieweit die formale Organisation „paßt“, sind noch weitere Fragen zu stellen: Fördern die formalen Verbindungsmechanismen die Aufgabenintegration? Sind die vorhandenen Meß-, Kontroll- und Karrieresysteme so angelegt, daß die für die Durchführung der entscheidenden Aufgaben und Arbeitsflüsse relevanten Ergebnisse erfaßt werden? Und ist das Belohnungssystem (z. B. Vergütung, Anerkennung und Beförderung) auf die Aufgabenanforderungen ausgerichtet? Bei *BOC* erfolgte die Rechnungslegung getrennt nach geographischen Regionen, so daß eine kundenorientierte Ergebnisrechnung auf weltweiter Basis gar nicht möglich war. In Grenzach hingen Beförderungen traditionsgemäß von einer strikten Einhaltung der Vorgaben ab. Risikoverhalten und grenzüberschreitende Aktionen wurden nicht gern gesehen. In beiden Fällen war es so, daß die formale Organisation eindeutig *nicht* zu den entscheidenden Aufgaben paßte.

Anpassung im Personalbereich: Zusätzlich zur Überprüfung der Kongruenz zwischen formaler Organisation und entscheidenden Aufgaben müssen die Manager dafür sorgen, daß ihr Mitarbeiterpotential den entscheidenden Aufgaben gewachsen ist – die Leute müssen die richtigen Fähigkeiten sowie Motivation und Engagement für die Durchführung der entscheidenden Aufgaben mitbringen. In diesem Zusammenhang sind die folgenden Diagnosefragen zu stellen: Verfügen die Mitarbeiter über die erforderlichen Kompetenzen, um die entscheidenden Aufgaben wahrnehmen zu können? Werden zusätzliche Fähigkeiten oder Anreize benötigt? Können den Mitarbeitern die neuen Fähigkeiten vermittelt werden, oder sind Neueinstellungen erforderlich?

So verfügten die Mittelmanager bei *BOC* über ausgeprägte technische Kompetenz, wußten aber kaum etwas über Marketing und Kooperation im globalen Kontext. Eine ähnliche Inkongruenz zeigte sich in Grenzach: Das Werk war auf ganz spezielle technische Fähigkeiten ausgerichtet; das Grenzach-Team war sich darüber im klaren, daß dem Werkspersonal durchweg grenzüberschreitende Hilfestellung geleistet werden mußte. Hubers Team stellte fest, daß die größte Gefahr von solchen Managern ausging, die nicht in der Lage waren, ihre Führungsaufgaben in einer abgeflachten Organisationsstruktur mit weniger Führungsebenen wahrzunehmen. Beide Teams erkannten auch, daß zwischen dem Belohnungssystem und den neuen Fähigkeiten Inkonsistenzen zu beseitigen waren. Ohne eine entsprechende Abstimmung der formalen und informellen Belohnungssysteme war den Mitarbeitern kaum ein Anreiz geboten, sich die erforderlichen neuen Kompetenzen anzueignen und Höchstleistungen zu erbringen.

Anpassung der Unternehmenskultur: Schließlich muß noch die schwierige Frage geklärt werden, wie Kongruenz zwischen der Kultur der betroffenen Einheit oder Organisation und den anstehenden entscheidenden Aufgaben zu gewährleisten ist. Ist die derzeitige Kultur dazu angetan, die Mitarbeiter zur Durchführung der entscheidenden Aufgaben zu motivieren? Wird der Arbeitsablauf durch das informelle Kommunikationsnetz und die informelle Machtverteilung gefördert? Gibt es Aspekte in der derzeitigen Kultur, die einer Durchführung der anstehenden Aufgaben hinderlich sein könnten? Wie wir in Kapitel 5 noch sehen werden, ist dies ein ganz entscheidender und häufig übersehener Faktor im Innovationsmanagement.

So kristallisierten sich bei der Diagnose der Unternehmenskultur im Grenzach-Werk zentrale Normen heraus, die bewirkten, daß die Mitarbeiter nur zögerlich Eigenverantwortung übernahmen und sich lieber an Anweisungen hielten, als selbst aktiv zu werden. Huber und seinem Team war sofort klar, daß diese Normen niemals die Initiative und Handlungsbereitschaft fördern würden, die eine abgeflachte und funktionsübergreifende Organisationsstruktur voraussetzt. Solange diese Normen unverändert blieben, würden weder Kosteneinsparungen durch eine schlankere Organisation noch die erforderliche *Bottom-up*-Innovation erzielt werden. Bei *BOC* war es die durch mangelnde Kooperation zwischen den geographischen Regionen geprägte Kultur, die nicht zu den entscheidenden Aufgaben und den neuen formalen Organisationsstrukturen paßte.

Dieser kurze Überblick macht deutlich, wie wichtig die Übereinstimmung zwischen Strategie, entscheidenden Aufgaben, grundlegenden

Baublöcken der formalen Organisation (Struktur, Systeme und Belohnungen), Mitarbeitern (Kompetenzen und Motivation) sowie Kultur (Normen, Werte, informelle Kommunikation und Macht) für den kurzfristigen Unternehmenserfolg ist. Passen diese Elemente nicht zueinander, entstehen unweigerlich Leistungsdefizite (vorausgesetzt, es wurde eine angemessene Strategie gewählt). In einem solchen Fall bleibt den Managern und ihren Teams nichts anderes übrig, als ihre formalen Strukturen, ihre Mitarbeiter und ihre Unternehmenskultur an die neuen entscheidenden Aufgaben anzupassen. Ironischerweise ist es gewöhnlich so, daß ein Mangel an Übereinstimmung gerade aus früheren organisatorischen Stärken entsteht, die – sofern sie nicht entsprechend angepaßt werden – zu einer künftigen Last geraten.

Schritt 4: Erarbeitung von Lösungen und Durchführung von Korrekturmaßnahmen

Wenn die wichtigsten Inkonsistenzen erst einmal aufgedeckt sind, können die Manager gezielte Maßnahmen ergreifen, um das System an die neuen Bedingungen anzupassen. Je größer die Zahl der Inkonsistenzen unter den organisatorischen Baublöcken ist, desto einschneidender müssen die Eingriffe sein. So ist eine Veränderung in ein bis zwei Komponenten – zum Beispiel Einführung eines neuen Belohnungssystems oder ein Wandel in der Unternehmenskultur infolge neuer Wettbewerbsanforderungen – gewöhnlich im Rahmen eines allmählichen Wandels zu bewerkstelligen. Ein das gesamte System erfassender Mangel an Kongruenz mit Veränderungen bei drei oder gar vier organisatorischen Baublöcken hingegen verlangt die Herbeiführung eines diskontinuierlichen organisatorischen Wandels.

Zum Beispiel kamen Huber und sein Team in Grenzach zu dem Schluß, das Werk könne nur dann überleben, wenn man die entscheidenden Aufgaben (technische Leistungsfähigkeit und verstärkte Integration) veränderte. Chow und sein Team bei *BOC* gelangten zu einem ähnlichen Ergebnis. Im Rahmen ihrer gezielten Bemühungen entwickelten beide Manager mit ihren Teams leicht veränderte Kongruenz-Modelle, die der erforderlichen Neuanpassung Rechnung trugen (Abbildungen 4.5 und 4.6). Die Neuanpassung im Grenzach-Werk erforderte gleichzeitig Veränderungen im Personalbereich (neue Fähigkeiten, allmählicher Personalabbau), Eingriffe in die formale Organisationsstruktur (Verflachung von sieben auf drei Führungsebenen mit neuen Strukturen, Systemen und Belohnungen) sowie einen radikalen Wandel der Unternehmenskultur (von Sicherheit, Stabilität, Technologie und Tradition zu Teamarbeit, Initiative, Flexibilität, Offenheit und Kundenorientierung). Der diskontinuierliche Wandel zog sich über ein ganzes Jahr hin und verlangte von Huber und seinem Team erheblichen Energieaufwand und viel Engagement. Nach anfänglichem Widerstand wurden recht positive Ergebnisse erzielt. Heute zeigt sich ein neues Grenzach-Werk – mit einer wettbewerbsfähigen Kostenstruktur, neuen Produkten, geringeren Unfallraten und Fehlzeiten und Wettbewerbsfähigkeit auf globalen Märkten.

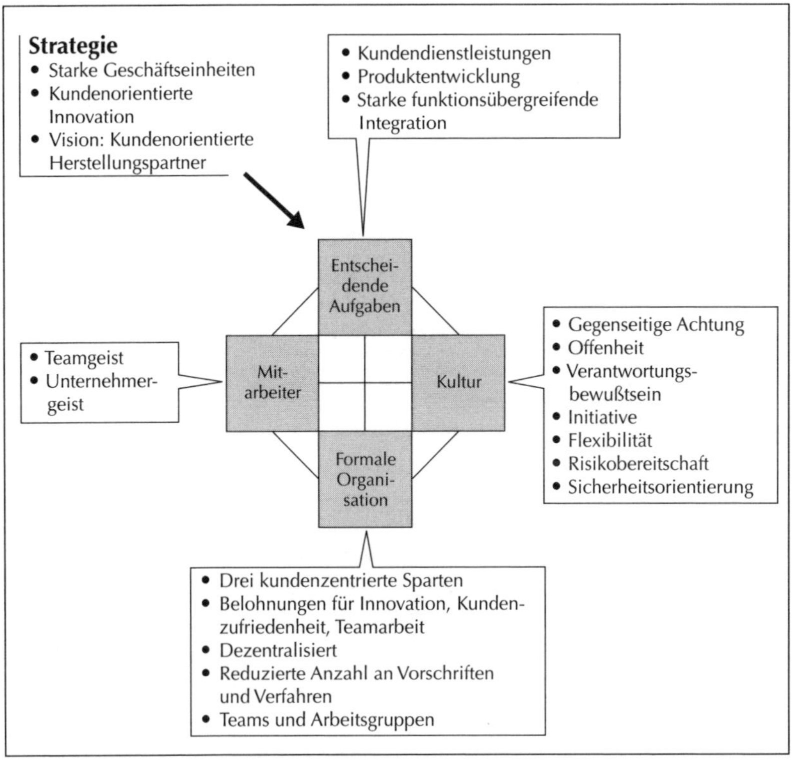

Abb. 4.5: Kongruenzanforderungen im Rahmen der neuen Strategie und Vision im Grenzach-Werk

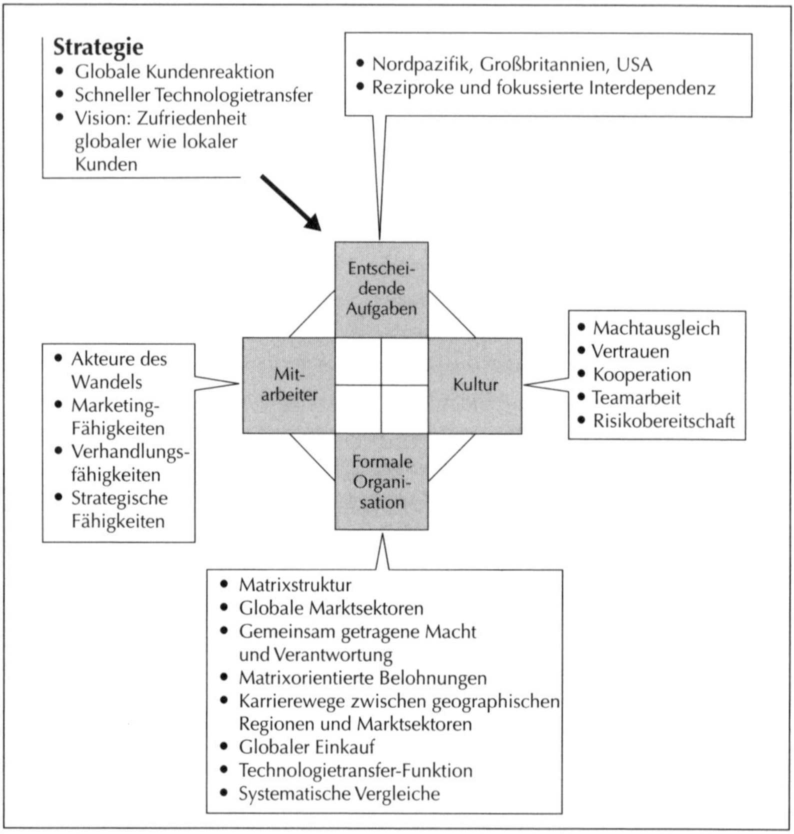

Abb. 4.6: Einführung neuer Kongruenzen bei der *BOC*-Industriegas-Sparte nach 1993

Ein vergleichbarer diskontinuierlicher Wandel erfolgte bei der *BOC*-Industriegas-Sparte. Aufgrund ihrer Diagnose führten Chow und sein Team eine neue globale Matrixstruktur ein, die von einem neuen Meß- und Kontrollsystem unterstützt wird. Des weiteren wurde die Unternehmenskultur so verändert, daß nunmehr Kooperation, grenzüberschreitende Kommunikation und Kundenzentriertheit im Vordergrund stehen; auch wurden neue Marketing-Leute eingestellt. Diese systemweiten Veränderungen zahlen sich aus. Schon 1996 konnte die *BOC*-Industriegas-Sparte neue Gaslieferungsverträge abschließen, lag mit ihren Innovationen in Führung und erzielte einen effizienteren Betrieb. Für die Manager lief der

Prozeß in beiden Organisationen identisch ab: Ermittlung der Leistungsdefizite; Bestimmung der entscheidenden Aufgaben zur Realisierung der strategischen Ziele; Überprüfung der Kongruenz zwischen Aufgaben, Mitarbeitern, formaler Organisation und Unternehmenskultur; letztlich – je nach Diagnose – Durchführung gezielter Korrekturmaßnahmen zur Beseitigung von Inkonsistenzen und Neuanpassung der Organisation an die entscheidenden Aufgaben.

Schritt 5: Beobachtung von Reaktionen – Lernen aus Konsequenzen

Da keine Aktion jemals richtig abgeschlossen ist, werden auch kaum alle Leistungsdefizite beseitigt sein. Wahrscheinlicher ist, daß die Diagnose und die anschließenden Korrekturmaßnahmen weitere Probleme aufdekken. Doch Manager und ihre Teams können aus diesen Situationen lernen und den Prozeß von neuem einleiten. Dabei liegt die Vorstellung zugrunde, daß interne Kongruenz in einer Organisationseinheit kontinuierlich zu verfeinern und immer wieder neu anzupassen ist – es geht nicht darum, ein für allemal die optimale Problemlösung zu finden. So hat Huber beim Grenzach-Werk kürzlich erneut einen Veränderungsprozeß im Zusammenhang mit der Unternehmenskultur vorgenommen und die Struktur und die Belohnungssysteme so abgewandelt, daß der Unternehmergeist im Werk noch stärker gefördert wird. Bei *BOC* haben Chow und sein Team in Anbetracht der mit einer Matrixorganisation zwangsläufig verbundenen Schwierigkeiten ihre Diagnose wiederholt und ihre Betriebsabläufe noch sorgfältiger gestaltet. Im Gegensatz zum alten Schlachtruf von Peters und Waterman, (*„Ready, fire, aim“*) bedienen sich die Manager in Grenzach und bei *BOC* eines schnellen, diagnostisch fundierten Prozesses, bei dem kontinuierlich „gezielt“ und „geschossen“ wird.

Kongruenzbeurteilung

Organisatorische Diagnosen werden durchgeführt, um die Ursachen für derzeitige Leistungsdefizite aufzudecken oder schon im voraus zu erkennen, was in Zukunft Probleme verursachen könnte. Die Manager beginnen mit der Datensammlung und einer Beschreibung der vier Organisationsblöcke. Anschließend wird überprüft, inwieweit die vier Baublöcke zueinander passen: Sind die Erfordernisse, Ansprüche, Ziele und Strukturen der einzelnen Komponenten aufeinander abgestimmt? Paßt beispielsweise das Belohnungssystem zur Unternehmenskultur? Ist Konsistenz zwischen den Fähigkeiten der Mitarbeiter und den angebotenen Aufstiegsmöglichkeiten gegeben? Ist die Struktur der Einheit dazu angetan, die Durchführung der entscheidenden Aufgaben zu erleichtern? Tabelle 4.1 vermittelt einen Überblick über die vielschichtigen Kongruenzbeziehungen im Unternehmen.

Interne Übereinstimmung wirkt sich positiv auf die kurzfristige Leistung der Organisation aus. Ein Mangel an Kongruenz zwischen den Komponenten führt hingegen zu Leistungsabfällen und ist als Hauptursache für aktuelle Probleme anzusehen. Da Kongruenzmängel überall im System verborgen sein können, müssen die Manager bei ihrer Diagnoseerstellung systematisch vorgehen. Eine unvollständige Diagnose oder eine nur partielle Sanierung dient nicht der Problemlösung, sondern verursacht unter Umständen weitere Probleme. Jede der aufgezeigten Kongruenzbeziehungen ist wichtig (die praktische Anleitung am Ende dieses Kapitels enthält weitere Ausführungen). Von besonderer Relevanz aber sind die drei Kongruenzbeziehungen im Zusammenhang mit der Anpassung (oder Neuanpassung) der organisatorischen Komponenten zur Durchführung der anstehenden entscheidenden Aufgaben:

1. *Aufgaben – Mitarbeiter:* Inwieweit sind die Fähigkeiten, Kompetenzen und Motive des vorhandenen Personals den Aufgabenanforderungen angemessen? Zum Beispiel verlangten die neue Strategie und die Aufgaben bei *BOC* ausgeprägte Marketing-Kompetenzen. Doch eine Überprüfung der vorhandenen Marketing-Fähigkeiten deckte deutliche Schwächen nicht nur in Chows Team, sondern in der Organisation überhaupt auf. Wenn diese Inkonsistenz zwischen den anstehenden Aufgaben einerseits und den Fähigkeiten der Mitarbeiter andererseits nicht beseitigt wird, dürfte *BOC* bei der Umsetzung seiner neuen Strategie erhebliche Behinderungen erfahren.

2. *Aufgaben – Formale Organisation:* Inwieweit passen die organisatorischen Voraussetzungen zu den Aufgabenanforderungen? Das Labor von Torrance bei *Medtek* war funktional organisiert, aber die neuen Aufgaben sahen in erster Linie die Entwicklung neuer Produk-

Kongruenzbeziehung	Fragestellung
Mitarbeiter/ Formale Organisation	Inwieweit finden individuelle Bedürfnisse im Rahmen der Organisationsstruktur Berücksichtigung? Sind die einzelnen Mitarbeiter zur Wahrnehmung der entscheidenden Aufgaben motiviert? Haben die einzelnen Mitarbeiter klare Vorstellungen von Organisationsstrukturen?
Mitarbeiter/ Entscheidende Aufgaben	Verfügen die einzelnen Mitarbeiter über die notwendigen Fähigkeiten und Fertigkeiten, um den Aufgabenanforderungen gerecht zu werden? In welchem Verhältnis stehen individuelle Bedürfnisse und Aufgaben?
Mitarbeiter/Kultur	Inwieweit finden individuelle Bedürfnisse im Rahmen der informellen Organisation Berücksichtigung?
Entscheidende Aufgaben/ Formale Organisation	Sind die formalen Organisationsstrukturen dazu angetan, die mit den Aufgaben verbundenen Anforderungen zu erfüllen? Motivieren sie zu einem Verhalten, das den Aufgabenanforderungen angemessen ist?
Entscheidende Aufgaben/Kultur	Fördert die Unternehmenskultur die Durchführung der entscheidenden Aufgaben? Trägt sie dazu bei, daß die Mitarbeiter den Aufgabenanforderungen gerecht werden?
Formale Organisation/Kultur	Besteht Abstimmung zwischen den Zielen, Belohnungen und Strukturen der Kultur einerseits und denen der formalen Organisation andererseits?

Tab. 4.1: Kongruenz zwischen Organisationsblöcken

te vor, und dazu bedurfte es einer starken funktionsübergreifenden Integration. Solange keine formalen Verbindungsmechanismen eingeführt werden, wird diese Inkonsistenz zwischen Aufgaben und Struktur die für das Überleben von *Medtek* so wichtigen Innovationsaktivitäten behindern.

3. *Aufgabe – Kultur:* Inwieweit ist die Unternehmenskultur den Aufgabenanforderungen zuträglich? Im Grenzach-Werk lag der Schwerpunkt nach fast hundertjähriger Tradition auf technischer Höchstleistung und formaler Autorität. Demgegenüber setzen die neuen Aufgabenanforderungen schnelles Tempo, Teamarbeit und Initiative voraus. Bleiben diese Aspekte unberücksichtigt, könnte die alte Unternehmenskultur Huberts Bemühungen um Sanierung des Werks zunichte machen, ganz unabhängig von der Strukturierung der Organisation. Diese Inkonsistenz zwischen Kultur und Aufgabe war eine wesentliche Ursache für das Leistungsdefizit im Grenzach-Werk.

Bei Organisationsdiagnosen dreht sich alles um die entscheidenden Aufgaben und Arbeitsprozesse. Sobald diese feststehen, können die Manager das Kongruenz-Modell heranziehen, um zu ermitteln, inwieweit ihre derzeitige Organisation in der Lage ist, die gewählte Strategie mit Erfolg umzusetzen. Das Grundprinzip unseres Ansatzes lautet: Die derzeitige Effektivität ist um so größer, je stärker die Kongruenzbeziehungen zwischen den verschiedenen organisatorischen Komponenten sind. Mangelnde Kongruenz zwischen den organisatorischen Baublöcken ist die Hauptursache für die derzeitigen Leistungs- oder Chancendefizite.

Nachdem die entscheidenden Probleme beziehungsweise Chancen und ihre Hauptursachen erkannt sind, ist nicht etwa die Suche nach einer einzigen „richtigen" Antwort angesagt; vielmehr geht es um einen Prozeß, bei dem die Manager bestimmen können, welche von mehreren möglicherweise richtigen Antworten in Anbetracht ihrer Situation angemessen ist. Gewöhnlich stehen einem bestimmten Manager in einem bestimmten Kontext mit bestimmten Leistungsdefiziten mehrere richtige Antworten zur Wahl. Richtig sind Antworten immer dann, wenn sie die diagnostizierten spezifischen Inkonsistenzen zu beseitigen vermögen. Zum Beispiel entdeckten Chow und sein Team bei der *BOC*-Industriegas-Sparte, daß die vorhandenen Strukturen, Systeme, Kulturen und Marketing-Kompetenzen nicht zu ihren Bemühungen um einen effektiven Technologietransfer und Zufriedenheit der globalen Kundschaft paßten. Bei dieser Diagnose kamen mehrere Möglichkeiten zu unternehmensweiten Veränderungen bei *BOC* in Frage. Chow und sein Team schätzten die relativen Kosten und Vorzüge der verschiedenen Optionen ab und entschieden sich für die Einführung einer globalen Matrixstruktur.

Unsere Methode hat keine optimalen Antworten zu bieten, aber sie ermöglicht die konsequente Einleitung gezielter Aktionen auf der Basis einer systematischen Analyse. Kein derartiger Eingriff wird jemals perfekt sein. Unser Ansatz fordert die Manager lediglich auf, kurz entschlossen Daten zu sammeln, gezielte Maßnahmen zu ergreifen und dann aus ihren Erfahrungen zu lernen. Percy Barnevik von *ABB* pflegt zu sagen: „Nichts ist schlimmer als Hinhalten. ... Es ist besser, Entscheidungen schnell zu treffen und damit nur in sieben von zehn Fällen richtig zu liegen, als Zeit mit dem Versuch zu vergeuden, die perfekte Lösung zu finden" (Taylor 1991). Wenn Barnevik die Management-Prinzipien bei *ABB* kommentiert, betont er, es sei offensichtlich das allerbeste, etwas zu riskieren und das Richtige zu tun. Das zweitbeste sei aber immer noch, etwas zu tun, einen Fehler zu machen und aus dem eigenen Vorgehen zu lernen. Als inakzeptabel gilt das Verhalten der *ABB*-Manager nur dann, wenn sie nichts unternehmen. Dem können wir nur zustimmen. Es ist besser, eine annähernd richtige Lösung rasch herbeizuführen, als sich mit einer optimalen Lösung zuviel Zeit zu lassen. Beim organisatorischen Lernen geht es darum, hinreichend gute Lösungen für wichtige Probleme oder Chancen zu finden und dann durch nachträgliche Fehlerkorrekturen immer bessere Leistungen zu erzielen. Lernen – besonders das Lernen in einer durch schnellen Wandel geprägten Welt – bedeutet nicht immer, die einzig richtige Antwort finden zu müssen.

Anwendung des Kongruenz-Modells

Wir haben Hunderte von Managern bei der Anwendung des Kongruenz-Modells beraten und beobachtet. Die Anleitung am Ende dieses Kapitels basiert auf unseren praktischen Einsichten und bietet weitere Einzelheiten zur Erstellung von Diagnosen. Unter Berücksichtigung all dieser Erfahrungen werden zahlreiche Anregungen für den Einsatz des Kongruenz-Modells als Problemlösungsinstrument im Management vermittelt. Dabei kommen häufig anzutreffende Probleme ebenso zur Sprache wie praktikable Vorschläge zur Vermeidung von Schwierigkeiten. Die im folgenden aufgeführten Faustregeln sollen unsere Leser noch vor Anwendung des Kongruenz-Modells auf mögliche Fallgruben aufmerksam machen und damit einen erfolgreichen Einsatz gewährleisten.

1. Die Manager sollten klare Vorstellungen von der zu analysierenden organisatorischen Einheit haben: Wer ist für das Problem zuständig? Was liegt innerhalb des eigenen Kontrollbereichs und was nicht? Führungskräfte in unterschiedlichen Positionen können ganz unterschiedliche Probleme haben und für dieselben Leistungsdefizite unterschiedliche Diagnosen erstellen. Der erste Schritt zur Erarbeitung einer organisatorischen Diagnose ist die Klärung der Frage, wer der verantwortliche Manager ist und welche Leistungs- oder Chancendefizite aus seiner Perspektive zu erkennen sind. Das mag selbstverständlich erscheinen – doch ist es wirklich so leicht für einen Manager, ein Problem aus der Sicht des Vorgesetzten oder der Unternehmensleitung zu definieren? Erst dann wird nämlich sichtbar, daß viele Lösungen nicht in Frage kommen, weil sie nicht mehr in den eigenen Kontrollbereich fallen.

2. Sollten Strategie oder Vision fehlgeleitet sein, vermag eine noch so ausführliche Diagnose und Ursachenanalyse nichts auszurichten. Organisationen sind dazu da, strategische Ziele zu realisieren. Wenn nun eine Strategie auf das falsche Produkt oder die falsche Dienstleistung oder den falschen Markt ausgerichtet ist und die falsche Technologie vielleicht noch zum falschen Zeitpunkt einsetzt, hilft auch eine umfassende organisatorische Problemlösung nicht weiter. Eine strikte Anpassung an die falsche Strategie läßt die Organisation nur um so schneller scheitern.

3. Umfangreiche Diagnosen sind eine Notwendigkeit. Da der Unternehmenserfolg mit der wechselseitigen Abstimmung der vier organisatorischen Baublöcke steht und fällt, müssen bei jeder Diagnose auch alle vier Baublöcke berücksichtigt werden. Die Konzentration auf nur einen oder zwei dieser Blöcke, wie dies bei *Reengineering*- oder *TQM*-Initiativen üblich ist, könnte dazu führen, daß die Notwendigkeit einer Anpassung weiterer Komponenten schlicht übersehen wird. So scheitern *Reengineering*-Bemühungen häufig deshalb, weil die Manager die informelle Organisation unbeachtet lassen – mit dem Resultat, daß unternehmenskulturelle Trägheit und unternehmenspolitischer Widerstand den Prozeß zunichte machen.

4. Welche Art von Veränderung erforderlich ist, hängt davon ab, wie viele Inkonsistenzen ermittelt wurden. Wenn sich bei einer Diagnose Inkongruenzen in bezug auf lediglich ein bis zwei Organisationsblökke herausstellen, können die notwendigen Veränderungen im Rahmen eines allmählichen Wandels vorgenommen werden. Wurden jedoch Inkonsistenzen zwischen drei oder mehr Baublöcken ermittelt, ist diskontinuierlicher Wandel angesagt. (Eine solche Situation ist beispielsweise dann gegeben, wenn neue entscheidende Aufgaben Veränderungen im Personalbereich, in den formalen Organisationsstrukturen und in der Unternehmenskultur erforderlich machen.) Wie wir in Kapitel 8 noch sehen werden, kommt es hier maßgeblich auf die Einstellung eines Managers zum Wandel als solchem und auf sein Verhalten bei der Einführung von Veränderungen an.

5. Jede Diagnose läßt mehrere Lösungsmöglichkeiten zu. Eine einzige optimale Lösung gibt es nicht. Vielmehr stellt sich die Frage, welche Kombination von Komponenten es zu verändern gilt, um Kongruenz zu erzielen. Und auf diese Frage können verschiedene Manager ganz unterschiedliche Antworten finden. Wichtig ist nur, daß jeder Eingriff dazu dient, die bei der Diagnose ermittelten Inkonsistenzen zu beheben und die Kongruenzbeziehungen zwischen den Baublöcken zu festigen.

6. Unser Ansatz konzentriert sich auf die Problemdefinition und die Analyse der Hauptursachen aus der Position eines bestimmten Managers. Manchmal stellt sich dann bei der Diagnose heraus, daß die Hauptursachen für ein Leistungsdefizit außerhalb des Kontrollbereichs des Betroffenen liegen. Dann muß dieser Manager alle Fähigkeiten aufbieten, um seine Vorgesetzten, seine Kollegen, die Kunden oder andere Personen außerhalb der betroffenen Organisationseinheit von seinen Vorstellungen zu überzeugen. Mangelt es ihm an Überzeugungskraft oder fehlen ihm die Einflußmöglichkeiten, so hat die gesamte Diagnosearbeit allenfalls eine gewisse Einsicht – aber zugleich auch Frustration – auf seiten des betroffenen Managers zur Folge.

7. Der Kongruenz-Ansatz verlangt, daß zunächst einmal Daten gesammelt werden, bevor gehandelt wird. So logisch dies ist – aus Erfahrung wissen wir, daß viele Manager ein solches Vorgehen einfach nicht

gewohnt sind. Unter dem Druck der täglichen Arbeit fehlt den Führungskräften häufig die Zeit zu systematisch angelegten Aktionen, so daß sie eher geneigt sind, spontan zu entscheiden und zu handeln. Wir fordern solche Manager eindringlich auf, einen Schritt zurückzutreten und erst einmal Informationen einzuholen, bevor sie aktiv werden. Die Erstellung ihrer Diagnosen verlangt unbedingt systematisches Vorgehen[3] – was keineswegs als analysebedingte Lähmung, sondern als datenorientierte Problemlösung anzusehen ist. Sowohl Chow als auch Huber erstellten ihre Erstdiagnosen im Verlauf von zwei Tagen; sie brauchten nicht etwa Monate für ihre Analyse. Die Diagnosen ihrerseits führten dann zu systematischen Korrekturmaßnahmen, die sich über einen Zeitraum von 12 bis 18 Monaten erstreckten.

8. Eine erfolgreiche Problemlösung hängt nicht nur davon ab, was ein Manager tut (d. h., welche Maßnahmen er ergreift), sondern auch davon, wie er es tut (d. h., auf welche Art und Weise er die Durchführung vornimmt). Effektive Führungskräfte tun die richtigen Dinge – und zwar richtig. Zu wissen, was getan werden muß, ist erst die halbe Lösung. Hinzu kommt die ebenso wichtige Fähigkeit, auch die erforderlichen Veränderungen vorzunehmen. Großartige, aber schlecht durchgeführte Ideen sind genauso unnütz wie schlechte Ideen, selbst wenn diese makellos durchgeführt sind. Um diese Problematik nach Möglichkeit zu vermeiden, wollen wir in Kapitel 8 und 9 spezifische Instrumente für ein Management des Wandels erörtern.

9. Unser disziplinierter Problemlösungsansatz und das Lernen aus dem eigenen Vorgehen führten im Lauf der Zeit zu einer Effektivitätssteigerung. Verschiedene Manager mögen für ein und dasselbe Problem unterschiedliche Diagnosen erstellen. Und ein und dieselbe Diagnose mag viele Lösungsoptionen zulassen. Wir wollen daher nicht auf einer einzig richtigen Vorgehensweise zur Lösung eines bestimmten Problems bestehen, sondern fordern die Manager vielmehr auf, sich auf den Prozeß zu konzentrieren, mit dem sie ihr Problem in Angriff nehmen. Fehler sowohl bei der Erstellung der Diagnosen als auch bei der Durchführung von Korrekturmaßnahmen sind kaum zu vermeiden. Wirklich gute Manager lassen sich aber durch die Ergründung von Problemen oder durch eigene Fehler nicht lähmen, sondern ziehen ihre Lehre daraus.[4]

Zwar wissen die meisten Manager, daß die organisatorische Hardware wie die Software mit den Aufgabenanforderungen im Einklang stehen muß, doch sind sie vielfach allzu vertraut und zufrieden mit der vertikalen Achse in unserem Modell – mit den technischen Systemen der Organisation. In Anbetracht der Tatsache, daß sowohl die Diagnostizierung als auch die Veränderung der Software in einer Organisation besonders schwierig sind, wollen wir in Kapitel 5 die Kultur und die soziale Kontrolle im Unternehmen ausführlich erörtern.

Praktische Anleitung zur Anwendung des Kongruenz-Modells

Unser Kongruenz-Modell basiert auf der systematischen Ermittlung organisatorisch einschlägiger Daten sowie der Beurteilung der Frage, inwieweit die derzeitige Situation im Unternehmen – Mitarbeiterpotential, formale Organisationsstrukturen und die Unternehmenskultur – für die Durchführung der entscheidenden Aufgaben förderlich (oder hinderlich) ist. Wir wollen im folgenden die einzelnen Komponenten und die verschiedenen Kongruenzbeziehungen ausführlicher beschreiben.

Entscheidende Aufgaben und Arbeitsflüsse

Die Existenzberechtigung einer Organisation oder einer Organisationseinheit besteht darin, daß die zur Realisierung der strategischen Ziele und Visionen erforderlichen Aufgaben abgewickelt werden. Ob nun Struktur, Systeme, Belohnungen, Mitarbeiterpotential und Kultur der Organisation oder Einheit zweckdienlich sind, ist nur daran zu messen, inwieweit diese Elemente die Durchführung der entscheidenden Aufgaben fördern oder behindern. Die Erstellung organisatorischer Diagnosen beginnt daher stets mit einer systematischen Beschreibung der entscheidenden Aufgaben sowie der anschließenden Frage: Tragen diese Aufgaben und Arbeitsprozesse zur Realisierung unserer strategischen Ziele bei?[5]

Die entscheidenden Daten müssen *innerhalb* der Einheit des betroffenen Managers ermittelt werden: Welche Aufgaben werden von der Einheit wahrgenommen? Aber auch die Beziehung zwischen dieser Einheit und anderen eigenständigen Bereichen ist zu hinterfragen: Besteht zwischen unseren Aufgaben und sonstigen Bereichen innerhalb wie außerhalb unserer Organisation ein maßgeblicher Zusammenhang? Wenn beispielsweise die Vision bei *BOC* die wettbewerbsfähige Bereitstellung von Kundendienstleistungen auf lokaler wie globaler Basis vorsieht, ist entscheidend, daß nicht nur die derzeitigen Anforderungen an Herstellung und Vertrieb auf lokaler Basis erfüllt werden, sondern daß auch die neuen

Aufgaben im Rahmen der Integration des Gesamtsystems zur Zufriedenstellung einer globalen Kundschaft Berücksichtigung finden.

Bei der Analyse von Aufgaben und Arbeitsflüssen müssen die Manager nicht nur die komponentenbezogenen Aufgaben ihrer Einheit genau kennen, sondern auch durchschauen können, wie die Arbeitsflüsse zum einen zwischen diesen Aufgaben selbst und zum anderen zwischen der betroffenen Einheit und weiteren unabhängigen Bereichen beschaffen sind.

Komponentenbezogene Aufgaben

Worin besteht nun die Aufgabenstellung eines Managers, der seine strategischen Ziele realisieren will? Für Chow betrafen die komponentenbezogenen Aufgaben die Leitung der Geschäfte der Industriegas-Sparte in den verschiedenen Ländern. Im Labor von Torrance galten als die entscheidenden Aufgaben die Forschung und Entwicklung im Hydraulik-Bereich, fortgeschrittene Entwicklungen im Bereich der klinischen Chemie sowie andere technische Dienstleistungen.

Wichtig bei der Überprüfung komponentenbezogener Aufgaben ist auch die Überlegung, inwieweit Ungewißheit bei den einzelnen Aufgaben eine Rolle spielt. In hohem Maße unsichere Aufgaben sind nur schwer im voraus zu planen und lassen sich nicht routinemäßig erledigen. Aufgaben, die sich hinsichtlich des Grades ihrer Ungewißheit grundlegend von anderen unterscheiden, müssen getrennt organisiert und abgewickelt werden. In einem solchen Fall müssen auch die damit verbundenen Strukturen, Kompetenzen, unternehmenskulturellen Aspekte und Führungsstile anders angelegt sein (Gresov 1989; Gresov/Drazin/Van de Ven 1989; Tushman/Nadler 1978; Van de Ven/Drazin 1985). Bei *BOC* war es beispielsweise so, daß jedes Land in ein und derselben Branche tätig war, doch die wettbewerbsbedingte Ungewißheit war in den pazifischen Anrainerstaaten weitaus höher als auf dem eher berechenbaren und reifen Markt in Großbritannien. Entsprechend könnte die Wahl von Strategie, Struktur, Personal und Prozessen für den britischen Markt ganz anders ausfallen müssen als für die pazifischen Anrainerstaaten.

Welche komponentenbezogenen Hauptaufgaben gilt es in Ihrer Einheit wahrzunehmen? Weisen diese Aufgaben ein unterschiedliches Maß an Ungewißheit auf? Sind einige Aufgaben routinemäßig zu erledigen, andere hingegen nicht?

Arbeitsflüsse

Wer hat die anstehenden Aufgaben durchzuführen, und mit wem muß der Betroffene zur Bereitstellung von Produkt oder Dienstleistung zusammenarbeiten? Diese Frage betrifft die Arbeitsflüsse beziehungsweise Interdependenzen zwischen den komponentenbezogenen Aufgaben sowohl innerhalb der betroffenen Einheit als auch zwischen dieser und anderen Einheiten. So muß Chow die Arbeitsflüsse zwischen den geographischen Regionen bei der Entwicklung neuer Produkte und der Zufriedenstellung einer globalen Kundschaft genau kennen, während für Torrance die Arbeitsflüsse zwischen den Einheiten in seinem Labor sowie zwischen seinem Labor und den Bereichen *Marketing*, *Verkauf* und *Produktion* maßgeblich sind.

Drei Formen von Interdependenz wirken sich auf die Kongruenzbeziehungen zu anderen organisatorischen Baublöcken aus: fokussierte, sequentielle und reziproke Interdependenz (Abbildung 4.7). Jede dieser Interdependenzformen verlangt unterschiedliche formale Organisationen, Kulturen und personelle Fähigkeiten (Thompson 1967; Wageman 1995).

Fokussierte Interdependenz liegt dann vor, wenn die komponentenbezogenen Arbeitsaufgaben überhaupt nichts miteinander zu tun haben: Jede Untereinheit verrichtet ihre Arbeit selbständig, so daß die Arbeitsleistung des umfassenderen Systems nichts anderes als die Summe der Arbeitsergebnisse der einzelnen Untereinheiten ist. Solche durch fokussierte Interdependenz geprägten Einheiten können auf gemeinsame Ressourcen (z. B. Unternehmenskapital oder Personalbestand) zurückgreifen, aber zwischen diesen eigenständigen Einheiten gibt es keine Arbeitsflüsse. Die fokussierte Interdependenz ist die organisatorisch einfachste Interdependenzform: Wenn zwischen den verschiedenen Einheiten keine Interdependenzen zu berücksichtigen sind, besteht auch kaum ein Bedarf an Systemen und Strukturen zur Koordinierung von Aktionen.

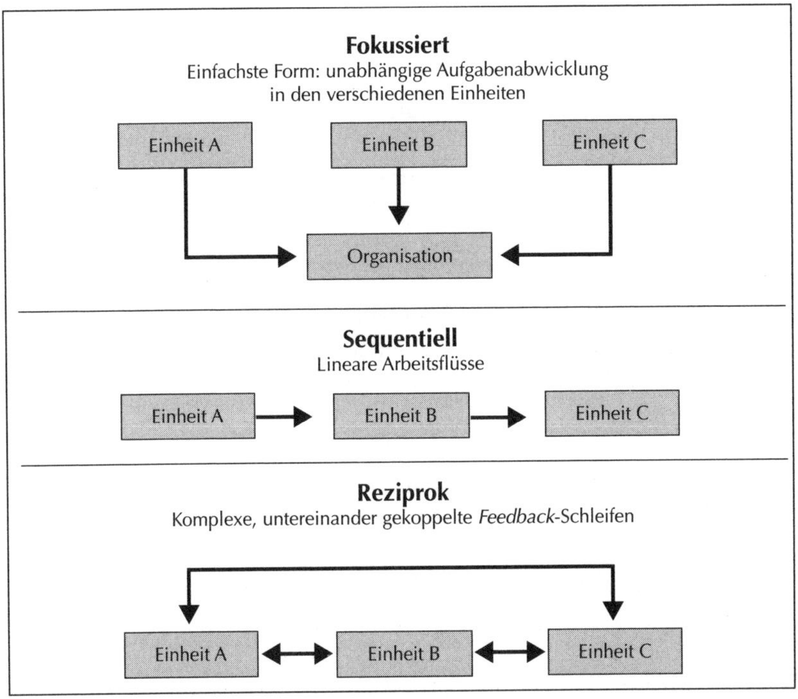

Abb. 4.7: Drei Formen von Interdependenz

Sequentielle Interdependenz ist gegeben, wenn die komponentenbezogenen Aufgaben in linearer Abfolge durchgeführt werden. Bei einem sequentiellen Arbeitsprozeß müssen die vorgelagerten komponentenbezogenen Aufgaben erst vollständig abgeschlossen sein, bevor die nächsten Aufgaben durchgeführt werden können, so daß jede Einheit lediglich von der unmittelbar vorgelagerten Einheit abhängig ist. Die im Fall einer sequentiellen Interdependenz erforderlichen Strukturen und Systeme sind komplexer als bei fokussiert-interdependenten Prozessen, weil die Abstimmung der jeweiligen Arbeitsflüsse mehr Planung und Koordination verlangt. Auch müssen die für sequentielle Situationen zuständigen Mitarbeiter über mehr zwischenmenschliches Geschick verfügen, damit Absprachen und Koordinierung in bezug auf sequentielle Arbeitsflüsse reibungslos ablaufen. Beispielsweise war für die alte Organisation im Grenzach-Werk ein typisch linearer Herstellungsprozeß maßgeblich, bei dem die Arbeitsaufgaben vom einen Prozeß zum nächsten weitergereicht wurden.

Reziproke Interdependenz besteht, wenn jede einzelne komponentenbezogene Aufgabe inhärent mit anderen Aufgaben verknüpft ist. Mit anderen Worten: Der Abschluß einer komponentenbezogenen Aufgabe ist nicht nur von der vorgelagerten Aufgabe, sondern auch von den nachfolgenden Aufgaben abhängig. Die reziproke Interdependenz ist die komplexeste Interdependenzform. Diagramme zur Darstellung reziproker Arbeitsprozesse sind gespickt mit Doppelpfeilen und komplexen *Feedback*-Schleifen. Derartige Arbeitsflüsse sind in einem solchen Maße reziprok, daß selbst nach einem *Reengineering* der Prozesse immer noch Komplexität vorhanden ist. Komplexe Interdependenzen sind ohne Kooperation, Teamarbeit und gegenseitiges Vertrauen nicht zu bewältigen, denn in einem solchen Fall müssen sämtliche Arbeitsprozesse aufeinander abgestimmt werden.

Somit stellen fokussierte, sequentielle und reziproke Prozesse unterscheidbare Interdependenzformen dar, doch normalerweise sehen sich Manager mit den verschiedenen Formen von Interdependenz gleichzeitig konfrontiert. Die Arbeit in den von Chow betreuten Gasfirmen erfolgt größtenteils in Form von fokussierter Interdependenz, aber in bezug auf Innovation und Ausrichtung auf eine globale Kundschaft sind auch reziproke Prozesse wahrzunehmen. Und bei *Medtek* hatten die F&E-Führungskräfte unter Leitung von Torrance bei der Entwicklung neuer Produkte Situationen mit fokussierter Interdependenz ebenso zu bewältigen wie Aufgabenstellungen mit reziproker Interdependenz.

Manager müssen ihre Arbeitsflüsse über vielfältige Grenzen hinweg diagnostizieren. Dabei gilt es, nicht nur die lateralen und vertikalen Arbeitsflüsse innerhalb der eigenen Organisation, sondern auch externe Beziehungen zu Lieferanten, Verkäufern und Partnern zu berücksichtigen. Diese Beziehungen über die Grenzen der Organisation hinaus gewinnen zunehmend an Bedeutung, denn immer mehr Organisationen entschließen sich zu *Joint-ventures*, Allianzen und strategischen Partnerschaften (Bartlett/Ghoshal 1989, 1990; Doz/Hamel 1995; Quinn 1992). Je höher eine Führungskraft in der Unternehmenshierarchie angesiedelt ist, desto größere Bedeutung kommt organisationsübergreifenden Prozessen zu.

Innovationsaktivitäten in Organisationen sind fast immer durch reziproke Interdependenzen geprägt. Daß sich Innovationen so schwer steuern lassen, ist ganz sicher auch auf die notwendigerweise hohe Interdependenz und Komplexität der Arbeitsanforderungen zurückzuführen (Allen 1977; Iansiti/Clark 1994; Morone 1993; Schoonhoven/Eisenhardt 1990). Innovationsmanagement setzt die Verknüpfung von Kundenerfordernissen, technologischen Möglichkeiten und Herstellungsfertigkeiten voraus. Zudem erstrecken sich die so geschaffenen Verbindungen häufig über mehrere sowohl organisatorisch als auch geographisch voneinander abgegrenzte Funktionsbereiche (Bartlett/Ghoshal 1991; Quinn 1992). Zwangsläufig sind diese komplexen Arbeitsprozesse vielfach neben den eher routinemäßigen Aufgaben zu leisten.

Da die entscheidenden Aufgaben und Arbeitsprozesse strategiegebunden sind, haben Veränderungen in der Strategie der Einheit entsprechende Auswirkungen. Bei den *BOC*-Industriegas-Sparten sind kaum Interdependenzen zwischen den Ländern zu berücksichtigen, solange Chow und sein Team ihre Geschäfte im Rahmen einer weltweiten Föderation verschiedener nationaler Organisationen abwickeln wollen. Sollten Chow und sein Team hingegen beabsichtigen, als Anbieter globaler Lösungen zu konkurrieren, müßten die Organisationen in den verschiedenen Ländern und die Mitarbeiter in Chows Team auch dann reziproke Arbeitsflüsse kanalisieren, wenn sie ihre lokalen Geschäfte weiterhin auf selbständiger Basis betreiben.

Welche Arbeitsflüsse bestehen in Ihrer Einheit, aber auch zwischen Ihrer Einheit und anderen Bereichen innerhalb wie außerhalb Ihrer Organisation? Inwieweit unterscheiden sich diese Arbeitsflüsse voneinander? Liegt beispielsweise eine reziproke Interdependenz zwischen Ihrer Einheit und anderen Bereichen vor? Inwieweit ist fokussierte beziehungsweise sequentielle Interdependenz gegeben?

Mitarbeiter: Diagnostizierung der personellen Ressourcen

Manager müssen auch dafür Sorge tragen, daß ihre Mitarbeiter den entscheidenden Aufgaben und Arbeitsprozessen gerecht werden.[6] Dazu sind vier Aspekte des Personalwesens in der Organisation zu überprüfen: 1. *Kompetenzen* – worin sind die Mitarbeiter gut oder schlecht? 2. *Motive* – welche Belohnungen bieten den größten Motivationseffekt? 3. *Personalstatistik* – wie lange arbeiten die Leute schon zusammen? 4. *Nationale Unterschiede* – welche Kulturelemente treffen aufeinander?

Kompetenzen

Verfügen die Mitarbeiter über die Voraussetzungen an Wissen, Fähigkeiten und Geschick, um den entscheidenden Aufgaben und Arbeitsflüssen gerecht zu werden? Die Führungskräfte müssen die entsprechenden Daten nicht nur für die ihnen unmittelbar unterstellten Mitarbeiter zusammentragen, sondern auch ihre eigenen Kompetenzen sowie die ihrer Vorgesetzten und Kollegen innerhalb wie außerhalb ihrer Organisation hinterfragen. Worin liegen die Stärken und Schwächen eines jeden Beteiligten in bezug auf die Aufgabenanforderungen? Inwieweit weist das Managementteam sowohl Fachkompetenz als auch zwischenmenschliches Geschick auf?

So achtet die Fluggesellschaft *Southwest Airlines* bei der Personalauswahl sorgfältig darauf, daß die Leute eine positive Einstellung mitbringen und zu Teamarbeit bereit sind. Solche Qualitäten sind wichtig, zumal die entscheidenden Aufgaben bei *Southwest Airlines* in erster Linie darauf ausgerichtet sind, die Kosten durch hohe Personalproduktivität und konstruktives Verhalten niedrig zu halten. Ohne diese Eigenschaften hätte die Fluggesellschaft einen schweren Stand, ihre Strategie der Niedrigkosten und eines optimalen Kundendienstes umzusetzen. Und bei *ABB* verlangt Percy Barnevik von einer effektiven globalen Führungskraft: „Sie muß in der Lage sein, die Vorgehensweisen anderer Leute zu verstehen." Barnevik zufolge kann *ABB* nur dann in 230 Ländern mit Erfolg tätig sein, wenn sich die globalen Manager durch Aufgeschlossenheit, Geduld und Scharfblick auszeichnen. Seiner Ansicht nach wäre es ohne diese Kompetenzen schwierig, global zu denken und lokal zu handeln. Die Manager müssen sich Klarheit darüber verschaffen, wie gut es ihren Mitarbeitern gelingt, den entscheidenden Aufgaben und den Arbeitsflüssen gerecht zu werden.

Motive

Doch nicht nur die vorhandenen Kompetenzen zählen. Manager sollten sich auch darüber informieren, welche individuellen Unterschiede hinsichtlich der Motivation ihrer Mitarbeiter bestehen, um Belohnungssysteme erarbeiten zu können, die sowohl auf die individuellen Bedürfnisse als auch auf die entscheidenden Aufgaben abgestimmt sind. In seinem mit dem *Pulitzerpreis* ausgezeichneten Buch *The Soul of a New Machine* beschreibt Tracy Kidder, welche Heldentaten bei der Entwicklung eines neuen Computers von den *Data-General*-Ingenieuren vollbracht wurden (Kidder 1982). Kidder führt aus, wie der Projektleiter Tom West seine Personalentwicklungsstrategie auf die Einstellung ausschließlich junger Ingenieure ausrichtet, die soeben ihr Examen gemacht haben und mit hohen Leistungsambitionen ins Berufsleben einsteigen wollen. Ältere, erfahrenere Ingenieure hätten vielleicht eingewendet, der Zeitrahmen für das Projekt könne unmöglich eingehalten werden; die unerfahrenen Neulinge aber, die sich der beängstigenden Tragweite der vor ihnen liegenden Arbeit gar nicht bewußt sein konnten, reagierten begeistert auf die außerordentlich anspruchsvollen Aufgaben und unerhört knappen Terminvorgaben. Das Projekt brachte viele Teammitglieder an den Rand der Erschöpfung; einige verließen *Data General.* West stellte dann einfach die nächste Welle junger, technologiebegeisterter Karrieremacher ein.

West hatte mit dieser recht unkonventionellen Personalentwicklungsstrategie nur deshalb Erfolg, weil er zum einen selbst über hinreichende Kenntnisse verfügte und keine erfahreneren Leute brauchte und zum anderen sein Team meisterhaft zu motivieren verstand. Auch Chow war sich dessen bewußt, daß er für seine marktsensitiven Geschäfte in Fernost dynamischere Manager mit Unternehmergeist brauchte, während seine reifen, kostenorientierten Geschäfte in Großbritannien eher gezielt ausgerichtete, technisch orientierte Führungskräfte erforderten. Die Auswahl der richtigen Leute und ihre Motivation für die anstehenden Aufgaben bedeutet nicht, daß Manager Psychologen sein müssen; dennoch wird von ihnen verlangt, daß sie individuelle Unterschiede erkennen und die Mitarbeiter entsprechend zu motivieren verstehen (Chatman/Barsade 1995; O'Reilly/Chatman 1994).

Personalstatistik

Wie lange arbeitet das Team schon zusammen (d. h., wie alt ist die Gruppe)? Und welche Funktionen sind im Team vertreten? Gibt es wesentliche Unterschiede in bezug auf Alter, Werdegang und Herkunft, die sich auf die Gruppendynamik auswirken könnten? Mit der Leitung junger, heterogener Teams sind andere Anforderungen verbunden als mit der Leitung älterer, homogener Teams (Ancona 1990; Jackson 1992; O'Reilly/Caldwell/Barnett 1989; O'Reilly/Snyder/Booth 1993; Virany/Tushman/Romanelli 1992; Wiersema/Bantel 1992). Junge, heterogene Teams können Komplexität und Ungewißheit besser verkraften, während ältere Teams in einem stabilen, gesicherten Kontext bessere Leistungen erbringen. Und inwieweit unterscheidet sich der Manager von seinem Team? Je größer die personalstatistischen Unterschiede sind, desto größer ist das Potential an Teamkonflikten. Als Chow zum Geschäftsführer befördert wurde, hatte er bereits zwanzig Jahre lang Erfahrungen bei *BOC* sammeln können und kannte alle ihm unmittelbar unterstellten Mitarbeiter. Mit Sicherheit wurden an ihn ganz andere Anforderungen gestellt als an Paul O'Neill, der bei *Alcoa* die Geschäftsführung übernahm: Paul O'Neill verfügte über keinerlei Kenntnisse in der Aluminiumbranche und erbte ein Team von Führungskräften, die ausnahmslos in der Aluminiumbranche groß geworden waren und im Durchschitt bereits mehr als 15 Jahre lang zusammengearbeitet hatten.

Nationale Kulturen

Wie gehen Menschen aus unterschiedlichen nationalen Kulturen mit zwischenmenschlichen Differenzen um, wie lösen sie Konflikte, und welche Einstellung haben sie gegenüber der Organisation? Manager müssen solche Unterschiede erkennen können – nicht nur, um dem Umgang mit Leuten aus allen möglichen Ländern gewachsen zu sein, sondern auch, um die Konsequenzen einer solchen Diversität in ihren Managementteams zu bewältigen. So könnte es durchaus sein, daß die britischen Ingenieure in Kurt Hubers Grenzach-Werk anders zu behandeln sind als deren japanische Kollegen, und die wiederum erwarten einen völlig anderen Umgangston als das zum größten Teil deutsche Personal. Huber muß ein gutes Gespür für all diese nationalen Unterschiede entwickeln –

er muß nicht nur den einzelnen Persönlichkeiten gerecht werden, sondern auch die Auswirkungen der Diversität in seinem Managementteam berücksichtigen.

Die personalpolitischen Vorgehensweisen könnten sich auf die Charakteristika und Kompetenzen der Mitarbeiter in einer Einheit nachhaltiger auswirken als unterschiedliche nationale Hintergründe (Nonaka 1995; Westney/Sakakibara 1986). Sicher gibt es wichtige Unterschiede in den nationalen Kulturen zu beachten, aber diese Unterschiede werden durch die systematischen Einflüsse von Ausbildung, Erziehung, Sozialisation, Belohnung und Karrieresystemen vielfach gemildert. Percy Barnevik hat einmal gesagt, die *ABB* sei ein Unternehmen ohne festen Sitz – *ABB* sei überall in der Welt zu Hause (Taylor 1991). Alle Manager sprechen Englisch, aber *ABB* ist nicht amerikanisch; die Zentrale befindet sich in Zürich, aber *ABB* ist nicht schweizerisch; Barnevik und mehrere Vorstandsmitglieder sind Schweden, aber *ABB* ist kein schwedisches Unternehmen. *ABB* ist vielmehr ein „Weltunternehmen" – *ABB* denkt global (mit global orientierten Managern) und handelt lokal (mit lokal ausgerichteten Länderorganisationen). Der allen gemeinsame Führungsstil und die Tatsache, daß *ABB* Kompetenzen und Fähigkeiten weltweit mit Erfolg einzusetzen versteht, sind darauf zurückzuführen, daß *ABB* seine Manager aus Hunderten von Ländern in ein Netzwerk kollaborativer Teams einbindet, in dem eine gemeinsame *ABB*-Managementsprache gesprochen wird. Diese gemeinsamen Fähigkeiten und Kompetenzen sind von *ABB*s umfassend angelegter Personalpolitik getragen.

- *Beschreiben Sie die Merkmale des Personalwesens in Ihrer Einheit sowie innerhalb Ihres Teams und des Teams Ihres Vorgesetzten. Welche Fähigkeiten und Kenntnisse sowie personalstatistischen, individuellen und nationalen Unterschiede sind in Ihrer Einheit zu berücksichtigen? Was motiviert Ihren Vorgesetzten und die Mitglieder Ihres Teams?*
- *Inwieweit verfügen die Mitarbeiter in Ihrem Personalbereich über Fähigkeiten, Motivation und Kenntnisse, um den entscheidenden Aufgaben und Arbeitsprozessen gerecht zu werden?*

Die formale Organisation

Der dritte Schritt bei der Diagnoseerstellung ist die Überprüfung der vorhandenen Kongruenz zwischen den entscheidenden Aufgaben und der formalen Organisation. Zu den formalen Kriterien zählen die festgelegten Strukturen, Funktionen, Verfahren, Maßstäbe und Systeme, die von den Managern zur Leitung, Kontrolle und Motivation von Individuen wie Gruppen bei der Durchführung der entscheidenden Aufgaben herangezogen werden.[7] Diese Strukturkriterien haben einen ungeheuren Einfluß auf die Unternehmensleistung. Normalerweise übt das Topmanagement die größte Kontrolle über formale Organisationsstrukturen aus. Doch auch Mittelmanager können eine Reihe formaler Verfahren wie Beförderungen, Arbeitsplatzgestaltung und Organisation in ihren Teileinheiten bestimmen und Ausbildungs- und Belohnungssysteme den Bedürfnissen ihrer Mitarbeiter anpassen. Im Rahmen der Diagnostizierung derzeitiger Leistungsdefizite müssen die Manager somit mehrere formal-organisatorische Dimensionen berücksichtigen: strategische Gruppierung, Verbindungsmechanismen sowie formale Belohnungs-, Meß- und Kontrollsysteme.

Strategische Gruppierung

Die strategische Gruppierung betrifft die formale Struktur der Einheit. Die Anzahl der Gruppierungsmöglichkeiten ist begrenzt – Gruppierungen nach Funktion, Markt, Geographie, Produkt oder einer Kombination daraus (z. B. Funktion und Produkt). So war die Industriegas-Sparte von Chow nach Ländern organisiert, aber ein Teil seines Teams wickelte die landesbezogenen Geschäftsaktivitäten auch im Rahmen einer Markt-Matrixstruktur ab.

Die Strukturen, die solche Gruppierungsoptionen verbinden, sind so angelegt, daß verschiedene strategische Dimensionen gleichzeitig Berücksichtigung finden; allerdings sind sie häufig auch mit Konflikten und Funktionsüberschneidungen behaftet. Zum Beispiel wählte Percy Barnevik Anfang der 90er Jahre eine dreidimensionale Struktur für *ABB*: Er organisierte das Unternehmen nach Produkten, geographischen Regionen und Funktionen. Eine solche Struktur mußte zu Spannungen führen, zumal die Manager angehalten waren, die landes-, produkt- und funktionsbezogenen Anforderungen gleichermaßen zu erfüllen. Nach Meinung von Barnevik war diese komplexe Organisationsstruktur jedoch erforderlich, wenn *ABB* seine Vision *„Global denken, lokal handeln, mit Weltklasse-Technologie"* verwirklichen wollte.

Die Wahl der strategischen Gruppierung ist die wichtigste Entscheidung, die Manager zu treffen haben, sobald Strategie, Ziele und Vision feststehen. Diese strategische Entscheidung ist Ausgangsbasis für die eher operationalen Entscheidungen in bezug auf Strukturen, Belohnungen, Karriere und Verbindungsmechanismen. Es gibt keine optimale Organisationsstruktur; jede strategische Gruppierung hat ihre Vor- und Nachteile (Davis/Lawrence 1977; Galbraith 1973; Galunic/Eisenhardt 1994; Nadler/Tushman 1988, in Vorbereitung). Deshalb sollte die Wahl unter verschiedenen Optionen nicht von außen vorgegeben werden, sondern von innen heraus und im Einklang mit der Strategie und Vision einer Einheit erfolgen. Nur so kann die strategische Gruppierung der Strategie der Einheit gerecht werden und die Durchführung der entscheidenden Aufgaben zur Umsetzung der Strategie fördern. Da sich die Wahl der strategischen Gruppierung auch auf die umfassendere Organisation auswirkt, sollten solche Entscheidungen allerdings immer in Absprache mit dem Vorgesetzten und den Kollegen des zuständigen Managers getroffen werden.

Die Entscheidung für eine strategische Gruppierung muß immer wieder überprüft werden, da sich auch die Strategien der Organisation mit der Zeit ändern und weiterentwickeln können. Die Organisationsform von heute spiegelt die Strategie von gestern wider; sie ist ein Artefakt der Firmengeschichte. Doch wenn sich eine Strategie verändert, muß auch die Organisationsarchitektur verändert werden. In dem Maße nämlich, in dem Manager mit der Struktur von gestern die Strategie von heute verwirklichen wollen, bleibt die Organisation ihrer Vergangenheit verhaftet (Chandler 1962, 1990). Wenn beispielsweise die *BOC*-Industriegas-Sparte, die F&E-Abteilung bei *Medtek* oder das *Ciba*-Werk in Grenzach ihren jeweiligen Strategien und entscheidenden Aufgaben gerecht werden wollen, müssen Chow und Huber und ihre Teams ihre strategischen Gruppierungen überprüfen. In allen drei Fällen war es so, daß die vorhandenen Strukturen die Durchführung der anstehenden Aufgaben behinderten.

Von allen Entscheidungen im Rahmen der formalen Organisation, die Manager zu treffen haben, hat insbesondere die strategische Gruppierung weitreichende Konsequenzen. Sie wirkt sich nicht nur auf andere Aspekte der formalen Organisationsstruktur aus, sondern auch auf den Personalbereich und die Kultur der betroffenen Einheit. Doch trotz ihrer entscheidenden Bedeutung bleibt die Wahl der strategischen Gruppierung vielfach entweder unbeachtet oder wird nebenbei getroffen.

Verbindungsmechanismen

Die Verbindungsmechanismen sind die formalen Organisationskanäle, die verschiedene Teile des Unternehmens miteinander verknüpfen und Beziehungen zu seinen Lieferanten, Kunden und Partnern herstellen (Bartlett/Ghoshal 1989; Davis/Lawrence 1977; Galbraith 1973; Lorenzoni/Baden-Fuller 1995; Nadler/Gerstein/Shaw 1992; Nohria/Eccles 1992; Quinn 1992). Zu den formalen Verbindungsmechanismen zählen Pläne, Ausschüsse, Teams, Arbeitsgruppen, Marken- oder Projektmanager und Kontaktfunktionen. So kann eine bestimmte Einheit ganz unterschiedliche Verbindungsmechanismen einsetzen – von den ganz einfachen (Rückgriff auf Pläne) bis zu den komplexen (Einsatz von Teams und Arbeitsgruppen). Im Anschluß an die Beschreibung entscheidender Arbeitsprozesse innerhalb der eigenen Einheit sowie zwischen der Einheit und externen Bereichen können die Manager abschätzen, inwieweit Kongruenz zwischen den vorhandenen Verbindungsmechanismen und den Arbeitsflüssen vorliegt.

Die Wahl der Verbindungsmechanismen sollte von den Arbeitsflüssen innerhalb wie außerhalb der Einheit abhängen. Wenn nur wenig Bedarf an gegenseitigen Kontakten besteht, reichen einfache Verbindungsmechanismen aus (Gresov 1989; Tushman 1978; Wageman 1995). Bei komplexen Interdependenzen sollten jedoch die Verbindungsmechanismen der Komplexität Rechnung tragen. So könnte bei der *BOC*-Industriegas-Sparte Chow selbst als Kontaktperson fungieren und brauchte keine weiteren formalen Verbindungsmechanismen einsetzen, wenn zwischen den verschiedenen Länderorganisationen kaum Wechselbeziehungen zu berücksichtigen sind. Sollten hingegen in Anbetracht einer globalen Kundschaft integrierte, weltweite Liefersysteme erforderlich sein, müssen schon kompliziertere formale Verbindungsmechanismen wie globale Produktteams und Informationssysteme eingerichtet werden, um die erhöhte Interdependenz zu bewältigen.

Die Wahl der strategischen Verbindungsmechanismen zwischen der Einheit des betroffenen Managers und anderen Einheiten sollte auch auf die außerhalb der Einheit ablaufenden Arbeitsprozesse abgestimmt sein. Jede komplex-reziproke Interdependenz mit einem anderen Bereich erfordert komplexe formale Verbindungsmechanismen. Zum Beispiel ist *Wal-Mart* der größte Kunde von *Procter & Gamble*. In Anbetracht des Umfangs und der Komplexitäten dieser Beziehung haben die beiden Unternehmen eine gemeinsame Organisation gebildet, die personell mit Mitarbeitern aus beiden Unternehmen besetzt ist und ausschließlich dazu dient, die gegenseitige Interdependenz zu bewältigen. Bei *Ciba* muß Kurt Huber sowohl Verbindungsmechanismen innerhalb seiner Produktionseinheit einsetzen als auch eine Reihe komplexer Verbindungsmechanismen zur Integration seiner Einheit mit anderen Funktionsbereichen im Grenzach-Werk und in der umfassenderen Chemie-Sparte einrichten. Mit anderen Worten: Die Manager müssen formale Verbindungsmechanismen wählen, die auf die Arbeitsprozesse innerhalb ihrer Einheiten, die Beziehungen ihrer Einheit zu anderen Einheiten und die Beziehungen zum eigenen Vorgesetzten sowie zu externen Lieferanten, Kunden und/oder Partnern abgestimmt sind.

Formale Belohnungs-, Meß- und Kontrollsysteme

Gewöhnlich steht und fällt ein Unternehmen mit dem, was es mißt und belohnt (Kerr 1995; Lucas 1996; O'Reilly/Weitz 1980). Aus diesem Grund müssen die Systeme zur formalen Belohnung, Messung und Kontrolle in einer Organisation mit den Anforderungen der entscheidenden Aufgaben in Einklang stehen. Die Manager sollten ihre Belohnungs-, Meß- und Kontrollsysteme immer wieder überprüfen. Allzu häufig ist das, was gemessen wird, gar nicht auf die mit den entscheidenden Aufgaben verbundenen Anforderungen abgestimmt. Als eine große Gruppe von Managern in einem führenden US-amerikanischen Computerunternehmen befragt wurde, wie man am besten vorwärts kommt, bestand große Einigkeit in bezug auf die entscheidenden Erfolgsfaktoren: gute Präsentationen, diplomatischer Umgang mit dem eigenen Vorgesetzten und unternehmenspolitische Sensitivität. Immerhin handelte es sich um eine Organisation, in der die Unternehmensleitung nachdrücklich für Innovation und Risikobereitschaft eintrat! Bei einer vergleichbaren Befragung in einem großen, diversifizierten europäischen Konzern wurde geantwortet, belohnt würden Risikovermeidung und konservatives Verhalten. Auf diese Weise erfuhr ein eher zögerliches Verhalten Verstärkung durch die formalen Belohnungssysteme, obgleich man gezielte Initiativen eingeleitet hatte, um das Unternehmen schnell und flexibel zu machen.

Wenn unterschiedliche komponentenbezogene Aufgaben vorliegen, müssen sich auch die Belohnungssysteme voneinander unterscheiden. Erinnern wir uns daran, daß Chows boomende Geschäftsaktivitäten im Fernen Osten mit ganz anderen Aufgaben verbunden waren als die gleichen Geschäfte auf dem reiferen Markt Großbritanniens. Da die Arbeitsanforderungen von Region zu Region derart unterschiedlich sind, müssen auch die Belohnungs- und Meßsysteme unterschiedlich angelegt werden. Wo allerdings (wie bei der Entwicklung einer neuen Gastechnologie) Kooperation und Integration zur Durchführung entscheidender Aufgaben maßgeblich sind, sollte das Belohnungssystem darauf ausgerichtet sein, erfolgreiche Zusammenarbeit zu überprüfen und zu belohnen. Auch die Länderorganisationen von *BOC* sollten auf der Basis ihrer gemeinsamen Bemühungen gemessen und belohnt werden.

Die Führungskräfte müssen auch sicherstellen, daß ihre formalen Belohnungs- und Meßsysteme leistungsgerecht sind. Ob leistungsstark oder leistungsschwach – alle Mitarbeiter, Gruppen und Teams sollten die Folgewirkungen von hervorragenden Leistungen erkennen können. Wenn bei den Mitarbeitern der Eindruck entsteht, Belohnungen würden gleichermaßen (ohne Bezugnahme auf die jeweilige Leistung) ausgeteilt, geht der Anreiz für Höchstleistungen verloren (Foulkes 1991). Schlechter als ein Belohnungssystem, bei dem leistungsunabhängig belohnt wird, ist nur noch ein System, bei dem keiner mehr weiß, nach welchen Kriterien Belohnungen vergeben werden! Leistungsbeurteilungen mögen schwierig sein, besonders bei komplexen, stark interdependenten Aufgaben, aber gut angelegte, leistungsgerechte Belohnungssysteme treiben die Effektivität in einer Organisation mächtig voran – so wie umgekehrt schlecht angelegte Belohnungssysteme zur Ursache für Leistungsdefizite geraten.

Karriere- und Beförderungssysteme

Als letztes Element der formalen Organisation ist zu überprüfen, inwieweit das Beförderungs- und Karrieresystem mit den entscheidenden Aufgaben vereinbar ist. Die Beförderungswege werden von den Mitarbeitern genau beobachtet und sollten den Anforderungen der entscheidenden Aufgaben Rechnung tragen. Wenn beispielsweise bei *BOC* Manager nur im Rahmen der jeweiligen nationalen Organisation eingestellt und befördert werden, sammeln sich in dem betroffenen Unternehmen hohe Kompetenz und ausgeprägte Kenntnis der verschiedenen landesbezogenen Bereiche an, aber landesübergreifende Kompetenzen oder informelle Kommunikationsnetze werden kaum aufgebaut. Dagegen legt man in den Karriere- und Beförderungssystemen bei *ABB* großes Gewicht auf technische wie globale Kompetenz durch funktionales Karrieremanagement sowie auf globale Integration durch geschäftsübergreifende und globale Arbeitsplatzmobilität. Bei *Philips* war es noch bis vor kurzem so, daß eine erfolgreiche Karriere in der Beförderung zum Leiter der eigenen Länderorganisation gipfelte. Auf diese Weise wurden einige der talentiertesten Leute Manager auf nationaler Ebene. Im Zuge der Reorganisation bei *Philips* als globale Produktorganisation wird das frühere Karrieresystem den Anforderungen der entscheidenden Aufgaben aber nicht mehr gerecht. Solange keine Änderung erfolgt, könnte sich *Philips* an seine Vergangenheit binden, ohne sich dessen bewußt zu sein; die Umsetzung seiner neuen Strategie würde damit merklich behindert.

- *Beschreiben Sie die formalen Organisationskriterien in Ihrer Einheit. Welche formale Struktur weist Ihre Einheit auf? Welche formalen Verbindungsmechanismen werden innerhalb Ihrer Einheit, in Ihrer umfassenderen Unternehmensorganisation und in Beziehung zu unternehmensexternen Bereichen genutzt? Was wird in Ihrem Unternehmen formell gemessen und kontrolliert? Wie steht es mit Ihren formalen Karriere- und Beförderungssystemen?*
- *Inwieweit trägt Ihre formale Organisation zur erfolgreichen Durchführung Ihrer entscheidenden Aufgaben bei? Inwieweit besteht Kongruenz zwischen Struktur, System, Belohnungen und Kontrollen in Ihrer Einheit einerseits und den mit den Arbeitsflüssen verbundenen Anforderungen andererseits?*

Unternehmenskultur und informelle Organisation

Formale Organisationsstrukturen basieren auf Entscheidungen in bezug auf formale Struktur, Belohnungen und Funktionsrollen, während die informelle Organisation Ausdruck der in ständiger Entwicklung befindlichen Strukturen, Belohnungen und Funktionsrollen ist. Informelle Interaktionsmuster sind es, die der informellen Struktur, der Machtverteilung und den Kommunikationsnetzen zugrunde liegen. Die stets neu entstehenden Normen und Werte bestimmen die Unternehmenskultur und fungieren als soziales Kontrollsystem.[8] Eine solche Unternehmenskultur kann Innovationsaktivitäten fördern, aber auch behindern. Sofern nicht die Manager ein Gespür für die Auswirkungen dieser sozialen Kontrolle entwickeln und aktiv Einfluß auf die informellen Interaktionsmuster nehmen, wirkt sich die Unternehmenskultur wie ein Trägheitsmoment aus und kann Innovation und Wandel nachhaltig behindern. Solche im Entstehen begriffenen Muster können von den Managern erkannt und beeinflußt werden. Inwieweit ist Kongruenz zwischen den entscheidenden Aufgaben einerseits und der Kultur und informellen Organisation einer Einheit andererseits gegeben?

Normen und Werte

Die Kultur einer Organisation oder Gruppe wird von ihren Normen und Werten bestimmt. Die Werte lassen erkennen, was tatsächlich als wichtig erachtet wird. Die Normen betreffen die weithin gemeinsam getragene und nachhaltig vertretene soziale Erwartungshaltung in bezug auf angemessene Einstellungen und Verhaltensweisen: Die Einhaltung der Norm gilt als richtig und angemessen, während eine Normverletzung bestraft wird (Barnard 1938; Homans 1950; Katz/Kahn 1966). Normen und Werte sind die Grundlagen der Unternehmenskultur, die für die Strategieumsetzung in einer Einheit dienlich, aber auch hinderlich sein kann. Bei *Intel*, einem großen Halbleiter-Unternehmen, gilt Geschwindigkeit schlechthin als Wert; alle Mitarbeiter sind sich der Bedeutung einer schnellen Aufgabenerledigung bewußt.

Solche organisatorisch relevanten Normen können sich auf ganz verschiedene Aspekte auswirken – zum Beispiel auf das Arbeitsverhalten (an Wochenenden wird nicht gearbeitet; von den Mitarbeitern wird Eigeninitiative erwartet); auf Einstellungen (wir hier unten gegen die da oben); auf Kundenorientierung (wir messen Kunden-*Feedback* besondere Bedeutung bei); auf die Beziehungen zu Einheiten außerhalb der eigenen Einheit (den F&E-Typen trauen wir nicht; die sind aber auch nicht so wichtig); auf Konfliktlösungsansätze (Konflikte werden bei uns nicht offen ausgetragen); und auf die Kleiderordnung (wir müssen Krawatten tragen, wenn wir mit der Geschäftsleitung zu tun haben). Da Normen Ausdruck dessen sind, was weithin als wichtig gilt, sind innerhalb einer Organisation und auch innerhalb ihrer verschiedenen Einheiten vielfach Unterschiede zu beobachten. So weist die Produktionseinheit aller Wahrscheinlichkeit nach andere Normen auf als der Marketing-Bereich; desgleichen mögen Normen auch an verschiedenen regionalen Standorten unterschiedlich ausfallen.

Welche Normen herrschen, wird für die Manager ersichtlich, wenn sie beobachten, wie sie und andere (insbesondere Neulinge) behandelt werden und welche Aktionen und Einstellungen die Gruppenmitglieder anerkennen beziehungsweise ablehnen. Dazu ein Beispiel: Einer der Autoren nutzte Anfang der 80er Jahre einen einjährigen Studienurlaub, um Lehre und Forschung an der *Harvard Business School* und der *Sloan School* am *MIT* zu betreiben. Diese beiden betriebswirtschaftlichen Einheiten (andere Teile der Universität sind nicht Gegenstand der hier vorgestellten Analyse) beschäftigen sich mit derselben Thematik und liegen nicht mehr als rund drei Kilometer auseinander. Dennoch wiesen die beiden Organisationen gänzlich verschiedene Kulturen auf. An der *Harvard*-Universität lernten neue Fakultätsmitglieder schnell, daß der Schwerpunkt auf der Lehre lag – die Professoren waren angehalten, sich die Namen der Studierenden zu merken und Kontakte zu den Studienabsolventen zu pflegen. Dagegen lernte man an der *Sloan School* recht schnell, sich auf das eigene Forschungspensum zu konzentrieren. Sitzungen, auf denen die verschiedenen Kurse koordiniert werden sollten, wurden gelegentlich versäumt, einschlägige Forschungskolloquien hingegen nie. Keine der beiden Normen ist der anderen unbedingt vorzuziehen, aber die Strategie, die derzeit an den genannten Institutionen verfolgt wurde, war deutlich zu erkennen: *Harvard* legte Wert auf die Ausbildung der angehenden Betriebswirtschaftler, *Sloan* auf die Forschung.

Organisationen mit klaren Normen und Werten lassen häufig hohe Konsistenz hinsichtlich der Einstellungen und Verhaltensweisen erkennen. Je einheitlicher die Mitarbeiter auf die Frage „Was ist wichtig bei Ihnen?“ antworten, desto stärker sind die Kernwerte und die Kultur ausgeprägt. Und wo eine starke Ausrichtung auf Kernwerte vorliegt, besitzen auch Normen einen konsistent hohen Stellenwert. Erscheinen hingegen die Kernwerte diffus (15 Leute geben auf die Diagnosefrage 15 verschiedene Antworten), sind höchstwahrscheinlich auch die betrieblichen Normen diffus.

Die Manager müssen zwischen ihrer Vision und den derzeitigen Normen und Werten in ihrer Einheit unterscheiden. Die Vision gilt einer Absicht – einer Bestrebung; Normen und Werte hingegen sind Ausdruck der Realität gemeinsam getragener sozialer Erwartungen innerhalb der Einheit. Die Vision und die realen Normen beziehungsweise Werte der Organisation können, müssen aber nicht in Einklang stehen. Bei *Alcoa* beispielsweise setzte sich Paul O'Neill für „Führung durch Qualität“ ein. Doch wenn die Mitarbeiter eines *Alcoa*-Bauxitwerks in Australien gefragt werden: „Was ist wichtig bei Ihnen?“, dann lautet die Antwort keineswegs „Qualität“. O'Neills Vision ist nichts anderes als ein vom Unternehmen ausgegebener Slogan, der von der Basis jedoch nicht getragen wird. Aus diesem Grund müssen die Manager nicht nur in aller Klarheit und Konsistenz eine wettbewerbsfähige Vision artikulieren, sondern auch in der Lage sein, einen Schritt zurückzutreten und zu beobachten, welche Normen und Werte in ihrer Einheit wirklich gelten.

Es ist schwierig, auf Kernwerte oder die Unternehmenskultur aktiv Einfluß zu nehmen, ohne eine eindeutig artikulierte, wettbewerbsfähige Vision vor Augen zu haben (Collins/Porras 1994; Tichy/Sherman 1993). Wenn eine Vision in aller Klarheit vom Topmanagement erarbeitet und unterstützt wird, ist die Gestaltung von Normen und Kernwerten viel einfacher. Ist eine solche Vision mehrdeutig oder wird sie undeutlich mitgeteilt, entsteht „Wildwuchs“ unter den Normen und Kernwerten, was unterschiedliche und inkonsistente Erwartungen in den verschiedenen Einheiten zur Folge haben kann. Derart unterschiedliche Erwartungshaltungen mögen im Einzelfall zweckdienlich sein, aber für eine reibungslose Umsetzung der Strategie ist Übereinstimmung in bezug auf bestimmte grundlegende Werte (z. B. Teamarbeit oder persönliche Integrität) unerläßlich. Verschwommene Kernwerte und inkonsistente Normen führen zu Chaos und Verwirrung und verstärken die betriebspolitischen Umtriebe.

Kommunikationsnetze

Wer redet mit wem – innerhalb wie außerhalb der Einheit des betroffenen Managers? Solche informellen Kommunikationsmuster geben Aufschluß über das Herzstück der informellen Organisation.[9] Abbildung 4.8 stellt ein Soziogramm mit dem informellen Interaktionsmuster im Labor von John Torrance dar. Schon auf den ersten Blick fällt auf, wer die Schlüsselpersonen sind. Anhand der Kommunikationsknoten im Netz kann der Manager erkennen, daß die folgenden Mitarbeiter die wichtigsten „Drahtzieher" sind: 59, 19, 74, 40, 80, 39 und 32. Diese Mitarbeiter und die mit ihnen verbundenen Netze haben großen Einfluß, wenn es um Innovation und Wandel geht.

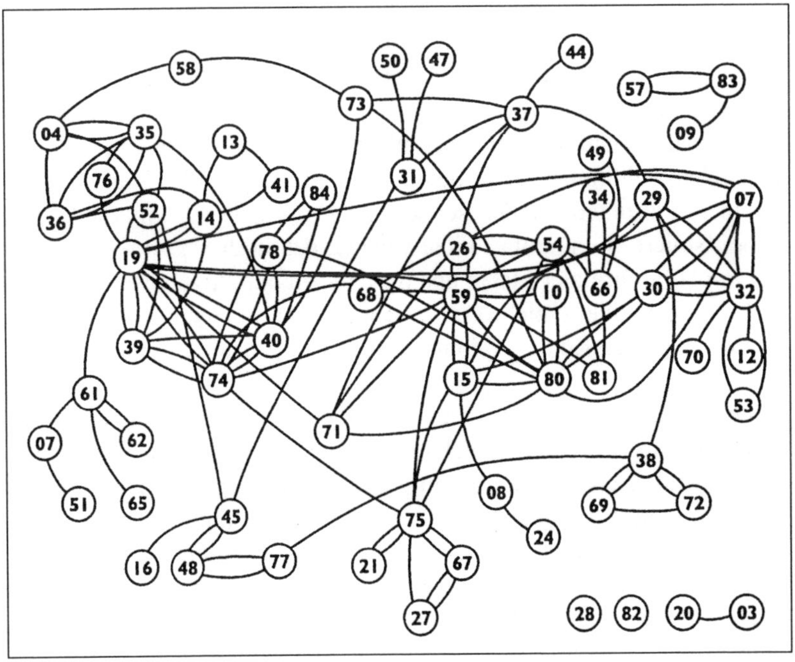

Abb. 4.8: Informelle Kommunikationsmuster bei *Medtek*

Informelle soziale Netze bieten auch Einblick in die Verteilung von informeller Macht innerhalb der Organisation. Während formale Macht von Rang oder Position in der Hierarchie abhängig ist, leitet sich informelle Macht von der Stellung im sozialen Gefüge ab. Abbildung 4.8 zeigt, daß die Mitarbeiter 59, 19, 74, 40, 80 und 32 über erhebliche informelle Macht verfügen. Um gezielteren Aufschluß über die informelle Machtverteilung zu erhalten, sind Fragen wie die folgenden zweckdienlich: An wen wenden Sie sich, wenn Sie etwas erledigt haben wollen? Oder: Wie läuft das hier bei Ihnen? Als den wissenschaftlichen Mitarbeitern im F&E-Labor solche Fragen gestellt wurden, nannten sie weder Torrance noch ein anderes Mitglied seiner Führungsmannschaft. Vielmehr verwiesen sie auf die informellen Machtzentren – die Mitarbeiter 59, 19 und 74. Sehr wenig informelle Macht besaßen Mitarbeiter wie Nummer 28, 82, 50 und 47 – ihnen kam in diesem Kommunikationssystem eine isolierte Randstellung zu.

Formale Macht unterscheidet sich deutlich von informeller Macht, wobei eine Überlappung zwischen beiden keineswegs gegeben sein muß. Während formale Macht auf Rangposition und Befugnis zu Kontrolle und Belohnung basiert, ist informelle Macht in der sozialen Stellung verwurzelt. In Abbildung 4.8 war Torrance die Nummer 50. Zwar mag er beträchtliche formale Macht besitzen, aber informelle Macht wurde ihm kaum zugestanden. Schlimmer noch: Seine Teammitglieder (47, 73 und 31) waren nicht nur untereinander, sondern auch von anderen Mitarbeitern im Labor isoliert. So nimmt es nicht wunder, daß in dieser Gruppe Wandel nur mit Hilfe formaler Macht und Systeme zu bewältigen war. Doch formale Systeme allein reichen nur selten aus, um in einem ausgesprochen interdependenten Kontext reibungslose Arbeitsabläufe zu gewährleisten.

Auch der Führungsstil läßt sich von der Position des Managers im Kommunikationsnetz beurteilen. Allein aufgrund seiner sozialen Stellung und ohne irgendwelche Angaben zum persönlichen oder beruflichen Hintergrund kann man davon ausgehen, daß Torrance (Nummer 50) ein distanzierter, verschlossener Manager ist, der seine Anordnungen von oben herab trifft; die Nummer 19 zeigt sich da schon partizipativer. Auf die Frage hin, wie er denn Wandel herbeiführe, antwortete Torrance erwartungsgemäß: „Durch *Reengineering* der Arbeitsflüsse und Veränderung der Strukturen und Funktionen.“ Er ließ den entscheidenden Effekt der informellen Organisation in seinem Labor schlicht unbeachtet. Hätte er ein besseres Gespür für die stets vorhandene informelle Dynamik entwikkelt, wäre ihm aufgefallen, daß sich die Mitarbeiter 19, 59, 80 und 74 zu einer Koalition zusammenschlossen, um ihn zu Fall zu bringen. Die Lektion ist eindeutig: Manager müssen sowohl formaler als auch informeller Macht Aufmerksamkeit widmen – und sich damit abfinden, daß diese beiden Erscheinungsformen von Macht nicht notwendigerweise übereinstimmen.

Informelle Macht läßt sich nicht auf eine bestimmte Person übertragen; sie kann nur durch zwei grundlegende individuelle Merkmale verdient oder erarbeitet werden: fachliches Wissen oder Können und zwischenmenschliche Kompetenz (Allen 1977; Katz/Tushman/Allen 1994). Mitarbeiter entwickeln sich teilweise deshalb zu informellen Kommunikationsknoten, weil sie über die Informationen und Fachkenntnisse verfügen, die andere brauchen; teilweise ist aber auch maßgeblich, daß sie besonderes Geschick im Umgang mit ihren Mitmenschen besitzen. Manager können zwar keine informelle Macht übertragen, aber sie können sehr wohl Bedingungen schaffen, unter denen ein bestimmter Mitarbeiter informelle Macht entfalten kann – durch Beauftragung mit bestimmten Arbeiten, systematischen Arbeitsplatzwechsel, Mitgliedschaft in einem Ausschuß, Reisekostenerstattung und persönliche Beratung. Den größten Einfluß haben natürlich die Manager, die sowohl formale als auch informelle Macht besitzen.

Und was ist über Nummer 28 zu sagen? Dieser Mitarbeiter ist absolut isoliert. In Anbetracht seiner Außenseiterposition meinen die meisten Manager, die Nummer 28 sei entweder ein ausgesprochen leistungsschwacher Kandidat oder aber ein Neuling. Doch sollte es sich bei dieser Person um einen eigenständigen Mitarbeiter – etwa einen hervorragenden Wissenschaftler – handeln, könnte dieser sehr wohl zu einem der wichtigsten Teilnehmer im Netz zählen. Mit anderen Worten: Über die Effektivität verschiedener sozialer Stellungen oder Netzwerkstrukturen läßt sich ohne Informationen über die Beschaffenheit der Arbeitsaufgabe und der damit verbundenen Prozesse nichts aussagen. Im hier beschriebenen Fall war die Nummer 28 kein selbständig arbeitender Wissenschaftler, sondern Mitglied eines Projektteams (zusammen mit 82, 20 und 3), von dem hohe Interdependenz zu anderen Teams im Labor erwartet wurde. Vor dem Hintergrund dieser Information wird deutlich, daß Nummer 28 tatsächlich ein leistungsschwacher Mitarbeiter war – sein Team erbrachte im ganzen Labor die schlechteste Leistung. Die Kommunikationsnetze waren nicht kongruent mit den Aufgabenanforderungen.

Die Ermittlung zuverlässiger Daten zur Unternehmenskultur ist schwieriger als die Beurteilung der übrigen Baublöcke in der Organisation, aber dieser Prozeß ist dennoch notwendig. Wir wissen aus Erfahrung, daß ein einzelner Manager allein vielleicht nicht so gut in der Lage ist, zuverlässige Angaben über die informelle Dynamik zu machen; wenn aber mehrere Mitarbeiter gemeinsam über Normen, Werte, Netzwerke, informelle Funktionsrollen und Machtverteilungen diskutieren, ergibt sich recht schnell ein zuverlässiges Bild von der informellen Organisation in einem Unternehmen. Eine Diagnose der informellen Organisation braucht auch keineswegs hundertprozentig genau zu sein; wichtig ist nur, daß dem Manager zu einem vertieften Verständnis für die informelle Organisation verholfen wird. Im Lauf der Zeit und mit zunehmender Erfahrung in bezug auf die Reaktionen in der eigenen Einheit entwickeln die Manager immer mehr ein Gespür für die informelle Organisation ihrer Einheit.

- *Beschreiben Sie die Kultur in Ihrer Organisation. Welche Normen und Werte sind in Ihrer Einheit gültig? Wie steht es mit den informellen Kommunikationsnetzen innerhalb Ihrer Einheit sowie zwischen Ihrer Einheit und externen Bereichen? Welche Mitarbeiter in Ihrer Einheit und in der umfassenderen Organisation besitzen informelle Macht? Wo stehen Sie im informellen Kommunikationsnetz Ihrer Einheit?*
- *Inwieweit sind Ihre Unternehmenskultur und die informelle Organisation der Aufgabendurchführung förderlich? Inwieweit stehen Normen, Werte, informelle Kommunikationsnetze und informelle Machtverteilungen im Einklang mit den Aufgabenanforderungen?*

Entscheidende Aufgaben und Arbeitsflüsse, Mitarbeiter, formale Organisation und Unternehmenskultur sind die vier Baublöcke, die mit ihren Interaktionen die Unternehmensleistung bestimmen. Jeder dieser Blöcke nimmt Einfluß auf die Unternehmensleistung, aber bei den meisten Managern ist die Art und Weise ihrer Handhabung recht unterschiedlich.

Das Modell in Abbildung 4.1 stellt mit der vertikalen Achse (entscheidende Aufgaben und Arbeitsprozesse sowie formale Organisation) das formale Kontrollsystem dar – die Hardware der Organisation. Die horizontale Achse (Mitarbeiter und Kultur) kennzeichnet das soziale Kontrollsystem – die Software der Organisation. Fast alle Manager erlernen den effektiven Einsatz der formalen Kontrollachse. Sie verstehen sich bestens auf *Reengineering*, Umstrukturierung und leistungsabhängige Vergütung. Hingegen fühlen sich die meisten Manager weitaus weniger wohl in ihrer Haut, wenn es darum geht, das soziale Kontrollsystem zu nutzen und ein Gespür für die weniger präzisen und schwerer zu erfassenden psychologischen und unternehmenspolitischen Belange zu entwickeln. Gerade weil das soziale Kontrollsystem häufig unbeachtet bleibt, könnte darin aber der Schlüssel zur effektiven Bewältigung von Innovation und Wandel liegen. Im folgenden wollen wir uns daher gezielt der Diagnostizierung und Gestaltung von Unternehmenskultur und sozialer Kontrolle zuwenden.

Anmerkungen:

1. Das vorliegende Kapitel stützt sich auf Nadler/Tushman (1980, 1992, in Vorbereitung).
2. Andere Ansätze zu Konzepten wie Anpassung und Kongruenz bieten Davis/Lawrence (1977); Galbraith (1973); Gresov (1989); Miles/Snow (1994); Miller (1993, 1986); Peters/Waterman (1983).
3. Dieser Problemlösungsansatz stimmt mit den Forschungsarbeiten zu *TQM* und organisatorischem Lernen überein. Siehe zum Beispiel Cohen/Sproul (1996); Huber (1991); Kano (1993); Kolesar (1993); Levitt/March (1988); Nonaka (1993); Senge (1990); Walton (1986).
4. Siehe auch Argyris/Schon (1978) und Weick (1979).
5. Die Beschreibung von Aufgaben und den damit verbundenen Arbeitsprozessen ist stets auch erster Schritt bei Maßnahmen im Rahmen von *Reengineering*, Informationstechnologie oder *TQM*. Siehe Ettlie/Reza (1992); Hammer/Champy (1993); Lucas (1996).
6. Pfeffer (1994) bietet nähere Ausführungen zu Personalfragen.
7. Die Ausführungen zu diesem Abschnitt stützen sich auf Nadler/Tushman (1988) und eine in Vorbereitung befindliche Arbeit.
8. Zum Thema der informellen Organisation beziehungsweise Unternehmenskultur liegen zahlreiche Veröffentlichungen vor, auf die wir uns im folgenden stützen. Siehe zum Beispiel Kotter/Heskett (1992); O'Reilly/Chatman (1996); Schein (1996).

9. Über Netzwerke, informelle Rollen und informelle Macht ist viel geschrieben worden. Siehe zum Beispiel Ancona/Caldwell (1992, in Vorbereitung); Barley (1990); Brown/Eisenhardt (1995a); Burkhardt/Brass (1990); Finkelstein (1992); Gargiulo (1993); Ibarra/Andrews (1993); Krackhardt (1990); Pfeffer (1992).

Kapitel 5
Einfluß der Unternehmenskultur auf Innovation und Wettbewerbsvorteil

Worin besteht der Wettbewerbsvorteil von *Federal Express* in der Luftspeditionsbranche? Der Preis ist es nicht. Es ist vielmehr die weithin geteilte Kundenmeinung, daß *Federal Express*, seiner einstigen Werbung getreu, mit absoluter Zuverlässigkeit Über-Nacht-Transporte durchführt. Dieses Vertrauen in seine Verläßlichkeit hebt *FedEx* von der Konkurrenz ab. Ein großes Unternehmen hat einen Firmenvertrag mit einem Konkurrenten abgeschlossen. Doch die Manager sagten uns, bei wirklich kritischen Lieferungen verließen sie sich lieber auf *FedEx* – auch wenn sie selbst dafür zahlen müßten.

Wenn nun Zuverlässigkeit ein Schlüssel für den Wettbewerbsvorteil bei *FedEx* ist – welche entscheidenden Aufgaben stehen an? Zweifellos gibt es viele Herausforderungen zu berücksichtigen, unter anderem die Notwendigkeit von Investitionen in die neueste Technologie, die Bedeutung einer präzisen Zeitplanung, Geschwindigkeit und Effizienz beim Sortieren. Die Mitarbeiter sind von der absoluten Priorität des Kundendienstes überzeugt und stellen sich der Aufgabe, Unmögliches möglich zu machen. Und welche Kultur ist vonnöten, um diese entscheidenden Aufgaben abzuwickeln? Die Analyse ergibt Normen und Werte wie Geschwindigkeit, ein Gefühl für Dringlichkeit, Teamarbeit, Zufriedenstellung des Kunden unter allen Umständen, Zuhören, Initiative, Flexibilität und Risikobereitschaft – alles Werte und Normen, die unmittelbar mit dem Bestreben verbunden sind, das Unmögliche möglich zu machen und den Wunsch des Kunden zu erfüllen. Bei *FedEx* ist die Unternehmenskultur ein ganz wesentlicher Bestandteil des Wettbewerbsvorteils.

Verbindung von Strategie und Kultur

Die richtige Strategie, eine tragende Vision und ein sinnvoller Unternehmenszweck sind nicht nur für den langfristigen Erfolg von entscheidender Bedeutung, sondern weisen auch erhebliches Motivationspotential auf: Strategie, Vision und Zweck vermitteln den Mitarbeitern ein Gefühl dafür, daß Arbeit mehr ist als die Erfüllung instrumenteller Zielsetzungen. Motivation und nachhaltiges Engagement leiten sich aus der Überzeugung der Mitarbeiter her, daß ihr Einsatz einem wertvollen Ziel dient. Kurzfristig mag uns die Aussicht auf Beförderung, eine Gehaltserhöhung oder die Einhaltung einer Terminvorgabe motivieren. Doch zu langfristigem Engagement sind die Leute nur dann bereit, wenn sie zutiefst davon überzeugt sind, daß ihre Arbeit einen höheren Zweck erfüllt und daß es auf sie ankommt. Eine von allen anerkannte Vision trägt dazu bei, daß die Organisation eine über institutionelle Zielsetzungen hinausgehende Zweckbestimmung erhält.[1]

Viele Firmen stellen Werte wie Qualität, Kundendienst, Teamarbeit, Achtung des Individuums sowie Innovation in den Vordergrund – Motive mit universellem Anspruch, die den Mitarbeitern ein Gefühl der Ausrichtung auf höhere Ziele vermitteln. Einige Organisationen haben das Glück, daß diese Werte allmählich ein Eigenleben entwickeln und die Mitarbeiter in ihrem Handeln und Denken wie auch in ihrem Umgang miteinander leiten. Marktanteil, Investitionsrentabilität und Budgeteinhaltung sind nützliche und wichtige Meßgrößen für die Ermittlung der kurzfristigen Leistung, doch zu den entscheidenden Faktoren für langfristigen strategischen Erfolg zählen ganz sicher die Werte und Normen, die das Verhalten der Mitarbeiter steuern und in ihrer Gesamtheit die Unternehmenskultur ausmachen. Gewinn ist wichtig – aber nur dann, wenn für die Mitarbeiter ein übergeordneter Zweck damit verbunden ist.

So stehen bei *FedEx* Mitarbeiter, Kundendienst und Gewinn im Mittelpunkt – ein kleines, aber vielsagendes Zeichen für die Belegschaft, daß ihnen mehr Bedeutung beigemessen wird als höheren Gewinnen. *Ford* tritt für die *3Ps* ein: Personal, Produkte und Profit. Mary Kay Ash hat Gott, Familie und Job auf ihr Unternehmensbanner geschrieben und weist ausdrücklich auf die Bedeutung dieser Reihenfolge hin – anders funktioniere es nicht (Ash 1995). Sie spricht nicht etwa vom Verkauf kosmetischer Produkte, sondern will „Führungspotential bei den Frauen" fördern. Bob Haas bei *Levi Strauss* bezieht sich auf Unternehmensaspirationen, zu denen auch ethisches Verhalten zählt. Er erkennt, wie wichtig die Verknüpfung von Aspirationen und Strategie ist. Ohne glaubwürdige Strategie – und Profit – sind die Mitarbeiter kaum bereit, einen „edlen“ Zweck anzuerkennen. Andererseits reicht das Vorhandensein einer Strategie als solcher nicht aus, um die Mitarbeiter emotional anzusprechen – sie müssen schon das Gefühl haben, daß hinter ihrer Arbeit ein übergeordneter Zweck steht. David Packard hat in einer Rede vor *HP*-Managern einmal gesagt: „Ich glaube, viele Leute meinen zu Unrecht, ein Unternehmen sei lediglich dazu da, Geld zu erwirtschaften. Sicher ist dies eine wichtige Konsequenz aus der Existenz eines Unternehmens, aber wir müssen tiefer gehen und nach den wirklichen Gründen unseres Daseins suchen.“[2] In einem Unternehmen, das seinen Mitarbeitern gegenüber glaubhaft für einen universell anerkannten Wert eintritt, sind Engagement und Identifizierung der Mitarbeiter von um so größerer Intensität und Dauer.

Über emotionale Beweggründe wie „einen edlen Zweck verfolgen“ oder „Diversität pflegen“ läßt sich trefflich reden, aber Skeptiker (zu denen vermutlich alle Führungskräfte von Firmen zählen, die eine Unternehmensverkleinerung vorgenommen haben) sind durchaus im Recht mit ihrer Meinung, solche hehren Worte würden von der Unternehmensleitung nur so lange verkündet, wie alles gut liefe. Reden kostet nicht viel. Dennoch: Wichtige psychologische Gründe sprechen dafür, diese emotionalen Leitmotive ernst zu nehmen. Ein Manager, der begeisterte und engagierte Mitarbeiter zu motivieren versteht, erschließt damit eine Ressource von unschätzbarem Wert.

Um die Unternehmenskultur effektiv steuern zu können, müssen sich die Manager erst einmal Klarheit verschaffen über die Beschaffenheit dieser Kultur und die spezifischen Normen und Werte, die der Organisation zur Erreichung ihrer strategischen Ziele verhelfen. Als nächstes gilt es zu klären, wie die zuträglichen Normen zu fördern sind; Normen hingegen, die der Durchführung der entscheidenden Aufgaben entgegenstehen könnten, müssen in ihrer Bedeutung abgeschwächt werden. Die praktische Anleitung zur Diagnostizierung der Unternehmenskultur am Ende dieses Kapitels bietet Ihnen Ratschläge, wie Sie eine Diagnose Ihrer Unternehmenskultur erstellen und potentielle kulturelle Inkonsistenzen ermitteln können.

Unternehmenskultur – verhaltenssteuernde Normen und Werte

Eine Unternehmenskultur ist an den Normen und Werten zu erkennen, die eine Gruppe oder eine Organisation verbinden. Mit anderen Worten: Eine Unternehmenskultur entspricht dem System gemeinsam getragener Werte und Normen, die den Mitgliedern angemessene Einstellungen und Verhaltensweisen vorgeben.[3]

Normen sind aus der organisatorischen Gemeinschaft heraus entstandene Erwartungen über akzeptable Einstellungen und Verhaltensweisen. So gelten Sexismus und Rassismus als inakzeptabel. Witze mögen in manchen Kreisen angemessen sein, in anderen hingegen nicht. Auch sind in den verschiedenen nationalen Unternehmenskulturen durchaus unterschiedliche Normen anzutreffen. Beispielsweise wird eine direkte, offen ausgetragene Konfliktlösung in Nordamerika als positiv gewertet, während derselbe Ansatz in Japan oder Großbritannien als unhöflich oder unangemessen aggressiv aufgefaßt werden kann. Und in puncto „Pünktlichkeit" herrschen in Indonesien mit Sicherheit andere Ansichten als beispielsweise in der Schweiz. So weit sind sich die meisten Leute der Bedeutung von Normen bewußt.[4]

Weniger bewußt ist uns hingegen, wie effektiv Normen unser eigenes Verhalten beeinflussen können, ganz besonders im betrieblichen Rahmen. Als Mitglied einer bestimmten Gruppe verinnerlichen wir unbewußt die dort gültigen Normen und messen an ihnen unser eigenes Verhalten wie auch das Verhalten anderer; darüber hinaus zimmert sich ein jeder von uns sein eigenes Realitätsbewußtsein – in einem gewissen Sinn handeln wir die Bedeutung von Ereignissen und Verhaltensweisen in der Interaktion mit unserem Umfeld und unseren Kollegen immer wieder neu aus. Viel von dem, was wir wissen und als wahr oder wichtig erkennen, leitet sich aus diesen sozialen Konventionen oder Normen ab, die von Einheit zu Einheit wie auch in den einzelnen Organisationen variieren können. Was wichtig ist, zeigen uns unsere eigenen Erfahrungen (z. B. Aktivitäten, in die wir Zeit und Mühe investiert haben), Informationen seitens anderer Gruppenmitglieder (z. B. Anerkennung oder Mißbilligung im Zusammenhang mit bestimmten Einstellungen und Verhaltensweisen) sowie eindeutige Signale vom Management (z. B. Ereignisse, die konsistent belohnt oder bestraft werden).

Von Natur aus neigen wir dazu, eine Person und ihre Aktionen deutlicher wahrzunehmen als das Umfeld, auf das diese Person reagiert; infolgedessen unterstellen wir anderen häufig bestimmte Motive und Eigenschaften, ohne zu berücksichtigen, welchen Einfluß der Kontext auf ihr Verhalten hat. Interessanterweise fehlt uns diese Neigung völlig, wenn es um die Erklärung unseres eigenen Verhaltens geht. Vielmehr sind wir uns der Signale und Zwänge, die uns zu bestimmten Verhaltensweisen veranlassen, deutlich bewußt. In jedem Fall aber können weithin geteilte Normen unsere Einstellungen und Verhaltensweisen auch dann nachhaltig beeinflussen, wenn wir uns ihrer Auswirkungen gar nicht bewußt sind. So gesehen werden unsere Einstellungen und Verhaltensweisen durch den Prozeß des „sozialen Lernens" stärker geformt als durch unsere ureigenen Bedürfnisse oder unsere Persönlichkeit.[5]

Einsatz der Unternehmenskultur als soziales Kontrollsystem

In Fachjournalen und in der Wirtschaftspresse wird immer wieder das Thema *Unternehmenskultur* aufgegriffen; doch gilt dieses Konzept vielfach als abstrakt und für Manager kaum faßbar – besonders für solche, die einen distanzierteren, rationalen Führungsansatz bevorzugen. Wir wollen diese schwierige Thematik angehen, indem wir nicht über die Unternehmenskultur als solche nachdenken, sondern über einen Aspekt, der den meisten Managern eher liegt: Kontrolle. Bei einem großen Teil der Managementaufgaben geht es tatsächlich um Kontrolle: Die Mitarbeiter sollen dazu gebracht werden, alles zu tun, was der Arbeit dient – und dabei nach Möglichkeit Potential, Motivation und Engagement in vollem Umfang einbringen.

Im wesentlichen erwächst Kontrolle aus dem Wissen, daß jemand, der für uns wichtig ist, unser Tun und Lassen beobachtet und unsere Leistung beurteilt. Formale Kontrollsysteme – Finanzpläne, Budgets und Lagerkontrollen ebenso wie Sicherheitsprogramme – sind nur dann effektiv, wenn sich die zu Überwachenden dessen bewußt sind, daß andere für sie wichtige Institutionen – etwa der Vorgesetzte oder die Personalabteilung – ihre Leistung kennen und mit Belohnung beziehungsweise Bestrafung auf die Einhaltung beziehungsweise Nichteinhaltung von Normen reagieren.

So wie diese formalen Kontrollprozesse individuelles Verhalten steuern, so dient die Unternehmenskultur als soziales Kontrollsystem. Gehen wir einmal davon aus, daß wir uns für andere interessieren, sie sympathisch finden und nach Möglichkeit erreichen möchten, daß auch sie uns nett finden; wenn wir uns dann noch darüber verständigen können, was wichtig ist und was nicht, stehen wir schon unter ihrer Kontrolle. Mit anderen Worten: Wenn mir an Ihnen liegt und wir uns einig sind, was wichtig ist und wie wir uns verhalten wollen, üben wir bei jedem Zusammensein eine effektive gegenseitige Kontrolle aus.

Organisationen kennen zahlreiche Konventionen hinsichtlich dessen, was als richtig oder falsch beziehungsweise als wichtig oder unwichtig gilt. Beispielsweise kündigten Anfang der 80er Jahre sowohl Roger Smith, damaliger Geschäftsführer von *GM*, als auch Don Petersen, Geschäftsführer von *Ford*, neue Qualitätsinitiativen in ihren Unternehmen an. Damals hatte *Ford* das schlechteste Qualitätsniveau in ganz Detroit aufzuweisen – und im Vergleich zu den Japanern schnitt *Ford* gar dreimal schlechter ab. Kaum sechs Jahre später hatte *Ford* unter allen US-amerikanischen Autoherstellern Höchstqualität erreicht, und diese Leistung beruhte keineswegs auf Umstrukturierung oder Hinzuziehung externer Berater. *Ford* vollzog vielmehr eine „Kulturrevolution“, ausgelöst von Don Petersen und seinem Führungsteam. Über 80 Prozent aller Verbesserungen wurden durch die Mitarbeiter selbst, nicht etwa durch Automatisierung, bewirkt (Ingrassia/White 1994). Im selben Zeitraum scheiterte die Qualitätsinitiative bei *GM* – mit Ausname von *NUMMI*, einem Gemeinschaftsprojekt mit *Toyota*. *GM* hatte den eigentlichen Schwerpunkt nicht auf Qualität gelegt, sondern sich auf Technologie und Finanzvorgaben verlassen.

Die Unternehmensleitung mag alles mögliche für wichtig erklären – die meisten Mitarbeiter haben schnell heraus, was im Unternehmen wirklich zählt und wie man sich tunlichst verhält. Diese gemeinsam getragenen Übereinkünfte und sozialen Erwartungen stellen innerhalb von Gruppen und Organisationen ein mächtiges, immer und überall gegenwärtiges soziales Kontrollsystem dar. Und wie wir noch zeigen werden, vermag dieses System einen nachhaltigeren Einfluß auszuüben als so manche formalen Kontrollsysteme.

Allerdings sollte Unternehmenskultur nicht mit der Vision oder mit den von der Unternehmensleitung vertretenen Werten gleichgesetzt werden. Formal abgegebene Erklärungen zu den Unternehmenswerten oder glänzende Visitenkarten in den Brieftaschen der Mitarbeiter sind noch keine Garantie dafür, daß diese Werte wirklich von allen getragen werden. In einer perfekten Welt sollte die Unternehmenskultur natürlich Ausdruck all dieser Werte sein. Leider ist dies nur selten der Fall – zumindest aber bedarf es erheblicher Bemühungen seitens des Managements, den Mitarbeitern solche Werte über längere Zeiträume hinweg immer wieder in Erinnerung zu rufen. Bei ihren Überlegungen zur Unternehmenskultur sollten sich die Manager auf die wirklich gültigen Normen und Werte, die inoffiziellen Gewohnheiten, die Riten und die Sprache konzentrieren, die das Verhalten der Mitarbeiter bei ihren Aktionen steuern.

Einsatz von Normen zur sozialen Kontrolle

Die Erstellung einer „Kulturdiagnose“ und der Umgang mit der Unternehmenskultur setzen die Einsicht voraus, daß Normen in zweierlei Hinsicht deutlich variieren können. Zum einen kommt es sehr darauf an, inwieweit *Konsens* besteht und die Normen von den Mitarbeitern gemeinsam getragen werden. Wenn ein soziales Kontrollsystem funktionieren soll, muß zunächst einmal Übereinkunft erzielt werden, daß bestimmte Werte, Einstellungen und Verhaltensweisen wichtig sind. Doch mit einfachem Konsens ist es nicht getan. Bei hinreichender Publizität teilen sich Werte wie Qualität oder Kundendienst weiten Teilen des Unternehmens mit, aber praktiziert werden diese Werte deshalb noch lange nicht. Um eine starke Unternehmenskultur einsetzen zu können, muß daher zum anderen gewährleistet sein, daß die Norm *Intensität* aufweist: Wer eine solche Norm vertritt, sollte derart davon überzeugt sein, daß er auch bereit ist, seine Mitmenschen anzusprechen, wenn sie sich nicht ans „Normale“ halten. Ein Beispiel soll verdeutlichen, wie wichtig Konsens und Intensität in diesem Zusammenhang sind.

DuPont gilt gemeinhin als ein Unternehmen mit starker Kultur. Wir haben *DuPont*-Manager gebeten, die zentralen Normen zu nennen, die für das Unternehmen maßgeblich sind, und stets haben wir dieselbe Antwort zu hören bekommen: Sicherheit. Das macht durchaus Sinn in Anbetracht der Tatsache, daß das Unternehmen mit der Herstellung von Sprengstoffen begonnen hat und einen Sicherheitsrekord hält, der den Branchendurchschnitt um das Zweifache übertrifft. Die Macht dieser Norm wurde einem bei *DuPont* beschäftigten Betriebswirt eindringlich unter Beweis gestellt: An seinem ersten Arbeitstag ging er in seinem Bürogebäude die Treppe herunter, ganz in Gedanken an seine Arbeit versunken; ihm entgegen kam irgendein Mitarbeiter die Treppe herauf, und der bemerkte, daß der Neuling die Hand nicht auf dem Treppengeländer hatte. Unmißverständlich machte er ihn darauf aufmerksam: „Sie haben Ihre Hand nicht auf dem Geländer. Sie müssen sich am Geländer festhalten." Der Betriebswirt war baß erstaunt, tat aber wie geheißen. Er hat diesen Mitarbeiter nie wieder gesehen; dennoch, so sagt er, benutzt er jetzt immer das Treppengeländer und hält auch seine Kinder – gelegentlich sogar völlig fremde Menschen – dazu an. Das verstehen wir unter Intensität – die Bereitschaft der Mitarbeiter, sich gegenseitig aufmerksam zu machen, wenn sie sich nicht an die gemeinsam für gut erachteten Vorstellungen von richtig und falsch halten. Nur so funktioniert soziale Kontrolle.

Aus der Sicht des Managements ist die Frage relevant, ob das soziale Kontrollsystem der Organisation die Manager bei der Durchführung ihrer entscheidenden Aufgaben unterstützt oder behindert. Ein Manager ist ein Signalgeber: Er muß Unsicherheit und Mehrdeutigkeit in bezug auf das, was als wichtig gilt beziehungsweise zu tun und zu lassen ist, auf ein Minimum reduzieren. In dieser Funktion üben Manager auf sämtlichen Führungsebenen eine signifikante Kontrolle über den Informationskontext aus, in dem die ihnen unterstellten Mitarbeiter tätig sind. Wenn Manager eindeutig und konsistent signalisieren, was wichtig ist und getan werden sollte beziehungsweise was unangemessen ist und folglich unterlassen werden sollte, helfen sie den Mitarbeitern, die Abläufe im Unternehmen strategisch auszurichten und zu verstehen.

Als beispielsweise *Intel* von einem Halbleiterspeicher-Unternehmen zum Vertreiber von Mikroprozessoren und Systemen avancierte, gewannen die mit Kundenorientierung verbundenen Normen an Bedeutung. Wie sehr dieser neue Wert zu einem wesentlichen Bestandteil der *Intel*-Kultur geworden ist, zeigt sich an der derzeit gängigen abfälligen Bemerkung gegenüber Technologen, die es noch nicht kapiert haben: „Jetzt aber ran, die Chip-Schädel-Zeiten sind vorbei“ (Hof 1992). Mittlerweile teilen die Mitarbeiter die Überzeugung, daß Kunden wichtig sind, und dafür treten sie auch ein, wenn mal ein Mitarbeiter nicht so denkt oder handelt, wie es die neuen Verhaltensnormen und strategischen Werte bei *Intel* erfordern.

Die Kehrseite formaler Kontrollsysteme

		Möglichkeit zur Verhaltungsmessung	
		Groß	Gering
Möglichkeit zur Ergebnismessung	Groß	Ergebnis- und Verhaltensmessung	Nur Ergebnismessung
	Gering	Nur Verhaltensmessung	?

Abb. 5.1: Kontrolle in Organisationen

Wenn man bedenkt, daß Kontrolle in den Unternehmen eine zentrale Rolle spielt, nimmt es nicht wunder, daß Manager wie Fachexperten vorrangiges Interesse daran zeigen (O’Reilly/Chatman 1996). Ohne die Möglichkeit einer Koordinierung oder Kontrolle kollektiver Aktionen hätten Organisationen auch keinerlei Vorteile gegenüber individuellen Aktivitäten. Wenn wir über die Gestaltung von Kontrollsystemen nachdenken, sind wir zumeist bemüht, Ergebnisse oder Verhaltensweisen – oder beides – zu messen (siehe vereinfachtes Modell in Abbildung 5.1): Sobald uns Meßzahlen für Faktoren wie Absatz pro Stunde, Gewinnspannen, Ausschuß oder Kundenzufriedenheit vorliegen, meinen wir, alles unter Kontrolle zu haben. In Fällen, in denen eine Ergebnisbeurteilung schwierig oder gar unmöglich ist, begnügen wir uns mit Verhaltensmessungen. Wenn Meßgrößen sowohl für Ergebnisse als auch für Verhaltensweisen vorliegen, wissen wir ganz genau, ob eine bestimmte Arbeit wie vorgeschrieben abgewickelt wird. Unsicherheit und Abhängigkeit von anderen sind reduziert, weil Abweichungen schnell erkannt werden. Auch können wir eher darauf vertrauen, daß leistungsstarke Mitarbeiter belohnt und andere, die nicht den Meßstandards gerecht werden, bestraft werden.

Doch ob dies der effizienteste Kontrollansatz ist? Denken wir nur daran, wie Jobs im Rahmen umfassender formaler Kontrollsysteme beschaffen sind – besonders dann, wenn es sowohl Ergebnisse als auch Verhaltensweisen zu überwachen gilt. Dazu zählen traditionelle Fließbandarbeiten ebenso wie viele Arbeitsplätze im Einzelhandel. Jeder, der schon einmal an einem solchen Arbeitsplatz gearbeitet hat, weiß zu berichten, wie man sich bei einem solchen Job vorkommt: Man genießt kein Vertrauen, steht unnötig unter Kontrolle, ist nur ein Rädchen im Getriebe. Wer unter solchen Bedingungen arbeitet, fühlt sich häufig alles andere als motiviert.

Bei Organisationen wie *NUMMI* machen die Mitarbeiter ganz andere Erfahrungen. Anstelle von Motivationsmangel entwickeln die Mitarbeiter ein Gefühl der persönlichen Selbständigkeit und Verantwortlichkeit; man greift nicht etwa auf ein formales Kontrollsystem zurück – die Teammitglieder kontrollieren sich gegenseitig. So gibt es in der Werksanlage von *NUMMI* auch keine Arbeitsingenieure; die Arbeitsteams übernehmen selbst die Verantwortung für Gestaltung und Effizienz ihrer Arbeit. Neue Mitarbeiter werden in die Techniken des *Industrial Engineering* eingewiesen, und das Team nimmt selbständig die Überprüfung und Verbesserung der Konstruktionsentwürfe vor. Einer der Autoren machte einmal gemeinsam mit einem Teammitglied einen Rundgang durch das *NUMMI*-Werk; mit Stolz wurde ihm berichtet, wie der Betroffene und sein Team herausgefunden hatten, daß man durch Umstellung irgendwelcher Sprudelautomaten die Zeit für den *JIT*-Lagerabbau um zwei Sekunden hatte reduzieren können.

Die Arbeitsteams bei *NUMMI* führen in Eigenverantwortung routinemäßig Verbesserungsmaßnahmen durch und sind um gemeinsame Erarbeitung von Problemlösungen zur Erreichung ihrer Ziele bemüht. Bei *NUMMI* ersetzt beziehungsweise ergänzt soziale Kontrolle die formale Kontrolle. In einem typischen Detroit-Werk würden dagegen Arbeitsingenieure Zeit- und Bewegungsstudien durchführen und den Arbeitern Anweisungen erteilen, wie und wann sie etwas zu tun haben. Unter solchen Kontrollbedingungen würden die Arbeiter zwar motivationslos arbeiten, aber keine Mühe und Kreativität scheuen, um gegen das System anzukämpfen – anstatt es zu verbessern.

Die Bedeutung sozialer Kontrolle wird in Abbildung 5.1 veranschaulicht – in dem Quadranten nämlich, für den weder Ergebnisse noch Verhaltensweisen zuverlässig und genau zu messen sind. Zu den Arbeitsplätzen in diesem Quadranten zählen all die Jobs, die umfassende, nicht vorprogrammierte Anforderungen stellen: F&E, Beratung und technischer Betrieb etwa von Informationssystemen sowie fast alle Dienstleistungsjobs, die häufigem und nicht voraussagbarem Wandel unterliegen. Je komplexer, unsicherer und veränderlicher solche Arbeitsanforderungen werden, desto unangemessener sind statische und formale Kontrollsysteme. Vielmehr muß Kontrolle in Form von sozialen Kontrollsystemen ausgeübt werden, die eine gelenkte Selbständigkeit zulassen und sich auf das Urteil von Mitarbeitern stützen, denen die Vision und die Ziele des Unternehmens bestens bekannt sind.

Wie unzulänglich formale Kontrollsysteme sind, zeigt sich, wenn die zugrundeliegenden Annahmen aufgedeckt werden. Erstens beruhen formale Kontrollsysteme auf der Annahme, daß nahezu alles, was wichtig ist, auch vorausgeplant werden kann. Doch diese Annahme ist nur in einer stabilen oder sich allenfalls langsam verändernden Umgebung sinnvoll. Die zweite Annahme besteht darin, daß Autorität von oben nach unten ein legitimes Anliegen ist, dessen Einhaltung sich lohnt – aus der Überzeugung heraus, daß sich die Arbeiter den Anweisungen fügen und dafür einen angemessenen Tageslohn erhalten. Die meisten Leute erkennen auch weiterhin Autorität in Unternehmenshierarchien als legitim an, doch wächst die Erkenntnis, daß sich die Mitarbeiter von ihrer Arbeit mehr versprechen und nach Möglichkeiten suchen, ihre Fähigkeiten einzubringen und zu nutzen. Als drittes wird beim Einsatz formaler Kontrollsysteme stillschweigend angenommen, für unmittelbar auf den Arbeitsplatz bezogenes Verhalten reichten extrinsische Belohnungen weitgehend aus und diese Belohnungen seien auf der Basis von Ergebnismessungen festzulegen. Diese Annahme ist bestenfalls unvollständig. Wir wissen sehr wohl, daß das Gemessene häufig das überdeckt, was nicht gemessen wird; und wir wissen auch, daß nichtmonetäre Belohnungen manchmal stärkere Motivationskraft haben als Geld oder Beförderungen.

Eine sorgfältige Untersuchung erfolgreicher Firmen und Manager legt nahe, daß sowohl formale als auch soziale Kontrollsysteme zweckdienlich sind – wobei letztere vielfach als effektive Alternative gelten. Auch ist folgendes zu beachten: Je mehr Personalabbau und „Schlankheitskuren" ein Unternehmen vollzogen hat, desto wichtiger wird die soziale Kontrolle, um das Verhalten der Mitarbeiter einerseits zu motivieren und andererseits zu kontrollieren. Bob Waterman untersucht in seinem Buch *What America Does Right* (Waterman 1994), wie *FedEx* – ein Unternehmen, das umfassende formale und soziale Kontrollsysteme einsetzt – zu seinem Erfolg gekommen ist: „Alle Leute, die ich bei FedEx gesprochen habe, von den Kurieren über die Mittelmanager bis zu den Führungskräften an der Spitze, haben mir gesagt, am meisten gefiele ihnen an diesem Unternehmen, daß man ihnen die Freiheit läßt, ihre Arbeit selbst zu gestalten. Dieser delikate Balanceakt zwischen potentiell unterdrückenden Systemen und der Arbeitsfreude einer gut motivierten Belegschaft erweist sich als Schlüssel für den Erfolg bei FedEx." Seiner Ansicht nach läßt *FedEx* ein duales Vorgehen erkennen: Das Unternehmen setzt formale Systeme ein, die seinen strategischen Zielen dienen, aber auch soziale Kontrollen, die für Motivation und *Empowerment* bei den Mitarbeitern sorgen. Ironischerweise können soziale Kontrollsysteme sogar effektiver und weniger aufdringlich wirken als formale Kontrollen.

Integration von nationaler und organisatorischer Kultur

Bisher haben wir uns vorrangig mit der unternehmensinternen Kultur befaßt, doch wie steht es mit dem Verhältnis zwischen Unternehmenskultur und nationaler Kultur? Ist es überhaupt sinnvoll, ungeachtet der nationalen Kultur Überlegungen zur organisatorischen Kultur anzustellen? Die Manager in globalen Unternehmen haben tagtäglich mit solchen Fragen zu tun. Ist *Hewlett-Packard* in Deutschland immer noch *HP* – oder ein gänzlich deutsches Unternehmen? Jede Diskussion über die Unternehmenskultur muß im Kontext der nationalen Kultur erfolgen, da beide Kulturen gleichzeitig wirksam sind: Zuweilen ergänzen sie sich, zuweilen arbeiten sie aber auch gegeneinander. Unternehmenskulturen können in ein und demselben Land genauso unterschiedlich sein wie in gänzlich anderen Ländern. Ein Aufenthalt in Japan zeigt, daß sich *Honda*, *Nissan* und *Toyota* genauso voneinander unterscheiden wie *GM*, *Chrysler* und *Ford*. *Ciba-Geigy* ist anders als *Hoffman-LaRoche*, *Pfizer* anders als *Merck*. Wir haben Dr. Krauer, den früheren Vorsitzenden von *Ciba-Geigy* und neuen Vorsitzenden von *Novartis* (Unternehmensgründung infolge der Fusion von *Ciba* und *Sandoz*), gefragt, ob er in seinem Bemühen um Durchsetzung eines weltweiten Wandels in der Unternehmenskultur mit Problemen rechne. Immerhin waren 90000 Mitarbeiter in mehr als 40 Ländern betroffen. Seine Antwort – er verfügt über jahrelange internationale Erfahrung – war unmißverständlich: „Das ist eigentlich kein Problem. Natürlich muß man die Bedingungen vor Ort berücksichtigen. Da kommt es halt auf Verträglichkeit an. Es gibt schon Länder, in denen die Rolle des Managers anders aufgefaßt wird. Doch die Grundwerte bleiben dieselben. Nur die Vorgehensweisen sind andere." Diese Ansicht vertritt auch Paul Dudler, Präsident von *Ciba-Geigy* in Japan. Auf die Frage hin, ob *Ciba* sich nicht an die japanische Kultur anpassen müsse, meinte er: „Natürlich müssen wir das. Wir sind in Japan, also müssen wir auch vieles so machen, wie es hier landesüblich ist. ... Dennoch sollten wir nie unsere eigene Identität verlieren. Wir wollen nichts nachmachen, sondern uns anpassen" (Katsumata 1994).

Was solche Unternehmen und Manager damit sagen wollen, ist folgendes: Eine Anpassung der Vorgehensweisen ist wichtig, weil sie der sozialen Kontrolle in der gegebenen Unternehmenskultur dienen. Die Bedeutung gemeinsam getragener Normen und Werte als unerläßliche Mittel zur Integration des Unternehmens bleibt davon unberührt. Viele wirklich globale Unternehmen wie *Shell*, *Unilever* und *ABB* sind bekannt für ihre vorzügliche Unternehmenskultur. Gute Manager entwickeln soziale Kontrollsysteme, die in Einklang mit den nationalen Kulturen wirken: Zum einen müssen sie eine klare Vorstellung von den Normen vermitteln, die zur erfolgreichen Durchführung der entscheidenden Unternehmensaufgaben erforderlich sind, und zum anderen müssen sie die grundlegenden Normen der nationalen Kultur anerkennen.

Förderung von Innovation durch soziale Kontrolle

Da jede Innovation mit nicht voraussagbaren Entwicklungen und unkonventionellen Lösungen verbunden ist, die im Rahmen formaler Kontrollsysteme kaum zu erfassen sind, ist ein effektives Management der Unternehmenskultur von zentraler Bedeutung.[6] Um zu verstehen, wie Manager und Unternehmen ihre Innovationstätigkeiten fördern, führten wir vor sechs Jahren eine systematische Umfrage unter den Teilnehmern an Weiterbildungsprogrammen für Führungskräfte durch. Bei diesen Programmen ging es um strategische Innovation und Wandel und um die Erarbeitung von Normen, mit denen die Innovationstätigkeiten in den jeweiligen Unternehmen gefördert werden konnten. Wir baten die Teilnehmer, solche Erwartungen zu nennen, die, sofern sie in ihrem Unternehmen von den Mitarbeitern getragen und nachdrücklich vertreten würden, die Kreativität als solche wie auch ihre Umsetzung in die Praxis deutlich verbessern würden. An den Diskussionen waren mehr als 2000 Manager aus Asien, Europa, Afrika und den USA beteiligt. Wir bekamen Antworten von Führungskräften aus so unterschiedlichen Branchen wie Bergbau, Finanzdienstleistungen, Gesundheitswesen, Schwerindustrie, Konsumgüterproduktion und Hochtechnologie. Die Konsistenz der Antworten aus all den geographischen Bereichen und Branchen ist überwältigend.

Tabelle 5.1 listet innovationsrelevante Normen auf, wie sie von Managern aus fünf völlig unterschiedlichen Firmen ermittelt wurden. Alle weisen darauf hin, wie wichtig die Gestaltung von Arbeitsplätzen ist, die zu Kreativität anregen und die Realisierung neuer Ideen fördern. Nachdem wir so viele ähnliche Anregungen aus einer Vielzahl von Quellen bekommen hatten, beschlossen wir, unsere Ergebnisse mit einer Studie zu validieren, in die wir mehr als 200 Manager aus 29 Gruppen in *High-Tech*-Firmen in *Silicon Valley* einbezogen (Caldwell/O'Reilly 1995). Die Resultate bestätigten unsere Vermutung, daß innovationsrelevante Normen zwei komponentenbezogene Prozesse fördern: die Kreativität und ihre Realisierung. Solche Gruppen, in denen für beide Prozesse verhältnismäßig starke Normen vorhanden waren, wurden als die innovativsten Einheiten ermittelt. Wenn nur Kreativität gefördert wird oder nur eine schnelle Realisierung im Vordergrund steht, ist erfolgreiche Innovation keineswegs gesichert. Beide Prozesse sind notwendig.

Südafrika: Unternehmen mit natürlichen Ressourcen	**Europa:** Pharmazeutisches Unternehmen	**USA:** Dienstleistungs-unternehmen	**International:** F&E-Manager	**Japan:** Bierbrauerei
Fehlerakzeptanz Anerkennung Belohnungen Gegenseitige Achtung Offene Kommunikation Möglichkeit zum Experimentieren Bereitschaft zum Wandel Hinterfragung des *Status quo* Gleichwertige Partner	Belohnungen Akzeptanz von Mißerfolgen ● Sorgfalt ● Lernen ● Kalkulieren Klare Ziele Informationsaustausch Teamarbeit Unterstützung seitens der Unternehmensleitung *Empowerment*	Akzeptanz von Mißerfolgen Möglichkeit zum Experimentieren ● Zeit ● Unterstützung ● Ressourcen Klare Ziele Feiern von Erfolgen Beseitigung von Barrieren gegen Wandel Vorbildfunktion Ressourcen	Zugeständnis von Mißerfolgen Risikobereitschaft ● Schnelligkeit ● Umsicht ● Niedrige Kosten Belohnungen Engagement Toleranz gegenüber abweichenden Meinungen Zuhören Positive Rollenmodelle Ressourcen	Kooperation Fehlerakzeptanz Offenheit Flexibilität Klare Ausrichtung Wertschätzung neuer Ideen Belohnungen für Innovation

Tab. 5.1: Innovationsrelevante Normen

Normen zur Kreativitätsförderung

Zwei Faktoren sind unerläßlich, wenn die Kreativität der Mitarbeiter angeregt werden soll: (1) Förderung von Risikobereitschaft und Wandel sowie (2) Tolerierung von Fehlern. In unserer Studie führten die Manager diese Elemente ausnahmslos als entscheidende Voraussetzungen für erfolgreiche Innovation an. Auf unser Drängen hin, wie denn so etwas in die Praxis umzusetzen sei, wurden einige recht praktische Ratschläge vorgebracht.

Förderung von Risikobereitschaft und Wandel: Eine gute Möglichkeit, etwas als wichtig hervorzuheben, ist ganz sicher die Belohnung. Dennoch waren die meisten Manager, mit denen wir gesprochen haben, nicht von der Effektivität monetärer Belohnungen zur Förderung von Kreativität überzeugt. Vielmehr meinten sie, die Anerkennung seitens des Managements, der Kollegen und anderer Personen sei wesentlich wichtiger. Aus diesem Grund sind Unternehmen wie *3M*, *Dow* und das französische Petrochemie-Unternehmen *Elf Acquitaine* dazu übergegangen, nichtmonetäre Belohnungen beispielsweise in Form von Auszeichnungen zu erteilen, um auf diese Weise ihre Unterstützung für innovative Aktivitäten zu signalisieren. So erhalten die Gewinner von Innovationspreisen bei *BOC* Team-Trophäen, persönliche Medaillen und Reisen nach London zu Empfängen bei der Unternehmensleitung. Sofern Innovationen umfassende Teamarbeit voraussetzen, könnte es allerdings so sein, daß die Auszeichnung einzelner Mitarbeiter künftige Innovationen weniger effektiv zu fördern vermag als eine entsprechende Anerkennung und Belohnung ganzer Teams.

Die Manager wiesen nicht nur auf die Notwendigkeit einer Anerkennung von Kreativität hin, sondern stellten schnell fest, daß zugleich auch Risikobereitschaft und Fehlerakzeptanz gefördert werden mußten. Für diese Manager schien die Gestaltung der Mechanismen zur Förderung solcher Faktoren wichtiger zu sein als die Entwicklung eines formal-monetären Belohnungssystems, so geschickt dieses auch angelegt sein mochte. Ein Manager bei *DuPont* erinnerte sich, wie eine Gruppe aus seiner Abteilung in dem Bemühen, ein Problem innovativ zu lösen, kläglich gescheitert war. Da er den Mißerfolg nicht einfach übergehen wollte, entschloß er sich zu einer Anerkennungsfeier und bezeichnete ihn fortan als „positiven Versuch". Bei *Hershey Foods* verleiht ein Manager Orden für besonderen unternehmerischen Wagemut. Und bei *Nordstrom* und *FedEx* gelten Mitarbeiter, die in ihrem Bemühen um Erfüllung von Kundenwünschen Pech hatten, unter Umständen genauso als Helden wie diejenigen, denen Erfolg beschieden war.[7]

Die Anpassung der Unternehmenskultur erfordert zuweilen eine Modifizierung des formalen Belohnungssystems. Häufiger allerdings werden den Managern lediglich Umsicht und Einfallsreichtum abverlangt, um kreative Versuche mit kleinen Belohnungen und informellen Auszeichnungen zu würdigen. Dazu müssen die Manager die Wertvorstellungen und Bedürfnisse ihrer Mitarbeiter genau kennen. Was einen promovierten Chemiker in der Schweiz motiviert, unterscheidet sich vermutlich deutlich von den Anreizen, die sich ein Angestellter einer Einzelhandelsfirma in San Francisco oder aber der Manager in einem japanischen Produktionsbetrieb wünscht. Nach Abstimmung auf das besondere Umfeld können Belohnung und Anerkennung die Kreativität im Unternehmen deutlich anregen. Es ist daher Aufgabe der Manager, Belohnungen so zu gestalten, daß diese mit den zugrundeliegenden Wertvorstellungen der Mitarbeiter in Einklang stehen.

Ein weiteres wichtiges Mittel zur Förderung von Kreativität und Risikobereitschaft ist die Unterstützung einer positiven Einstellung zum Wandel. Wenn Fred Smith, Geschäftsführer bei *FedEx*, seine Mitarbeiter zur Entwicklung von Eigeninitiative auffordert, pflegt er hinzuzufügen, er habe die ursprüngliche Idee für das Unternehmen seinerzeit in einer Seminararbeit vorgestellt und dafür eine ziemlich schlechte Note erhalten – mit dem belehrenden Hinweis, so etwas würde nie funktionieren. Demgegenüber soll einer der *FedEx*-Mitarbeiter einmal geäußert haben: „Ich habe keine Angst vor irgendwelchen Konsequenzen, wenn ich mal was probiere, was dann nicht funktioniert. Das kommt schon mal vor. Dann haben wir es am nächsten Tag eben anders gemacht" (Levering/Moskowitz 1993, S. 124). Bei *Alagasco*, einem Erdgasverteiler in Alabama, teilte der Präsident zahlreiche Geschäftskarten an seine Mitarbeiter aus mit der ermutigenden Aufforderung, ihre Arbeit doch mal ganz anders zu gestalten. Jede dieser Karten sollte so etwas wie ein Freilos sein, mit dem man beim *Monopoly*-Spiel aus dem Gefängnis kommt: Wenn Mitarbeiter etwas ausprobieren und damit scheitern, können sie ihre Karte einreichen, und dann zählt der Mißerfolg einfach nicht mehr.

Diesem scheinbar albernen Vorgehen liegt eine ernsthafte Botschaft zugrunde: Es wird begrüßt, wenn sich jemand von seinem „Kästchendenken“ löst. Führungskräfte, die ihre Mitarbeiter zu Kreativität anspornen wollen, müssen konsequent die Botschaft vermitteln, daß von den Mitarbeitern die Hinterfragung des *Status quo* erwartet wird. So hat das Management bei *Odetics*, einem kleinen Raumfahrtunternehmen, eine explizite Richtlinie für „strukturierte Spontaneität“ verkündet, die darauf hinausläuft, daß man bewußt von Institutionalisierungen Abstand nimmt. *Procter & Gamble* verschafft dieser Botschaft in Form eines Leistungsbewertungsprozesses Nachdruck: Bei der Planung ihrer Jahresziele sollen die Mitarbeiter zeigen, wie sie ihren Job im kommenden Jahr verändern wollen. Und bei *Rubbermaid* übernimmt jeweils ein Team die Verantwortung für die 4700 Produkte. Die Teamvergütung ist zum Teil an die Einführung neuer Produkte geknüpft, wobei unternehmensweit das Ziel verfolgt wird, 33 Prozent der Unternehmenseinkünfte mit Produkten zu erwirtschaften, die in den letzten fünf Jahren eingeführt wurden.

Tolerierung von Fehlern: Ein weiterer wichtiger Aspekt bei der Entwicklung unternehmerischer Kreativität ist die Akzeptanz individueller wie organisatorischer Fehler. Nur ist dies leichter gesagt als getan; die meisten von uns reagieren zu Recht mit Zynismus, wenn Vorgesetzte behaupten, man dürfe ruhig Fehler machen. Haben wir nicht schon alle erlebt, wie Karrieren scheiterten, nur weil die Betroffenen diese Behauptung zu wörtlich nahmen? Manager können solche Vorbehalte teilweise dadurch ausräumen, daß sie in aller Klarheit festlegen, welche Art von Risikobereitschaft und Fehlertoleranz gemeint ist. So wird bei *Johnson & Johnson* auch heute noch die Maxime von R.W. Johnson angeführt: „Mißerfolg ist unser wichtigstes Produkt.“ Doch die *J&J*-Manager sind sorgfältig darauf bedacht, allen deutlich zu machen, was ein vernünftiger Fehler ist. Fehler sind dann erlaubt, wenn sie auf einer Analyse basieren, den Lernprozeß fördern und mäßige Auswirkung haben. Mitarbeiter, die etwas vergeblich ausprobieren, müssen auch weiterhin Rückendeckung erhalten. So meinte ein Vorgesetzter bei *Delta Airlines*: „Was uns das Eingeständnis, einen Fehler gemacht zu haben, erleichtert, ist die Tatsache, daß unsere Vorgesetzten dies nicht gegen uns verwenden. In unserem Unternehmen ist es vielmehr so: Wenn man einen Fehler macht und einsieht und sich daraus etwas Positives ergibt, dann gilt das als Positivum für das Unternehmen“ (Levering/Moskowitz 1993).

Unter diesen Umständen entfaltet sich Kreativität wie von selbst. Die Mitarbeiter sehen, wie Innovation von den Managern gestaltet wird, beobachten, wie Kollegen belohnt werden, hören, wie ihre Kollegen darüber sprechen, und stellen fest, daß Fehler, die in guter Absicht entstanden sind, nicht nur toleriert werden, sondern vielleicht sogar Anerkennung finden. Hingegen kann Kreativität kaum entstehen, wenn das Management auf fehlerlose Abläufe Wert legt und ständig Mitarbeiter bestraft, die einen Fehler gemacht haben. Jack Welch hat einmal gesagt: „Der Trick besteht darin, Leute für Mißerfolge nicht zu bestrafen. Wenn sie dann bessere Leistungen erbringen, muß man sie belohnen – auch wenn sie das Ziel nicht erreicht haben" (Tichy/Sherman 1993b).

Normen zur Förderung der Realisierung

Die zweite Kategorie innovationsrelevanter Normen betrifft die praktische Umsetzung. Wenn kreative Ideen und Ansätze vorliegen – werden sie dann auch verwirklicht? Zwei wichtige Normtypen gilt es zu beachten: (1) Normen, die effektive Teamarbeit und effektives Gruppenverhalten sichern, und (2) Normen, die für Tempo und Dringlichkeit sorgen.

Teamarbeit: In komplexen Organisationen bedeutet Innovation zumeist, daß die Mitarbeiter ihre gewohnten Betriebsabläufe ändern müssen. In Kapitel 4 wurde bereits darauf hingewiesen: Wenn Aufgaben durch sequentielle oder reziproke Interdependenz bestimmt sind, erfordert jede Veränderung im Arbeitsfluß eine Anpassung seitens derjenigen, die diese Arbeit leisten. Jede Einführung eines neuen Produkts, eines neuen Prozesses oder einer neuen Technologie greift in bisherige Vorgehensweisen ein. Die Umsetzung der erforderlichen Veränderungen wird unterstützt, wenn die Gruppen effektiv arbeiten, gemeinsame Ziele verfolgen und einen offenen Informationsaustausch pflegen.

Effektive Gruppenarbeit wird dadurch gefördert, daß die Mitglieder einander mögen und schätzen, die Sichtweisen und Arbeitsstile der Kollegen kennen, Meinungsverschiedenheiten beizulegen verstehen und effektiv miteinander kommunizieren. Eine solche Effektivität basiert teilweise auf Fähigkeiten und Kenntnissen, die (wie Problemlösungen) erlernt werden können, teilweise aber auch auf einer gemeinsamen Erwartungshaltung der

Gruppenmitglieder (z. B. gegenseitige Wertschätzung oder Beilegung von Differenzen). *Hewitt Associates* und *J.P. Morgan* sind überzeugt, daß ihr Wettbewerbsvorteil zum Teil auf ihrer Fähigkeit basiert, die Bedürfnisse ihrer Kunden in Teamarbeit zu erfüllen. Bei *Goldman, Sachs*, wo Teamarbeit seit langem als Kernwert gilt, wird bei Beförderungen in erster Linie auf Teamfähigkeit geachtet. „Wenn Sie Ihr Ego nicht überwinden und mit anderen zusammenarbeiten können, dann ist das schon problematisch", meinte einer der geschäftsführenden Partner (Levering/Moskowitz 1993, S. 149).

Ein Software-Ingenieur bei *Odetics* stellte fest: „Alle Mitarbeiter leisten harte Arbeit, und alle sind äußerst teamorientiert. Ein jeder leistet seinen ganz spezifischen Beitrag, hilft aber auch dem anderen. Wenn wir eine Termin- oder Programmarbeit haben und einer mit seiner Arbeit fertig ist, geht er zum nächsten Kollegen und hilft dem weiter." Die explizit vertretene Erwartungshaltung in diesen Organisationen verlangt von jedem einzelnen Mitarbeiter, daß er seinem Kollegen hilft und nicht etwa einen Konkurrenten in ihm sieht.

Die praktische Umsetzung wird auch dadurch gefördert, daß die Gruppen gemeinsame Werte und gemeinsame Ziele vertreten. Eine von allen getragene Vision, ob auf Unternehmensebene oder einer nachgeordneten Ebene, kann ein effektives Mittel zur Koordinierung sein und die Mitarbeiter emotional ansprechen. Bei *Motorola* zum Beispiel sagen die Leute oft: „Ich bin ein Motorolaner." Viel weniger häufig ist zu hören: „Ich arbeite bei Motorola." In Organisationen und Gruppen, in denen ein solches Gemeinschaftsgefühl fehlt, erfolgt die Umsetzung neuer Ansätze zwangsläufig langsamer, zumal die Mitarbeiter erst einmal ihre unterschiedlichen Sichtweisen und Überzeugungen ausdiskutieren müssen.

Auch hängt die Realisierung neuer Ideen von einem offenen Informationsaustausch ab, wobei es gleichermaßen um gute wie schlechte Nachrichten geht. Wenn Gruppen effektiv arbeiten sollen, müssen sie die Welt so nehmen, wie sie ist – und nicht, wie sie die Welt gern hätten. Jack Stack, Geschäftsführer bei der *Springfield ReManufacturing*, ist überzeugt: Wenn nicht alle Mitarbeiter die Finanzdaten der Firma kennen und verstehen, können sie auch nicht verstehen, welchen Beitrag ihr Job zum Gesamtergebnis leistet. Deshalb werden alle Mitarbeiter in bezug auf die Lektüre von Jahresberichten und die Interpretation von Buchhaltungsdaten geschult. Einmal in der Woche werden die Maschinen im Unternehmen für eine halbe Stunde abgestellt, damit jeder Mitarbeiter die neuesten Finanzergebnisse studieren kann. Diese umfassende Informationsvermittlung fördert nicht nur Verständnis und Motivation, sondern signalisiert der Belegschaft, daß man den Mitarbeitern vertraut und daß zwischen der Firma und dem einzelnen Mitarbeiter eine gegenseitige Verpflichtung besteht.

Tempo und Dringlichkeit: Eine weitere Gruppe von Normen, die Innovation und Wandel in ihrer praktischen Umsetzung fördern, betrifft Tempo und Dringlichkeit: (1) die Vorstellung, daß Entscheidungen schnell zu treffen sind, (2) eine Erwartungshaltung, die Flexibilität und Anpassungsfähigkeit erhöht, und (3) ein Gefühl der persönlichen Selbständigkeit und Unabhängigkeit, das den einzelnen Mitarbeiter von sich aus aktiv werden läßt. Jeder dieser Faktoren treibt die Realisierung neuer Ideen voran, ist aber mit den kreativitätsfördernden Normen nicht identisch.

Beim ersten Faktor geht es darum, wie schnell Entscheidungen getroffen werden. In manchen Unternehmen gilt als „normal", daß Tempo wichtig ist, daß Arbeiten schnell zu erledigen sind und daß die Mitarbeiter gegebenenfalls Überstunden machen. In anderen geht es eher gemächlich zu, hoher Arbeitseinsatz wird nicht besonders gewertet, und wer hart arbeitet, gilt als „Akkordbrecher". Bei *Microsoft* zum Beispiel wird Tag und Nacht gearbeitet, wobei ein gewisses Gefühl der Unsicherheit zu Höchstleistungen anspornt. Andy Grove von *Intel* bezeichnet diese Einstellung als „Konkurrenzwahn" und meint: „Das heutige Arbeitstempo ist nicht leicht zu ertragen, aber für die Neunziger durchaus zu begrüßen" (Sherman 1993). Im Gegensatz zu dieser Einstellung steht die Aussage eines Mitarbeiters im öffentlichen Dienst: „Ich kann mich an keinen Tag erinnern, an dem ich nicht auch untätig gewesen wäre. Dreiviertel meiner Zeit tue ich nichts, Schlafen nicht eingerechnet."

Bei *Goldman, Sachs*, sind 60 bis 80 Wochenarbeitsstunden die Norm. Von den Mitarbeitern wird erwartet, daß sie ihr Privatleben opfern, damit anstehende Arbeiten erledigt werden. Bei *FedEx* gibt es die Richtlinie, daß jede Anfrage von Mitarbeitern oder Kunden noch am selben Tag beantwortet wird – selbst wenn die Mitteilung lediglich darin bestehen sollte, daß man sich des Problems annehmen wird. In anderen Unternehmen vermitteln Normen zuweilen die Grundhaltung, Inaktivität sei die bevorzugte Alternative – Initiative werde nicht erwartet oder sei unerwünscht. Bei *Preston Trucking* beschrieb einer der (inzwischen als „Partner“ bezeichneten) Mitarbeiter, wie die Leute im alten System nie etwas ohne entsprechende Autorisierung unternahmen, selbst dann nicht, wenn es um so einfache Dinge wie das Auswechseln einer Glühbirne ging. Von den Mitarbeitern wurde erwartet, daß sie zur Arbeit erschienen und das taten, was ihnen aufgetragen wurde. Seit Anfang der 90er Jahre findet jedoch eine „Kulturrevolution“ statt, die Initiative und Innovation in den Vordergrund rückt. Mittlerweile unterstreichen die Normen die Erwartung, daß die Mitarbeiter flexibel sind und Eigeninitiative aufbringen. 1991 reichten die gut 5000 „Partner“ über 7500 Verbesserungsvorschläge ein. Das Management seinerseits ist inzwischen um den Austausch von Leistungs- und Finanzinformationen bemüht, unterstützt aktiv innovative Tätigkeiten und hebt Vertrauen und Teamarbeit hervor. Seit der Deregulierung der LKW-Transportbranche im Jahr 1980 sind mehr als 75 Prozent der unmittelbaren Konkurrenten von *Preston* gescheitert.

Wenn die Umsetzung von neuen Ideen durch soziale Kontrolle gefördert werden soll, sind als zweiter Faktor Flexibilität und Anpassungsfähigkeit erforderlich. Bei *Avis* – einer Leihwagenfirma, in der die Mitarbeiter Eigentümer sind – liegt der Schwerpunkt auf sogenannten Mitarbeiterbeteiligungsgruppen (*Employee Participation Groups*), die den Teams der Mitarbeiter-Eigentümer die Durchführung lokaler Anpassungen zum Wohl des Unternehmens zugestehen. So wurde in New York ein Job-Austauschprogramm entwickelt, in dessen Rahmen die Mitarbeiter an Flughäfen vor Ort kurzzeitig ihren Arbeitsplatz mit Kollegen in der Unternehmenszentrale tauschten, um mehr über deren Arbeit zu erfahren. In Hawaii entwarf die dortige Mitarbeiterbeteiligungsgruppe ihre eigenen, dem tropischen Klima angepaßten *Avis*-Uniformen (in *Avis*-Rot). Bei *BE&K*, einer großen Konstruktionsfirma, wird bewußt die Politik verfolgt, auf starre Arbeitsplatzbeschreibungen zu verzichten, um individuelle Verantwortungsbereitschaft zu fördern. Die Mitarbeiter des Unternehmens *Chaparral Steel* werden ermutigt, alle Möglichkeiten zu nutzen, jeden Job in ihrer Abteilung kennenzulernen. Aus der Sicht der Mitarbeiter bedeutet dies persönliche Weiterentwicklung und Herausforderung und aus Firmensicht ein höheres Maß an Flexibilität. In dieser Firma wie auch in anderen Unternehmen gilt als wesentlicher Bestandteil des eigenen Jobs, daß man sich an veränderte Umstände anpaßt, Eigeninitiative ergreift und Verantwortung übernimmt und hin und wieder die gewohnten Arbeitsweisen ändert.

Der dritte Faktor zur Förderung von Tempo und Dringlichkeit sind Normen im Zusammenhang mit dem Gefühl persönlicher Selbständigkeit und Unabhängigkeit. Die einzelnen Mitarbeiter verfügen nicht nur über den entsprechenden Aktionsradius, sondern sind sogar zu eigenständigem Vorgehen verpflichtet. Ein Kernwert bei *Johnson & Johnson* ist die Dezentralisierung, mit der die Autonomie der zur Gruppe gehörigen Unternehmen unterstrichen wird. Von den Managern wird erwartet, daß sie ihre Einheiten wie eigene Unternehmen leiten und ihre strategische Planung ohne Eingriffe seitens der Unternehmenszentrale vornehmen. Und *HP* hat schon in den ersten Anfängen als zentrale Komponente seiner Unternehmensphilosophie das Konzept verfolgt, die Manager sollten ihren Mitarbeitern ein klar definiertes Ziel vorgeben, ihnen möglichst viel Freiheit bei der Erarbeitung dieses Ziels einräumen und dafür sorgen, daß gute Leistungen unternehmensweit Anerkennung finden.

Bezüglich der betrieblichen Durchführung setzen sich viele Unternehmen für die Selbständigkeit ihrer Mitarbeiter ein, indem sie möglichst wenig Vorschriften machen und die Arbeitsplätze freizügig gestalten. So meinte ein Mitarbeiter bei *Chaparral Steel*: „Der Grund, weshalb ich morgens so frohgemut aufstehe und zu Arbeit gehe, ist die Freude an meiner Arbeit und meine Handlungsfreiheit."[8] Bei *TDIndustries*, einer Installations- und Klimaanlagenfirma, bei der die Mitarbeiter ebenfalls zugleich Eigentümer sind, bezeichnet die Unternehmensleitung *Freiheit* als einen Kernwert. In der Praxis bedeutet dies, daß man ständig bemüht ist, den Mitarbeitern den Freiraum zu bieten, den sie brauchen, um ihre Aufgaben nach eigenem Gutdünken durchführen zu können. Gary Brakket, ein Kundendienst-Techniker, sagte dazu: „Hier ist man sein eigener Chef. Ich erledige große Aufträge für meinen Boß. Der schickt mich vor Ort, und ich schätze dann den Aufwand ab, erstelle ein Angebot und gebe es ab. In der Hälfte aller Fälle kennt er die Arbeiten gar nicht und erfährt Einzelheiten erst von mir." Und ein Verkäufer bei *Nordstrom* meint: „Wo sonst hätte ich ein so gutes Gehalt und so viel Selbständigkeit? ... Keiner schreibt mir vor, was ich zu tun habe; ich kann mich ganz nach eigenem Gutdünken engagieren. Ich fühle mich wie ein Unternehmer." *Nordstrom* verlangt die sorgfältige Einhaltung von Normen in bezug auf Kleidung, positive Einstellung und einen bestimmten Umgangston gegenüber den Kunden, aber sonst fühlen sich die Mitarbeiter frei.

Die Entwicklung einer gemeinsamen innovationsförderlichen Grundhaltung unter den Mitarbeitern erfordert Zeit und absolut konsequentes Vorgehen seitens der Manager auf allen Führungsebenen; zudem muß die Botschaft ständig wiederholt werden. Wie die hier besprochenen Normen von den Managern genutzt werden können, soll im nächsten Kapitel mit der Darstellung von Mechanismen und Hebeln zur Gestaltung der Unternehmenskultur verdeutlicht werden.

Praktische Anleitung zur Diagnostizierung der Unternehmenskultur

Wenn die Unternehmenskultur ein so wichtiger Schlüssel für die erfolgreiche Umsetzung der Unternehmensstrategie ist – wie gelingt Managern die Diagnose der Normen und Werte, die eine Organisation bestimmen? Überlegen wir einmal, wie neu eingestellte Mitarbeiter in einem Unternehmen lernen, was wirklich wichtig ist und was von ihnen erwartet wird. Zum einen gibt es die offiziellen Erwartungen, wie sie in Arbeitsplatzbeschreibungen, Unternehmensrichtlinien, Handbüchern und Anweisungen vom Vorgesetzten zum Ausdruck gebracht werden. Man wird informiert über Arbeitszeit, Programme zur Leistungsbeurteilung, ethische Verhaltensmaßstäbe, Sicherheitsbestimmungen und Sozialleistungen. Die meisten Mitarbeiter wissen, daß diese Vorschriften nur eine Einführung zur Unternehmenskultur sind. Die offizielle Unternehmenspolitik und die tatsächliche Unternehmenspraxis weichen häufig voneinander ab. Die neuen Mitarbeiter nehmen die Formalitäten daher zur Kenntnis, wollen aber auch erfahren, was wirklich läuft. Zu diesem Zweck horchen sie auf die verbalen und nichtverbalen Äußerungen von Kollegen und Vorgesetzten. Erst wenn der Neuling eine explizite oder implizite Antwort auf die folgenden Fragen gefunden hat, kann er die Unternehmenskultur verstehen:

- Was muß ich tun, um mich anzupassen?
- Was ist hier wirklich wichtig?
- Was halten meine neuen Kollegen für wichtig?
- Was muß ich sagen und tun, um mich der Gruppe zugehörig fühlen zu können?
- Was muß ich tun, damit mein Chef auf mich aufmerksam wird (im Guten wie im Schlechten)?
- Wie sehen die Arbeitsabläufe wirklich aus?
- Wie kommt man hier weiter?

Wer die Antwort auf all diese Fragen kennt, kann sich leichter anpassen und findet schneller Anerkennung. Anpassung ist ein wesentlicher Bestandteil unserer Selbstachtung. Häufig erkennen wir unsere guten Leistungen nur im Vergleich mit anderen. Doch wenn wir zudem von anderen anerkannt und geschätzt werden, fördert dies unser Selbstbewußtsein. Zunächst einmal müssen wir aber wissen, was andere in bezug auf Werte, Einstellungen und Verhaltensweisen für wichtig halten. Ihre Worte und Taten verhelfen uns zur Beantwortung der oben aufgeführten Fragen. Wir beobachten sorgfältig, welche Verhaltensweisen belohnt werden – zum einen im Rahmen formeller Belohnungssysteme seitens der Organisation, zum anderen (unmittelbarer) durch die informelle Anerkennung beziehungsweise Mißbilligung unserer Kollegen und unseres direkten Vorgesetzten.

Kollegen belohnen beziehungsweise strafen uns weitaus häufiger, als dies im Rahmen des formalen Belohnungssystems der Fall ist. Tagtäglich erkennen wir an den Reaktionen der Kollegen, ob man uns mag und schätzt, ob wir etwas leisten, was der Gruppe weiterhilft, und ob wir uns richtig oder falsch verhalten. Unsere Einstellungen und Verhaltensweisen werden stark beeinflußt von unserer Umgebung, besonders, wenn uns daran gelegen ist. Die Wertschätzung unserer Kollegen kann eine größere Motivation für uns bedeuten als eine jährliche Gehaltserhöhung – vor allem dann, wenn unsere Arbeitsleistung in gewissem Umfang auf Kooperation und Bereitwilligkeit seitens der Kollegen angewiesen ist.

Nun bedeutet dies nicht etwa, daß man den Verlautbarungen der leitenden Führungskräfte keine Aufmerksamkeit schenkt. Das gehört natürlich auch dazu. Wir beobachten ihr Verhalten, um zu sehen, ob das, was sie sagen, auch mit dem übereinstimmt, was sie tun. Die Kombination all der Signale von „denen da oben", die formalen Beurteilungs- und Belohnungssysteme und die Einschätzung unserer Kollegen helfen uns zu durchschauen, was wirklich zählt im Unternehmen.

Der folgende Überblick läßt erkennen, wie Manager eine Diagnose ihrer Gruppen- oder Organisationskultur erstellen können. Die aufgeführten sechs Schritte im Rahmen dieses Prozesses lassen sich auf Gruppen-, Bereichs- oder Sparten- und Unternehmensebene gleichermaßen anwenden. Die Diagnose wird auf den verschiedenen Analyseebenen unterschiedlich ausfallen, doch der Prozeß läuft immer gleich ab.

Schritt 1:	Ermittlung entscheidender strategischer Herausforderungen;
Schritt 2:	Verbindung der Strategie zur Erfüllung dieser Herausforderungen mit den entscheidenden Aufgaben, die zu ihrer Umsetzung erforderlich sind;
Schritt 3:	Ermittlung der Normen und Werte, die eine Durchführung der entscheidenden Aufgaben erleichtern;
Schritt 4:	Diagnose der in der derzeitigen Kultur bestehenden Normen;
Schritt 5:	Ermittlung der Abweichungen zwischen den eigentlich erforderlichen Normen und den bestehenden Normen;
Schritt 6:	Bestimmung der Maßnahmen, die zur Verringerung der ermittelten Abweichungen erforderlich sind.

Schritt 1: Wie in Kapitel 3 beschrieben, gilt der erste Schritt zur Erstellung einer Kongruenz-Diagnose der Ermittlung der strategischen Herausforderungen, mit denen sich eine Einheit konfrontiert sieht. Um den Wettbewerbsvorteil Ihres Unternehmens bestimmen zu können, müssen Sie die folgenden Diagnosefragen beantworten:

- Wer sind Ihre Kunden, und welche Bedürfnisse haben sie?
- Auf welche Marktsegmente zielen Sie ab?
- Wie breit beziehungsweise eng ist Ihr Produkt- oder Dienstleistungsangebot angelegt?
- Warum sollten Kunden Ihr Produkt oder Ihre Dienstleistung dem Angebot der Konkurrenz vorziehen?
- Welche Kompetenzen haben Sie aufzuweisen, die andere nicht ohne weiteres imitieren können?
- Wie erzielen Sie Gewinne in diesen Segmenten?

Unabhängig davon, auf welcher Ebene ein Manager (oder eine Gruppe) in der Organisationshierarchie angesiedelt ist – am Anfang der Diagnoseerstellung steht immer die Umformung der jeweiligen Antworten zu klaren, spezifischen Zielen.

Schritt 2: Nachdem die Gruppe oder der betroffene Manager die strategischen Herausforderungen aufgelistet hat, müssen die entscheidenden Aufgaben ermittelt werden, die zur Realisierung jedes einzelnen Ziels erforderlich sind. Bemühen Sie sich um größtmögliche Klarheit bei der Aufgabenbestimmung, indem Sie sich die folgenden Fragen stellen:

- Welche fünf bis sechs spezifischen Aufgaben sind unbedingt durchzuführen, wenn Ihre Strategie erfolgreich umgesetzt werden soll?
- Inwieweit ist Interdependenz zwischen den Einheiten erforderlich, um diese Aufgaben zu koordinieren?
- Durchschaue ich den Arbeitsfluß?
- Ist diese Liste vollständig und in sich schlüssig?

Schritt 3: Im Anschluß an die Auflistung der entscheidenden Aufgaben gilt es zu ermitteln, welche Normen künftig erforderlich sind, um eine effektive Durchführung der anstehenden Aufgaben zu gewährleisten. Hier geht es um die spezifischen Einstellungen und Verhaltensweisen, die – sofern sie von den Mitarbeitern verinnerlicht und in fester Überzeugung eingehalten werden – die Durchführung der entscheidenden Aufgaben unmittelbar erleichtern würden. So könnten für einige Aufgaben allgemeine Normen in bezug auf Kundendienst, Qualität und Flexibilität erforderlich sein, doch diese Schlagworte allein sind noch zu vage, als daß die Mitarbeiter genaue Verhaltensweisen damit verbinden könnten. Vielmehr müssen solche Normen in Form von spezifischen Einstellungen und Verhaltensweisen angemessen definiert werden. Dazu müssen die Manager genau überlegen, was sie denn wirklich erwarten, und diese Erwartungen unter Vermeidung modischer Schlagworte in eindeutige, klare Worte fassen:

- Welcher Wert würde, sofern er in der gesamten Einheit geteilt und vertreten würde, die Durchführung der entscheidenden Aufgaben fördern? (Diese Frage sollte für jede der rund sechs aufgelisteten Aufgaben getrennt beantwortet werden.)
- Welche spezifischen Einstellungen und Verhaltensweisen würden diesen Werten entsprechen und so die Durchführung der entscheidenden Aufgaben sicherstellen?
- Ist es in Anbetracht des derzeitigen Belohnungssystems überhaupt sinnvoll, solche Einstellungen und Verhaltensweisen von den Mitarbeitern zu erwarten?

Wie wichtig ein Verständnis für die zur Durchführung der entscheidenden Aufgaben erforderlichen Normen ist, wurde in einem erfolgreichen *High-Tech*-Unternehmen in *Silicon Valley* unter Beweis gestellt. Traditionsgemäß hatte das Unternehmen die Strategie eines „Pioniers“ verfolgt und stets innovative Produkte mit klarem technologischem Vorsprung entwickelt. Doch hatte die Unternehmensleitung bei ihren Zukunftsüberlegungen erkannt, daß ihr technologischer Vorsprung ins Rutschen geraten war. Ihre Produkte waren aufgrund ihrer Technologie erfolgreich, galten aber nicht als zuverlässig. Überdies hielten die Kunden das Unternehmen für arrogant und wenig entgegenkommend. Die leitenden Führungskräfte erkannten, daß es beim künftigen Erfolg des Unternehmens nicht nur auf die kreative Entwicklung einer neuen Technologie ankommen würde, sondern auch auf seine Fähigkeit, die Zuverlässigkeit von Produktprogramm und Kundendienst deutlich zu verbessern.

Das Problem, so wußte das Management, bestand darin, daß die derzeitige vorrangige Ausrichtung auf die Technologie verändert werden mußte, wenn das Unternehmen in den nächsten Jahren noch erfolgreich konkurrieren sollte. Qualität, Zuverlässigkeit Kundendienst *und* Kreativität mußten unternehmensweit angestrebt werden. Zu diesem Zweck teilte das Topmanagement den Mitarbeitern nicht lediglich mit, Kreativität müsse künftig Bestandteil der Unternehmenskultur werden, sondern stellte eine konkrete Definition von Kreativität auf: „Wichtig ist die Ermittlung neuer Vorgehensweisen. Wir müssen kontinuierlich bemüht sein, neue Produkte und Prozesse herauszufinden. Neue Ideen sind stets willkommen." Darüber hinaus wurden auch konkrete Definitionen für weitere erforderliche Normen wie Kundendienst und Qualität erarbeitet.

Obgleich solche Definitionen im Unternehmen längst bekannt waren, hatten die Mitarbeiter bisher keine genaue Vorstellung von der Bedeutung dieser Normen und den von ihnen erwarteten Verhaltensweisen bezüglich der täglichen Arbeitsabläufe. Qualität bedeutete nun, daß die Leute stets das tun sollten, was die Situation erforderte, selbst wenn damit Eingriffe in die Produktions- und Kostenpläne verbunden waren. Und die Mitarbeiter begriffen auch, daß Kreativität nicht nur von den Technologen erwartet wurde. So sollten auch die Manager neue Vorgehensweisen zur Durchführung der anstehenden Aufgaben ermitteln und Gleiches von den ihnen unterstellten Mitarbeitern verlangen. Dies wiederum versetzte die Unternehmensleitung in die Lage, ein in diesem Sinne angemessenes Verhalten zu belohnen und anzuerkennen. Wären die Definitionen nicht so klar formuliert worden, hätten sie nicht ausgereicht, um die gesamte Organisation zu aktivieren.

Schritt 4: Nach der Ermittlung der für künftigen Erfolg erforderlichen Normen gilt es, die derzeitige Unternehmenskultur zu beurteilen. Hier geht es darum, diejenigen (positiven wie negativen) Normen zu erkunden, die genau erkennen lassen, welche Erwartungen die Mitarbeiter in der betroffenen Einheit haben. Besondere Aufmerksamkeit sollte der Ermittlung von Normen beigemessen werden, die der Durchführung der in Schritt 2 aufgelisteten entscheidenden Aufgaben förderlich beziehungsweise hinderlich sind. Die Manager und ihre Teams sollten eine Liste der derzeit gültigen Normen aufstellen und dabei die bereits früher gestellten Diagnosefragen berücksichtigen:

- Stellen Sie sich vor, ein guter Freund von Ihnen wäre ein neuer Mitarbeiter in Ihrer Organisation. Wenn der Betreffende Sie fragen würde, wie er es anstellen müsse, daß seine Leistungen Anerkennung fänden – welchen Rat würden Sie ihm geben?
- Wie würden Sie auf die Frage antworten, was der Betreffende unterlassen müsse, um sicherzustellen, daß er nicht scheitert?
- Was wird in der Organisation wirklich belohnt (im Gegensatz zu dem, was das Management als belohnungswürdig bezeichnet)?
- Was muß man tun, um weiterzukommen?

Ein etwas stärker strukturierter Ansatz sieht vor, eine kleine Kerngruppe von fünf bis acht Leuten, die mit der derzeitigen Unternehmenskultur gut vertraut sind, aufzufordern, die Normen und Werte zu ermitteln, die für diese Einheit charakteristisch sind. Der Kasten enthält Anleitungen dazu. Nach Einbeziehung verschiedener repräsentativer Gruppen lassen sich die entsprechenden Normen und Werte gut einschätzen: Welche Normen werden von allen Gruppenmitgliedern getragen (Konsens), und welche Normen gelten als besonders wichtig (Intensität)?

Schritt 5: Wenn die für künftigen Erfolg erforderlichen Normen und die charakteristischen Normen der betroffenen Einheit bekannt sind, kann durch Vergleich ermittelt werden, inwieweit Defizite oder Inkonsistenzen vorhanden sind.

- Besteht die Gefahr, daß die in der derzeitigen Kultur gültigen Normen, sofern sie unverändert bleiben, die Durchführung der entscheidenden Aufgaben behindern?

- Gibt es Normen, die für die Durchführung der entscheidenden Aufgaben wichtig sind, derzeit aber keine Beachtung finden?
- Bestehen Inkonsistenzen zwischen dem, was wir für wichtig halten, und unserer derzeitigen Kultur?

Normen, die zur Durchführung der entscheidenden Aufgaben beitragen, müssen erhalten bleiben, während es solche, die ihre Realisierung behindern, abzuschwächen gilt.

Schritt 6: Der letzte Schritt im Prozeß der Diagnostizierung einer Unternehmenskultur besteht darin, die Ursachen für wichtige Defizite zwischen den derzeitigen Gegebenheiten und den für künftigen Erfolg erforderlichen Voraussetzungen zu ergründen.

- Ist das derzeitige Belohnungssystem auf die erforderlichen Normen abgestimmt?
- Sind die vorhandenen Strukturen und Systeme dazu angetan, die Annahme der erforderlichen Normen zu unterstützen?
- Werden die richtigen Ergebnisse und Verfahren gemessen?
- Stehen die erforderlichen Normen mit den Werten und Erwartungen der Belegschaft in Einklang?
- Verfügen die Mitarbeiter über die erforderliche Kompetenz und Motivation, um sich die neuen Einstellungen und Verhaltensweisen zu eigen zu machen?
- Ist die Unternehmensleitung konsequent bemüht, die erwünschten Normen zu gestalten und zu verstärken?

Das Kongruenz-Modell ist dazu angetan, kulturellen Defiziten auf die Spur zu kommen. Es wird eingesetzt, um systematisch zu überprüfen, inwieweit die Normen, die für die erfolgreiche Durchführung der entscheidenden Aufgaben erforderlich sind, mit den Mitarbeitern (Motivation und Fähigkeiten), der formalen Organisation (Belohnungen, Karrieren, Strukturen, Systeme) und den Anforderungen der entscheidenden Aufgaben (Interdependenz, Arbeitsfluß) in Einklang stehen. Diese umfassende Überprüfung dient dem Zweck, entweder künftig erforderliche Normen zu ermitteln, die derzeit noch nicht wirksam sind, oder aber derzeit gültige Normen ausfindig zu machen, die in Zukunft beseitigt oder gemäßigt werden müssen.

Arbeitsplan zur Diagnostizierung der Unternehmenskultur

Wie Sie wissen, können die Normen und Werte, die eine Unternehmenskultur prägen, auf den verschiedenen hierarchischen Ebenen und in den einzelnen Teilbereichen sehr unterschiedlich sein. Diese Unterschiede können die Innovation in der gesamten Organisation fördern, aber auch behindern. Um die derzeitige Unternehmenskultur richtig einschätzen zu können, fordern wir Sie als Gruppe auf, die Normen und Werte zu ermitteln, die Ihrer Erfahrung nach die Kultur in Ihrer Organisation bestimmen. Es sollte sich um die Normen und Werte handeln, die Ihrer Meinung nach allgemein vertreten werden. Bitte nehmen Sie sich für die Bearbeitung der folgenden drei Fragen 60 Minuten Zeit.

1. *Setzen Sie sich als Gruppe zusammen, um in den ersten 40 Minuten die zentralen Normen und Werte zu ermitteln, die Ihrer Meinung nach die Kultur in Ihrer Organisation beschreiben. Es sollten etwa ein halbes Dutzend Kernwerte oder Überzeugungen zusammengestellt werden, die Ihrer Erfahrung nach bestimmen, wie die Kultur funktioniert. Diese Werte müssen nicht unbedingt mit den Verlautbarungen der Unternehmensleitung übereinstimmen, sondern vielmehr genau wiedergeben, wie die Dinge wirklich ablaufen. Bitte listen Sie die Werte in der Reihenfolge ihrer Bedeutung auf.*
2. *In den nächsten 10 Minuten ermitteln Sie bitte diejenigen Normen und Werte, die Ihrer Meinung nach in der Kultur Ihrer Organisation maßgeblich sein sollten, es derzeit aber nicht sind. Es geht dabei um die Normen oder Überzeugungen, die Sie für wichtig halten, um die entscheidenden strategischen Ziele der Organisation in den nächsten zwei bis drei Jahren zu erreichen, die aber bisher nicht allgemein vertreten oder für wichtig befunden werden. Dabei könnte es sich beispielsweise um Werte handeln, die durchaus im Gespräch sind, aber nicht praktiziert werden.*
3. *Die letzten 10 Minuten nutzen Sie, um all das aufzulisten, was in Ihrer Organisation belohnt wird. Was ist Ihrer Erfahrung nach wichtig, um in Ihrem Unternehmen Erfolg zu haben? Worauf achtet das Management wirklich? Wenn Sie einem Freund, der gerade in das Unternehmen eingetreten ist, einen Rat geben sollten – was würden Sie ihm raten, damit er Erfolg hat?*

Für Vorhandensein beziehungsweise Fehlen von Normen gibt es vielfältige Ursachen. Häufig kommt es einfach deshalb zu Defiziten, weil zwischen der Verkündung eines Wertkomplexes und der allmählichen Überzeugung, es bedürfe einer neuen Ordnung, geraume Zeit vergehen kann. Vielfach paßt auch das, was die Manager sagen, nicht zu dem, was sie tun – und das führt bei den Mitarbeitern zu Verunsicherung und Mißtrauen. Es bedarf schon eines erheblichen Aufwands an Zeit und Koordination, aber wie das nächste Kapitel zeigt, können Manager, gut gerüstet mit Daten über kulturelle Defizite, einen Kulturwandel bewirken.

Anmerkungen:

1. Es gibt eine Reihe interessanter Forschungsarbeiten, die auf die Bedeutung von Engagement und Identifizierung als Motivationsquelle hinweisen – darunter Bellah/Madsen/Sullivan/Swidler/Tipton (1985); O'Reilly/Chatman (1986); Rousseau (1995).
2. Das Zitat wurde entnommen aus Collins/Porras (1994, S. 56).
3. Zum Thema *Unternehmenskultur* liegen zahlreiche, zum Teil kontroverse Forschungsarbeiten vor. Einige Autoren argumentieren, die Unternehmenskultur sei naturgemäß ihren Verfechtern nicht ohne weiteres zugänglich. So verstanden stellt die Unternehmenskultur die implizit vertretenen, unausgesprochenen Annahmen der Mitarbeiter in einer Organisation dar (Schein 1985). Andere Wissenschaftler sind der Meinung, eine Unternehmenskultur sei inhärent fragmentiert, und daher mache es kaum einen Sinn, von unternehmensweiten Kulturen zu reden (Martin/Siehl 1983, S. 52–64). Wir selbst vertreten die Auffassung, daß solche wissenschaftlichen Argumentationen zwar interessant sein mögen, daß die Konzentration auf die Normen eines Unternehmens aber dennoch eine sinnvolle Perspektive zur Erforschung von Organisationen darstellt, zumal sie Managern im Unternehmensalltag die Möglichkeit bietet, die Unternehmenskultur zu Managementzwecken einzusetzen.
4. Einen hilfreichen Überblick über Normen in verschiedenen nationalen Kulturen bieten Hofstede (1991), Redding (1995) sowie Smith/Ford (1994).
5. Einen kurzen Überblick über sozialpsychologische Aspekte von Personen und Situationen vermitteln Ross/Nisbett (1991) und Zimbardo/Leippe (1991).
6. Vedin (1994) bietet einen Überblick über die bisher vorliegenden Studien.
7. Zahlreiche Beispiele führen Jasinowski/Hamrin (1995) sowie Levering/Moskowitz (1993) an.
8. Die Beispiele und Zitate in diesem Abschnitt sind Levering/Moskowitz (1993) entnommen.

Kapitel 6
Gestaltung der Unternehmenskultur

Einzelhandelsfirmen wie *Federated, Macy's* und *Carter-Hawley-Hale* kämpfen mit dem Bankrott; *Nordstrom* hingegen konnte seine 36 Geschäfte mit insgesamt 9000 Mitarbeitern (1983) bis zum Jahr 1995 auf 76 Geschäfte mit über 35000 Mitarbeitern erhöhen, wobei der durchschnittliche Umsatz pro Quadratmeter Verkaufsfläche das Doppelte von dem betrug, was in der Branche üblich ist. Und wie kommt es, daß *Nordstrom* einen solchen Wettbewerbsvorteil erlangen konnte? Eine sorgfältige Lektüre der Literatur zur Unternehmensstrategie läßt rasch erkennen, daß es nicht um gängige Faktoren wie Hindernisse für den Marktzutritt, Einfluß auf Lieferanten und Kunden oder Mangel an Branchenrivalität geht. Der Einzelhandel ist eine recht wettbewerbsintensive Branche – Käufer wie Lieferanten wechseln schnell von einer Firma zur anderen. Es liegt auch nicht am Standort, an der Ware, an der Aufmachung der Geschäfte, nicht einmal am Piano im Foyer. All diese Faktoren wären leicht nachzuahmen. Nein – wie jeder, der einmal bei *Nordstrom* eingekauft hat, weiß, ist es der hervorragende *Nordstrom*-Kundendienst, der das Unternehmen von seiner Konkurrenz unterscheidet. Und was bedeutet hier „hervorragend“? Zwei Kundenberichte geben Aufschluß.

Vor einigen Jahren fragten wir die Teilnehmer im Rahmen eines Weiterbildungsprogramms für Führungskräfte, ob sie irgendwelche Erfahrungen mit *Nordstrom* hätten. Da die meisten Teilnehmer nicht aus den USA kamen, erwarteten wir kaum eine positive Reaktion. Doch ein Teilnehmer – Danny Halperin, Manager eines Dienstleistungsbetriebs aus Südafrika – verkündete begeistert, er habe gerade zwei Tage lang mit Einkäufen bei *Nordstrom* verbracht. (Und dann fügte er noch hinzu, der Grund für seine Teilnahme an diesem Programm seien eigentlich nicht die Erkenntnisse und Einsichten, die ihm während des Kurses vermittelt würden, sondern der Besuch bei *Nordstrom* vor Ort – um selbst zu erleben, ob der Kundendienst tatsächlich so unglaublich gut wäre, wie die Leute behaupteten.) Er hatte von der Rückgabepolitik bei *Nordstrom* gehört und beschlossen, dieselbe zu testen. Im Gepäck hatte er eine Hose, die er in Südafrika gekauft hatte. Er marschierte stracks in die Abteilung für Herrenbekleidung und teilte dem Verkäufer mit, er nehme an einem Programm für Führungskräfte teil und habe die Hose auf die Reise in die USA mitgenommen, müsse nun aber feststellen, daß die Größe nicht stimme. Würde der Verkäufer die Hose bitte zurücknehmen? Selbst im Dienstleistungsgewerbe tätig, war er auf den üblichen Umstand in solchen Situationen vorbereitet. Um so erstaunter war er, als der Verkäufer ihn fragte, welchen Preis er für die Hose gezahlt habe, zur Kasse ging und ihm den Betrag aushändigte. Kein Einschalten von Vorgesetzten zur Durchführung dieser Transaktion; kein Vorstelligwerden beim Kassierer.

Aber das war noch nicht der eigentliche Test. Nachdem er sich von seinem Schock erholt hatte, fragte Danny Halperin den Verkäufer, ob er ihm dabei behilflich sein könne, Unterwäsche für seine Frau auszusuchen. Ohne ein Wort zu verlieren, führte der Verkäufer Danny zur Damenabteilung und blieb an der Theke mit Damenunterwäsche stehen. Dann fragte er Danny ganz logisch: „Welche Größe trägt Ihre Frau?“ Dannys Antwort war: „Keine Ahnung.“ In den meisten Geschäften wäre der Einkauf damit beendet gewesen. Doch in diesem Fall hielt der Verkäufer Ausschau nach drei Verkäuferinnen unterschiedlicher Größe, stellte sie in eine Reihe und forderte Danny auf, die Verkäuferin zu bestimmen, die seiner Frau größenmäßig am ähnlichsten war.

Wie erreicht *Nordstrom*, daß Mitarbeiter Eigeninitiative ergreifen? Wie gelingt einer Organisation die Gestaltung und Praktizierung von Systemen, die ein von der Konkurrenz unübertroffenes Kundendienstniveau bieten? Die teilweise überraschende Antwort steht im *Nordstrom*-Mitarbeiterhandbuch, das allen neuen Mitarbeitern ausgehändigt wird. Dort heißt es sinngemäß:

WILLKOMMEN BEI NORDSTROM.
Wir freuen uns, Sie in unserem Unternehmen begrüßen zu dürfen.
Unser Ziel Nr. 1 ist die Bereitstellung eines hervorragenden Kundendienstes.
Sie setzen sich hohe persönliche wie berufliche Ziele.
Wir setzen großes Vertrauen in Ihre Fähigkeit, dieselben zu realisieren.

Nordstrom-Regeln:
Regel Nr. 1: Nutzen Sie in allen Situationen
Ihren gesunden Menschenverstand.
Weitere Regeln gibt es nicht.
Mit allen sonstigen Fragen können Sie sich jederzeit
an Ihren Abteilungsleiter, Geschäftsführer oder Spartenleiter wenden.

Nordstrom verläßt sich also nicht auf umfassende Richtlinien und Vorschriften, sondern auf das Urteil seiner Mitarbeiter – und damit auf die Kontrolle, die durch die in der Unternehmenskultur gültigen Normen ausgeübt wird. Skeptiker könnten nun fragen: „Und wenn die Mitarbeiter die Situation falsch einschätzen oder Kunden das System ausnutzen?“ Dieselben Bedenken wären bei einem Unternehmen wie *FedEx* angebracht: Wie kann das Unternehmen Erfolg haben, wenn es seine 40000 Mitarbeiter auffordert, als Einzelkämpfer ständig Risiken einzugehen? Auf den ersten Blick läßt ein solcher Ansatz tatsächlich Chaos erwarten, aber der Schein trügt. *Nordstrom* und *FedEx* setzen ihre Unternehmenskultur ein, um in Anbetracht der Notwendigkeit ständigen Wandels die anstehenden Aktivitäten zu koordinieren. Aus dem Rahmen fallende Anforderungen sind gut geeignet, um den Kundendienst zu testen. Die Mitarbeiter sollen dem Kunden die Hilfestellung leisten, die dieser wünscht – nicht aber eine Hilfe, wie sie durch Richtlinien und Vorschriften diktiert wird.

In Kapitel 5 haben wir bereits darauf hingewiesen: Um die Unternehmenskultur effektiv gestalten und einsetzen zu können, müssen die Manager zum einen klare Vorstellungen von den spezifischen Normen und Werten haben, die dem Unternehmen die Umsetzung seiner Strategie erleichtern. Und zum anderen gilt es zu entscheiden, wie die erforderlichen Normen zu fördern, die hinderlichen hingegen abzubauen sind.

Es gibt drei wichtige Ansatzpunkte, wie Manager Einfluß auf das soziale Kontrollsystem ihrer Einheiten nehmen können: (1) Gestaltung der Unternehmenskultur durch Beteiligung oder systematische Einbeziehung der Mitarbeiter, damit diese ein Verantwortungsgefühl entwickeln; (2) demonstratives Vorgehen der Führungskräfte, mit dem verdeutlicht wird, welche Einstellungen und Verhaltensweisen wichtig sind; und (3) Einrichtung eines umfangreichen Systems zur Belohnung und Anerkennung, das auf erfolgsentscheidende Einstellungen und Verhaltensweisen abzielt.

Gestaltung der Unternehmenskultur durch Partizipation und Engagement

Um zu veranschaulichen, wie Manager in Unternehmen mit starken Kulturen die Mitarbeiter zwecks Förderung von Engagement, Urteilsfähigkeit und Kultur einbeziehen, wollen wir die Ergebnisse eines unwahrscheinlich anmutenden Experiments betrachten, bei dem die Teilnehmer aufgefordert wurden, freiwillig einen Regenwurm zu verspeisen. Unsere Intuition sagt uns, daß die meisten Menschen nicht gewillt sind, Regenwürmer zu essen; vermutlich würden sich nur einige ganz wagemutige „Eindruckschinder" dazu bereit finden. Doch das Ergebnis der Studie überrascht: Nahezu 50 Prozent der Teilnehmer verspeisten die Regenwürmer (Comer/Laird 1975; Tomsho 1992).

Wie es dazu kommt? Die Antwort ist im Aufbau des Experiments zu suchen. Die Versuchsteilnehmer wurden nach und nach durch eine Reihe öffentlicher Äußerungen „verpflichtet". Schon bei einer Reihe kleinerer Behauptungen wird es zunehmend schwieriger, einen Rückzieher zu machen. Verhalten prägt Einstellungen. Tun heißt glauben. Auch Don Petersen, ehemaliger Geschäftsführer von *Ford*, machte diese Feststellung: Wenn man die Leute erst einmal aktiviert hat, erzielt man auch Engagement.

Genau genommen sind es drei Merkmale des Partizipationsprozesses, die zu verstärktem Engagement führen: *Entscheidungsfreiheit* – die Möglichkeit, an etwas teilzunehmen; *Sichtbarmachung* – die Möglichkeit, Entscheidungen öffentlich und in Anwesenheit wichtiger Bezugspersonen zu treffen; und *Unwiderruflichkeit* – das Gefühl, eine Linie endgültig überschritten zu haben. Wichtig ist, daß Beteiligung in diesem Zusammenhang keine Demokratie und keine Permissivität bedeutet. Die Mitarbeiter werden vielmehr aufgefordert, Entscheidungen in den Grenzen bestimmter Richtlinien zu treffen. So haben die Teammitglieder bei *NUMMI* eine Menge Entscheidungsfreiheit bezüglich der Gestaltung ihrer Arbeit, nicht aber bezüglich der Frage, ob das Werk PKWs oder LKWs bauen soll.

Jedes dieser drei Merkmale macht eine Entscheidung verbindlicher. Entscheidungen, die ohne starken externen Druck getroffen werden, erhöhen das Gefühl der persönlichen Verantwortung, verringern die Möglichkeit, eigene Aktionen durch Hinweis auf ein anderes Motiv (z. B. Geld) oder Druck von außen (z. B. Manager) zu rechtfertigen, und verstärken positive Gefühle (wenn ich mich dazu entschließe, dies zu tun, muß es sich lohnen; warum sollte ich es sonst tun?). Eine öffentliche Sichtbarmachung läßt Entschuldigungen für Nichthandeln schon schwieriger werden und motiviert dazu, Versprochenes einzuhalten. Unwiderruflichkeit schließlich hält den Betroffenen davon ab, überhaupt noch Alternativen in Betracht zu ziehen, und konzentriert alle Energie auf den einmal gewählten Kurs.[1]

Engagement durch Entscheidungsfreiheit

Manager und Unternehmen nutzen die Psychologie der freien Wahl, um das Engagement der Mitarbeiter zu fördern:

- Entwicklung von Systemen und Verfahren, die den Mitarbeitern Mut machen, kontinuierlich Entscheidungen zu treffen;
- Hervorhebung intrinsischer und nicht nur instrumenteller Belohnungen für die Durchführung von Aufgaben;
- schrittweiser Aufbau der Entscheidungsfindung;
- Vermittlung realistischer Vorstellungen vor der Entscheidungsfindung und Stärkung der Mitarbeiter zwecks Bewältigung künftiger Überraschungen.

Überlegen wir einmal, was geschieht, wenn Manager Systeme gestalten und anwenden, welche die Mitarbeiter darin unterstützen, sich kontinuierlich einzusetzen und Entscheidungen zu treffen. Bei *NUMMI* sind die Teammitglieder für die Auswahl neuer Kollegen verantwortlich, was schon deshalb Sinn macht, weil das Team für seine Arbeit verantwortlich ist. Unter psychologischem Aspekt ist ein solches Vorgehen noch weitaus überzeugender. Als neue Mitglieder verstehen wir, daß wir beurteilt werden und uns anpassen müssen, damit man sich für uns entscheidet. Damit erhöht sich auch die Bedeutung der Kollegen als einer Gruppe von Leuten, die für uns wichtig sind. Die dienstälteren Mitglieder fühlen sich spontan verpflichtet, die richtige Wahl zu treffen und dann die Konsequenzen zu tragen.

Im alten *GM*-Werk in Fremont waren 80 Arbeitsingenieure beschäftigt. Bei *NUMMI* gibt es nicht einen einzigen. Wenn das Team entscheidet, seine Arbeit selbst zu organisieren, ist es für die Arbeitsorganisation auch selbst verantwortlich und braucht keinen Arbeitsingenieuren irgendwelche Schuld zuzuweisen. Zum Beispiel faßten die Teammitglieder den Entschluß, die für die Reparatur des Aufzugs erforderliche Summe von 120000 Dollar nicht zu investieren. Ein Schild weist deutlich darauf hin, daß es die Teammitglieder waren, die diese Entscheidung getroffen haben. *NUMMI* macht wie viele andere Unternehmen mit starker Unternehmenskultur auch bei der Personaleinstellung umfassend Gebrauch von Entscheidungsfreiheit und zunehmender Verpflichtung. Die Kandidaten werden auf eigene Kosten für drei Tage in ein Beurteilungszentrum bestellt, wo sie in bezug auf ihre Anpassungsfähigkeit überprüft werden. Der gesamte Prozeß ist darauf angelegt, daß der Bewerber ständig Entscheidungen zu treffen hat, wobei ihm die erwarteten Einstellungen und Verhaltensweisen in aller Klarheit vermittelt werden.[2]

Andere Unternehmen mit starken Kulturen machen sich Entscheidungsfreiheit und zunehmende Verpflichtung der Mitarbeiter auch für den Auswahl- und den Orientierungsprozeß zunutze. So berichtete ein Manager von *Marriott*, das Unternehmen wiese 90 Prozent der Bewerber ab. Bei Anwendung der alten Einstellungspraktiken verlor *Marriott* in den ersten drei Monaten noch über 40 Prozent des neu eingestellten Hotelpersonals. Jetzt aber werden sowohl im Auswahlprozeß als auch im Orientierungsprozeß der emotionale Gehalt der Arbeit und die zur Durchführung dieser Arbeit erforderlichen Normen und Werte in den Vordergrund gestellt (Henkoff 1994). Und der Leiter für Aus- und Weiterbildung bei *Disney* sagte: „Das wahre Geheimnis liegt in der Modellierung des Verhaltens [der Mitarbeiter] und einer nachhaltigen Festigung der *Disney*-Kultur durch Kommunikation." So verliert Disney nur rund 15 Prozent seiner Mitarbeiter vor Ort – im Vergleich zu den in der Gastronomie üblichen 60 Prozent. In der Dienstleistungsbranche ist die Einstellung von Leuten, die sich für die Werte der Organisation engagieren, besonders wichtig, denn mit den Mitarbeitern vor Ort steht und fällt die Zufriedenheit der Kunden.

Diese stressigen, langwierigen Prüf- und Auswahlverfahren dienen einem ganz bestimmten Zweck. Der beträchtliche Zeitaufwand für den Kandidaten, die klaren Signale hinsichtlich der erwarteten Einstellungen und Verhaltensweisen, der mit den Interviews verbundene emotionale Streß, öffentliche Interessen- und Begeisterungsbekundungen, die Entscheidung, „bei der Stange zu bleiben“, sowie eine zunehmende psychologische Investition tragen insgesamt dazu bei, daß die endgültige Entscheidung vom Bewerber positiv gewertet wird. Wer würde wohl *kein* Erfolgsgefühl verspüren, nachdem er einen derart anstrengenden Prozeß überstanden hat? Wenn dann der neue Mitarbeiter den Job akzeptiert, beginnt er mit einer realistischen Einschätzung dessen, was von ihm verlangt wird, trifft auf gleichgesinnte Kollegen und ist in der Lage, sich psychologisch zu engagieren. So meinte ein Mitarbeiter von *Cooper Tires*: „Unser Unternehmen ist stolz darauf, daß es den Leuten den Einstieg verdammt schwer macht. Ich glaube, nach meinem ersten Gespräch mit den Leuten von der Personalabteilung vergingen noch sechs Monate, bis ich ein Angebot erhielt. Die gute Nachricht aber ist: Wenn Leute zu Cooper kommen, gehen sie auch meist nie wieder weg“ (Levering/Moskowitz 1993).

Nun mögen viele Organisationen ihre Einstellungsprozesse so gestalten, daß die Entscheidungsfreiheit künftiger Mitarbeiter gefördert wird; die meisten Manager hingegen können sich den Luxus, mit neuen Mitarbeitern einen neuen Anfang zu machen, kaum leisten. So wird in Unternehmen wie *Levi Strauss*, *McDonnell-Douglas* und *PTT*, dem niederländischen Telekom-Unternehmen, ein besonderer Mechanismus zur Erzielung von Engagement seitens der Mitarbeiter angewendet: Die Leute müssen sich für ihre Arbeitsplätze neu bewerben. Dieses Vorgehen mag Ängste auslösen, aber unter bestimmten Umständen kann damit ein Krisengefühl erzeugt werden, das die Leute zum Nachdenken über ihren Einsatz veranlaßt. Es kann die Leute aus ihrer *Status-quo*-Mentalität aufrütteln und den Managern Gelegenheit geben, Einfluß auf die Arbeitseinstellung der Mitarbeiter zu nehmen. Dies ist eine der Kräfte, wie sie vielen *Reengineering*- und *Downsizing*-Initiativen zugrunde liegen. Psychologisch gesehen fordert der Prozeß die Kandidaten auf, freiwillig, öffentlich und unwiderruflich zu entscheiden, wie sie ihre Arbeit zu leisten gedenken.

Das *Work-out*-Programm bei *GE* oder die derzeitigen umfassenden Veränderungsmaßnahmen bei *Operation Centurion* von *Philips* sind genau die Initiativen, die Mitarbeiter auch auf Dauer zu binden vermögen. „Die einzige Möglichkeit zur Erzielung einer höheren Produktivität sehe ich darin, die Leute einzubeziehen und für ihre Arbeit zu begeistern. ... Wenn Mitarbeiter merken, daß ihre Ideen gefragt sind, steigt ihre Selbstachtung. ... Sie fühlen sich wichtiger. Sie sind wichtiger!“ sagt Welch. „Wenn man nicht immerzu daran denkt, jeden einzelnen Mitarbeiter wertvoller zu machen, hat man keine Chance. Und die Alternative? Vergeudeter Verstand? Gleichgültige Mitarbeiter? Eine verärgerte oder gelangweilte Belegschaft?“ (Tichy/Sherman 1993b). Engagement ist unmittelbar verbunden mit Akzeptanz, Motivation und Produktivität. Es geht nicht darum, einer spezifischen Technik wie *Reengineering* oder *TQM* das Wort zu reden; man muß vielmehr über die Gestaltung von Systemen und Prozessen nachdenken, die kontinuierlich eine zunehmende Einbeziehung fördern und dabei den Werten und Erwartungen der Mitarbeiter Rechnung tragen.

Häufig bietet sich ein schrittweises Vorgehen an, um Mitarbeiter verstärkt in die Pflicht zu nehmen. Eine sorgfältige Untersuchung der Auswahlprozesse in Unternehmen mit starken Kulturen – etwa bei *Disney*, *Southwest Airlines*, *HP* und anderen – läßt einen deutlichen Zusammenhang zwischen zunehmender Partizipation und zunehmendem Engagement erkennen. Und wie im Regenwurm-Experiment deutlich wurde, können Organisationen ihre potentiellen Mitarbeiter gegen künftige Zweifel immun machen, indem sie ihnen vor ihrer Einstellung ein realistisches Bild vom Unternehmen vermitteln. Diese Organisationen geben in aller Ehrlichkeit zu erkennen, welche Erwartungen sie an ihre Mitarbeiter stellen; sie fordern die Kandidaten auf, noch vor ihrer endgültigen Einstellung die gültigen Normen anzuerkennen (beispielsweise im Rahmen einer Probezeit), und verhelfen ungeeigneten Bewerbern zu einem frühzeitigen Ausstieg aus dem Auswahlprozeß.

Engagement durch öffentliche Sichtbarmachung

Es gibt auch Unternehmen, die das Engagement ihrer Mitarbeiter durch folgende Maßnahmen fördern:

- Bekanntgabe der Aktivitäten und Leistungen eines Mitarbeiters unter seinen Kollegen, anderen Mitarbeitern, Klienten und Familienangehörigen;

- Durchführung geeigneter Festivitäten und Einsatz von Symbolen, um Zusammengehörigkeitsgefühl und Identifizierung mit der Gruppe zu verstärken;
- Förderung öffentlicher Loyalitätsbekundungen gegenüber Kunden und Klienten, bei Sitzungen sowie im Familien- und Freundeskreis;
- Nutzung von Gruppenurteil und Anerkennung seitens der Kollegen als Bestandteil des *Feedback*-Prozesses.

Der psychologische Hintergrund für solche Maßnahmen ist – bewußt oder unbewußt – dazu angetan, ein Engagement zu nutzen, das aus öffentlich vertretenen Entscheidungen, insbesondere in Gegenwart von wichtigen Bezugspersonen wie Freunden oder Familienangehörigen, erwächst.

So bezieht *Haworth*, ein Büromöbelhersteller, die Familien in sein Orientierungsprogramm für neue Mitarbeiter ein. Auch der Präsident des *Honda*-Werks in Marysville vermittelt die Philosophie seines Unternehmens nicht nur neuen Mitarbeitern, sondern zugleich deren Familien. *Cypress Semiconductor* ist schon lange dazu übergegangen, Einstellungsangebote im Rahmen von Hausbesuchen zu unterbreiten und die Partner hochrangiger, wichtiger Kandidaten für sich zu gewinnen. Andere Firmen sind routinemäßig bemüht, die sozialen Bindungen bei neuen Mitarbeitern zu festigen, indem sie öffentliche Aktivitäten fördern. Dabei kann es sich um scheinbar triviale Maßnahmen wie die Herausgabe eines Jahresberichts mit Bild, Einstellungsdatum und Namen des Ehepartners ebenso handeln wie um gezielte Bemühungen, die Beziehungen der Mitarbeiter untereinander zu vertiefen und zu festigen.

Tandem Computer besetzt seine Positionen zum größten Teil durch Hausberufungen und fordert die „*Tandemites*“, wie sich die Mitarbeiter bezeichnen, auf, Freunde und Familienangehörige für freie Posten zu empfehlen. Neuen Mitarbeitern wird ein „Sponsor“ zur Seite gestellt, der sie einführt und als Mentor betreut. Auf die Frage hin, warum *Tandem* einen so großen Wert auf Swimmingpools, Partys und dergleichen legt, antwortete der ehemalige Geschäftsführer Jimmy Treybig spontan, er wolle erreichen, daß sich die Leute gut verstehen und gemeinsame Aktivitäten pflegen. Auch forderte er die Familienangehörigen auf, die Einrichtungen des Unternehmens an den Wochenenden zu nutzen. Durch gemeinsame Unternehmungen entstanden Freundschaften, und die Mitarbeiter wuchsen zu einer Familie zusammen, in der die Meinung des einzelnen zählt.

In vielen Unternehmen wie Beratungsfirmen und Investitionsbanken sind die Mitarbeiter durch ihre Arbeit derart in Anspruch genommen, daß die Kontakte zu anderen sozialen Gruppen stark zurückgehen und somit die Mitarbeiter zu wichtigen Bezugspersonen werden. Bei Unternehmen wie *Goldman, Morgan Stanley, Merck* und *3M* kommen formale Beurteilungsprozesse zur Anwendung (z. B. 360°-Beurteilungen), bei denen ein Individuum von seinen Vorgesetzten, Kollegen und Unterstellten eingeschätzt wird. Dies führt den Mitarbeitern drastisch vor Augen, daß ihr Tun und Lassen für alle sichtbar ist und bewertet wird. Solche Beurteilungsprozesse haben nicht nur erhebliche konkrete Vorzüge, sondern es sind auch wertvolle psychologische Konsequenzen damit verbunden. Wer vor Mitarbeitern, die zum Familien- und Freundeskreis gehören, öffentliche Versprechungen macht, fühlt sich dadurch stärker verpflichtet, als wenn er fremden Menschen etwas verspricht.

In diesem Zusammenhang sei an das seltsam anmutende Zeremoniell bei *Mary Kay* erinnert, wo neue Verkaufsdirektoren vor einer aus eigenen Kollegen bestehenden Zuhörerschaft einen heiligen Eid ablegen. Dies ist nicht nur eine nette Art, Leute kennenzulernen. Auf psychologischer Ebene spielt sich noch mehr ab: Bei dieser und ähnlichen Zeremonien in anderen Unternehmen gehen Leute *öffentlich* die Verpflichtung ein, gewisse Verhaltensstandards einzuhalten und bestimmte Ziele zu verfolgen. Sobald eine der Vertreterinnen in ihren rosa Cadillac oder Buick steigt, ist sie sich ihres Auftrags bewußt und sendet für andere Signale aus.[3] Wenn Mitarbeitergruppen bei *Tandem* darüber entscheiden, auf welche Weise die Unternehmensphilosophie in ihrem Werk wirksam werden soll, erfolgt eine öffentlich bekundete Verpflichtung, bestimmte Werte, Einstellungen und Verhaltensweisen einzuhalten.

Manager und Wissenschaftler suchen zu ergründen, warum *TQM*-Initiativen funktionieren – oder auch nicht funktionieren; dabei zeichnen sich zwei Ergebnisse ab, die sich psychologisch erklären lassen. Qualitätsteams haben mit um so größerer Wahrscheinlichkeit Erfolg, wenn (1) die Teammitglieder das Gefühl haben, für die Teilnahme ausgewählt (und nicht zu „freiwilliger Mitarbeit“ aufgefordert) worden zu sein, und (2) diese Teams und ihre Bemühungen für wichtige Bezugspersonen sichtbar sind. Teammitglieder werden häufig gebeten, sich öffentlich zur Einhaltung bestimmter Standards zu verpflichten – sei es durch ihre Unterschrift unter Bekenntnisse, die an für alle sichtbarer Stelle aufgehängt werden, sei es durch mündliche Bezeugungen im Rahmen öffentlicher Sitzungen.

Eine weitere Maßnahme ist das Abzeichnen von Produkten. So zeichnen etwa die Arbeiter bei *Cooper Tires* und *Lincoln Electric* jedes einzelne Produkt ab, das sie fertigen. Eine andere „Verpflichtungsübung“ besteht darin, die Leute mit Kunden in Kontakt zu bringen. Ganz abgesehen von den wertvollen Informationen, die solche Kontakte bieten können, bedeutet die persönliche Gegenüberstellung mit Kunden, daß der betreffende Mitarbeiter in aller Öffentlichkeit die Verantwortung für *sein* Produkt oder *seine* Dienstleistung übernehmen muß. Das Gespräch mit einem anderen, ganz besonders dann, wenn daraus spätere Kontakte entstehen, erhöht die Bereitschaft des einzelnen Mitarbeiters, Verantwortung zu übernehmen und Versprechungen einzuhalten. Wer seinen Kunden als Kollegen oder Freund ansieht, ist stärker motiviert und engagiert.

Es gibt noch weitere Möglichkeiten, wie Manager das Engagement ihrer Mitarbeiter durch Sichtbarmachung fördern können. So stellt *NUMMI* seinen Teams Gelder für Gemeinschaftsaktivitäten bereit, um die sozialen Bindungen zu festigen (und den Einfluß des sozialen Kontrollsystems zu erhöhen). Voraussetzung ist, daß das gesamte Team mitmacht – etwa bei Angeltouren, Picknicks oder Ballspielen. *Southwest Airlines* verfolgt eine ähnliche Politik: Das Unternehmen hält an jedem Flughafen kleine „Sozialfonds“ für Mitarbeiter bereit. Auf diese Weise verstärken Systeme oder Verfahren, die den einzelnen Mitarbeiter für seine Kollegen „sichtbarer“ machen, die Effektivität des sozialen Kontrollsystems.

Engagement durch Unwiderruflichkeit

Ein drittes Element zur Einbeziehung und stärkeren Bindung der Mitarbeiter ist Unwiderruflichkeit: Die Mitarbeiter entwickeln das Gefühl, daß ihre Entscheidung an einem bestimmten Punkt des Entscheidungsprozesses Endgültigkeit besitzt. Psychologisch ist dies insoweit sinnvoll, als kognitive Unstimmigkeiten, die sich nach der Entscheidungsfindung ergeben könnten, weitgehend vermieden werden. Als Manager sollten Sie folgendermaßen vorgehen:

- Sie verleihen dem Prozeß zunehmender Verpflichtung eine gewisse Ernsthaftigkeit.
- Sie benennen solche Entscheidungen, deren Konsequenzen für die Gruppe wichtig sind.
- Sie beziehen die Mitarbeiter in die Entscheidungsfindung ein.
- Sie sprechen weniger von „Jobs" als vielmehr von „Karrierechancen" und „Investitionen".
- Sie sorgen dafür, daß sich die Leute der Langfristigkeit ihrer Bindung bewußt werden.

Wenn der Prozeß der zunehmenden Verpflichtung von allen Seiten ernst genommen und den Mitarbeitern die Tragweite ihrer Entscheidung verdeutlicht wird, gewinnt die Entscheidung an Bedeutung. Indem beispielsweise ein Unternehmen seine Spitzenführungskräfte in den Einstellungsprozeß einbezieht, kann es den potentiellen Mitarbeitern zu verstehen geben, daß ihrer Entscheidung, künftig für das Unternehmen zu arbeiten, Bedeutung beigemessen wird. Bei *Cypress Semiconductor* sind nur die 18 Spitzenführungskräfte zu Stellenangeboten ermächtigt, und die Manager sind persönlich für die Auswahl ihrer neuen Mitarbeiter verantwortlich. Diese Personalpolitik mag lästig sein, wenn man die vielen anderen Verpflichtungen eines Managers bedenkt, aber auf diese Weise wird signalisiert, daß die Einstellung neuer Mitarbeiter zu wichtig ist, als daß sie allein der Personalabteilung überlassen bleiben sollte.

Andere Möglichkeiten zur Verstärkung des Eindrucks der Unwiderruflichkeit bestehen darin, Mitarbeiter in Personalentscheidungen einzubeziehen sowie „Karrierechancen" und langfristige Investitionen zu betonen. Bei *Home Depot* ist folgender Spruch im Umlauf: „Wo geht man hin, wenn man einen Job haben will? *Sears*! Wo geht man hin, wenn man Karriere machen will? *Home Depot*!" (Sellars 1993). Zwar ist ein solcher Slogan kaum dazu angetan, Einstellungen oder Verhaltensweisen bei den Mitarbeitern entscheidend zu prägen, doch macht das Management von *Home Depot* auf diese Weise unmißverständlich deutlich, daß seine Mitarbeiter langfristig denken sollen: Sie haben keinen Job, sondern eine Karriere vor sich. Diese Botschaft wird auch anderweitig signalisiert. So nehmen alle Mitarbeiter an wöchentlich stattfindenden Kursen teil, in denen Produktwissen vermittelt wird. Teilzeitkräfte werden nicht beschäftigt, weil sie nicht genügend Kenntnisse und Erfahrungen haben; die Firma gibt ihren Mitarbeitern zu verstehen, daß sie wertvoll sind und daß man bereit ist, in sie zu investieren.

Besonders deutlich wurde uns der Zwang der Unwiderruflichkeit am Beispiel eines Managers im *Bell*-System, der für die Einrichtung eines dynamischen Filialbetriebs verantwortlich war: Er sollte über tausend „*Bell*-geprägte Mitarbeiter" zu aggressiven, marktorientierten Jungunternehmern erziehen, die in einem ungeregelten Umfeld mit Erfolg zu konkurrieren vermochten. Im Rahmen dieses Prozesses bezog er die Leute auf vielfältige Weise in Planung und Organisation des neu zu gestaltenden Filialbetriebs ein. Schließlich rief er seinen neuen Mitarbeiterstab nach monatelanger harter Arbeit zu einer letzten Besprechung vor dem offiziellen Start zu sich: Nachdem er den Leuten lebhaft vor Augen geführt hatte, welche Möglichkeiten und Risiken auf sie zukommen würden, forderte er sie unmittelbar vor der Mittagspause auf, ihren Entschluß, sich an das Unternehmen zu binden, noch einmal zu überdenken. Denn diejenigen, die nun der Meinung wären, die Risiken seien doch zu groß, sollten nach dem Mittagessen nicht wiederkommen. Er versicherte ihnen, er würde ihnen Arbeitsplätze in einem stärker geregelten Bereich des Unternehmens verschaffen. Jeder aber, der nach der Mittagspause wieder erschiene, müsse sich öffentlich zu der neuen Aufgabe bekennen. Auf diese Weise verlor er tatsächlich ein paar Leute, aber diejenigen, die zurückkamen, hatten sich unwiderruflich entschlossen weiterzumachen. Und als dann bei einigen neuen Projekten Probleme auftauchten, waren unter den Mitarbeitern weitaus weniger Klagen zu hören. Das Management wies schlicht darauf hin, die Betroffenen hätten sich „freiwillig" entschieden.

All diesen Beispielen liegt dieselbe Psychologie zugrunde. Die Manager führen Prozesse ein, bei denen bestimmte Entscheidungen als wichtig deklariert werden, beziehen die Leute in die Entscheidungsfindung über das weitere Vorgehen ein und fordern die Betroffenen dann auf, sich in Anwesenheit wichtiger Bezugspersonen öffentlich sichtbar zu ihrer Entscheidung zu bekennen. Insgesamt zielt diese systematische Beteiligung der Mitarbeiter darauf ab, ein Gefühl der Zuständigkeit und Verantwortung sowie eine positive Einstellung zu den Konsequenzen der einmal getroffenen Entscheidung zu fördern. (Nebenbei bemerkt: Interessanterweise benutzen die Japaner nicht die wörtliche Entsprechung für Partizipation – *sanka*. Statt dessen wählen sie die Begriffe *nattokusei* (Zustimmung) oder *kobetsushido* (persönliche Betreuung), um die Einbeziehung der Mitarbeiter zu umschreiben.)

Gestaltung der Unternehmenskultur durch symbolische Aktionen

		Auswirkung	
		Inhalt	Einstellung
Autoritätsbasis	Formal	Große Wirkung	Unsicherheit
	Symbolisch	Kleine Wirkung	Große Wirkung

Abb. 6.1: Substantielle und symbolische Führung

Wie in Kapitel 5 dargestellt wurde, leiten wir zur Beurteilung von Situationen stets Informationen aus unserem eigenen Verhalten wie auch aus dem Verhalten anderer ab. Und da wir sehr empfänglich sind gegenüber stetigen Signalen, besonders dann, wenn für uns wichtige Bezugspersonen sie aussenden, können Informationen seitens unseres Chefs und der Unternehmensleitung einen sehr großen Einfluß darauf haben, was wir für wichtig halten und wie wir uns verhalten. Deshalb sind Manager gewissermaßen Signalgeber, die mit ihren Worten und Aktionen Botschaften in bezug auf das aussenden, was wirklich wichtig ist. Diese Funktion bietet den Führungskräften Gelegenheit, den untergebenen Mitarbeitern zur Ausrichtung auf bestimmte Aspekte der Arbeitsumgebung, zu einer bestimmten Sichtweise von Entwicklungen und Ereignissen sowie zur Gestaltung der Interpretation dieser Ereignisse zu verhelfen.

Das Diagramm in Abbildung 6.1 verdeutlicht, wie sich dieser Ansatz von konventionellen Führungsstilen unterscheidet. 1981 machte Jeffrey Pfeffer auf die wichtige Unterscheidung zwischen substantiellem Führungsstil und Management als symbolischer Aktion aufmerksam (Pfeffer 1981). Während traditionelle Managementkonzepte auf der formalen Autorität der Manager beruhen, sind symbolische Handlungen dazu angetan, Einfluß auf das Verständnis der Mitarbeiter in bezug auf das eigene Verhalten und dessen Einschätzung zu nehmen. Wenn beispielsweise ein Manager in leitender Funktion eine Neuverteilung der finanziellen Ressourcen, eine Veränderung in der Arbeitszuweisung oder ein *Reengineering* der Arbeitsabläufe beschließt, wird dies aller Wahrscheinlichkeit nach auch durchgeführt. Die Entscheidung mag inhaltlich richtig oder falsch sein – wichtig ist, wie die Mitarbeiter dazu eingestellt sind. Mit der Zeit wird sich zeigen, ob die Entscheidung erfolgreich war oder nicht, aber die Einstellung der Mitarbeiter zur Entscheidung kann sich erheblich auf deren Akzeptanz auswirken. Überdies hängt es von eben dieser Einstellung ab, wie die Entscheidung in die Praxis umgesetzt wird.

Wie Pfeffer zu sagen pflegt, ist in Echtzeit kaum abzuschätzen, ob eine Entscheidung angemessen ist oder nicht. Fest steht nur, daß wir weitaus mehr Zeit mit der Bewältigung der Konsequenzen unserer Entscheidungen als mit der Entscheidungsfindung als solcher verbringen. Pfeffer argumentiert, die *Art und Weise, wie* wir mit der Entscheidung umgehen, könne sehr viel wichtiger sein als die Entscheidung selbst. In Organisationen kommt es vor allem darauf an, daß Manager, die einen Wandel herbeiführen wollen, ihren Mitarbeitern zu einer gemeinsamen Interpretation der Bedeutung anstehender Maßnahmen verhelfen. Ohne einen solchen Bedeutungskonsens erweist sich jede Umsetzung als schwierig. In diesem Sinne besteht die Führungsrolle der Manager vorrangig darin, den Leuten die Tragweite von Entscheidungen und Ereignissen so zu vermitteln, daß die Erfolgschancen möglichst hoch sind. Die Manager müssen sowohl auf die substantiellen als auch auf die symbolischen Aspekte ihrer Führungsaufgabe achten, um ein von allen getragenes Verständnis zu erzielen.

Als Manager müssen Sie nicht unbedingt eine charismatische Ausstrahlung besitzen, obgleich Redegewandtheit und Durchsetzungsvermögen zweifellos von Nutzen ist. Doch hat sich gezeigt, daß Konsistenz und Glaubwürdigkeit, mit der eine Botschaft übermittelt wird, über die Zeit gesehen wichtiger ist als die Wahl der Worte. Forschungsergebnissen zufolge widmen die Leute nichtverbalen Anhaltspunkten besonders dann höchste Aufmerksamkeit, wenn die verkündeten Botschaften widersprüchlich sind – wozu es in Organisationen schon durch Fehlinterpretationen leicht kommen kann. Bei *Disney* durchschaut man die Auswirkung nichtverbaler Anhaltspunkte. Eine der ersten Instruktionen in den *Disney*-Richtlinien für die Schulung designierter Parkmitarbeiter lautet: „Ihre Körperhaltung, Gesten, Ihr Gesichtsausdruck, Auftreten und Ihre Grundeinstellung unterstützen die erwünschte positive, warme und freundliche nichtverbale Kommunikation." Das Handbuch unterweist neue Mitarbeiter darin, auf vielfältige Weise nonverbal zu kommunizieren. Eine symbolische Führung setzt voraus, daß ein Manager auf seine Worte und sein Verhalten achtet und ihre Bedeutung für andere einzuschätzen weiß.

Die symbolische Seite der Führungsaufgabe betrifft Aktivitäten wie die folgenden: Vermittlung einer klaren Vision von den Zielen der Einheit, mit denen sich die Mitarbeiter sowohl emotional als auch intellektuell identifizieren können; Gewährleistung absoluter Konsistenz in bezug auf Worte und Handlungen, um widersprüchliche Deutungen mit Hilfe zweckdienlicher Symbole, sprachlicher Formulierungen und zeremonieller Vorgehensweisen zur Verstärkung der Botschaft nach Möglichkeit auszuschließen; und Erarbeitung von Systemen zur Belohnung und Anerkennung des intrinsischen Werts der Arbeit.

Indirekte Einflußnahme

Managementaktionen sind ein probates Mittel zur Gestaltung der Unternehmenskultur. Das Verhalten der Führungskräfte gibt Aufschluß darüber, welche Werte und welche Einstellungen und Verhaltensweisen angemessen sind. Ob sich die Manager der von ihnen ausgehenden Signale bewußt sind oder nicht – ihr Vorgehen wird immer beobachtet und läßt andere erkennen, was für gut befunden wird und was wichtig ist. Um Fehldeutungen und Mißverständnisse auszuschließen, müssen Führungskräfte unbedingt auf Konsistenz in Wort und Tat achten, so daß mit der Zeit eindeutig signalisiert wird, auf welche Normen es ankommt. Zu diesem Zweck sollten sich die Manager Fragen wie die folgenden stellen:

- Wo verbringe ich meine Zeit? Was füllt meinen Terminkalender?
- Welche Fragen werden häufig gestellt? Welche Fragen werden nie gestellt?
- Was wird weiterverfolgt? Was bleibt unbeachtet?
- Was wird in öffentlichen Bekanntgaben angesprochen? Welche Themen werden in Reden und Vorträgen aufgegriffen?
- Was ist wichtig genug, um eigens eine Besprechung anzusetzen? Was nicht?
- Was kommt auf die Tagesordnung? Was steht ganz oben? Was ganz unten?
- Was wird in der Zusammenfassung von Besprechungen hervorgehoben?
- Was wird gefeiert? Welche Symbole werden verwendet? Welche Sprache wird gewählt?
- Wie werden soziale Ereignisse gestaltet? Wer wird eingeladen? Wo finden die Begegnungen statt?
- Welche Signale werden durch die Räumlichkeiten und ihre Ausstattung vermittelt?

Als Paul O'Neill Geschäftsführer bei *Alcoa* wurde, stellte er spontan Qualität, Kosten und Sicherheit in den Vordergrund. Doch die Leute bei *Alcoa* hatten schon viele Geschäftsführer kommen und gehen sehen. O'Neill mußte die *Alcoa*-Mitarbeiter erst einmal überzeugen, daß er auch wirklich meinte, was er sagte. So nahm O'Neill nicht nur verschiedene Änderungen im Vergütungsplan zwecks Angleichung der Voraussetzungen für Manager und Arbeiter (unter Einfrierung der Gehälter im Topmanagement) vor, sondern verzichtete seinerseits auf Dienstwagen und Fahrer und fuhr eigenhändig zur Arbeit. Schon an seinem ersten Arbeitstag hatte er eine Besprechung mit Charles DiMascio, dem Sicherheitsdirektor bei *Alcoa*, dem er unmißverständlich mitteilte, er wünsche einen „Arbeitsplatz ohne Verletzungsgefahr". Dabei hielt das Unternehmen bereits einen der höchsten Sicherheitsrekorde in der gesamten Branche (Stewart 1990; Kolesar 1993).

Zwecks Hervorhebung von Qualität sorgte er dafür, daß die Spitzenführungskräfte hinter ihren Schreibtischen hervorkamen und ein 28tägiges Qualitätstraining absolvierten, zu dem auch Besuche bei anderen Unternehmen gehörten. Dann wendete er sich den Mitarbeitern zu – er legte 280000 Kilometer zurück und verbrachte in seinem ersten Amtsjahr 137 Tage außerhalb der Unternehmenszentrale. Während seiner Besuche stellte er Managern unablässig Fragen wie: „Wie viele Stunden rund um die Uhr haben Sie den Prozeß unter Kontrolle und sind Herr der Lage?" Darüber hinaus forderte O'Neill zu Vergleichen in bezug auf Sicherheit, Qualität und Kosten auf, wobei er in dasselbe Horn stieß wie Jack Welch: „Wenn Sie den Mitarbeitern nicht klarmachen können, daß sie wichtiger sind als die Menge der Produkte, die das Unternehmen verlassen, haben Sie keine Chance." O'Neill achtet gewissenhaft darauf, daß sein Auftreten auf seine Aktionen abgestimmt ist, damit alle *Alcoa*-Mitarbeiter die Konsistenz und Ernsthaftigkeit seiner Bemühungen um Neuschaffung des Unternehmens erkennen können.

Sprache und symbolische Aktionen

Wie O'Neill gestalten Manager mit ihrem Tun und Lassen den informativen Kontext, in dem die Leute arbeiten. Bewußt oder unbewußt nutzen sie damit die weiter oben beschriebenen psychologischen Effekte. Sie bedienen sich eines symbolhaften Führungsstils. Betrachten wir zum Beispiel den Symbolgehalt sprachlicher Formulierungen. Bei *Mary Kay* gibt es keine Vertreterinnen, sondern nur „Schönheitsberaterinnen". Direkte Vertriebsorganisationen wie die von *Mary Kay* sprechen nicht die Sprache der Hierarchie und des Status, sondern kennen nur Verwandschaftsbezeichnungen wie „Familiengruppen" oder „Familientreffen" und „Schwestergruppen". Selbst bei *Xerox* werden die kleinsten Arbeitseinheiten als „Familiengruppen" bezeichnet. *Disney* hat sich gar ein eigenes Vokabular zur Beschreibung von Mitarbeitern und Einstellungen zugelegt – darunter *„cast"* (für bestimmte Aufgaben „designierte" Mitarbeiter), *„guests"* („Gäste" für zahlende Kunden), *„on stage"* („auf der Bühne" für Bereiche, in denen die Mitarbeiter mit Kunden zu tun haben) und *„pixie dust"* („Feenstaub" für Enthusiasmus). Die Partner von *McKinsey* sprechen von „der Firma" und von „Engagements", niemals von „Company" oder von „Jobs".

Solche Formulierungen mögen zunächst albern oder trivial anmuten, aber zusammen mit zahlreichen anderen Richtlinien und Aktionen untermauern sie konsistent die Botschaft, daß es auf die Mitarbeiter ankommt. Robert Chapman, Herausgeber des *New Dictionary of American Slang*, hat einmal unter Bezugnahme auf die Sprache gesagt: „Sie dient dem doppelten Zweck, den Sprecher einerseits an die Gruppe zu binden und andererseits von der Allgemeinheit zu trennen" (Chatman/Barsade 1995). Zweckdienlich verwendet, kann Sprache das Gefühl der Zugehörigkeit und Gleichheit verstärken. Bei achtlosem Gebrauch vermag sie Gruppen zu trennen und Individuen auf subtile Weise zu isolieren.

Auch andere Managementaktionen sind dazu angetan, solche Botschaften zu vermitteln. Bei *Intel*, *NUMMI*, *TDIndustries*, *Mars* und *HP* sind *alle* Büros kleine Nischen. Und als Jerry Benefield, Präsident von *Nissan* in Smyrna, Tennessee, gefragt wurde, warum er sich genauso kleide wie seine Mitarbeiter, sagte er: „Wenn ich mit einem 400-Dollar-Anzug und Krawatte raus in die Anlage gehe, reden die Leute nicht so offen mit mir" (Kraar 1989). Er hat erkannt, wie symbolträchtig Kleidung ist und wie das Äußere eine Kommunikation erschweren kann.

Damit ist keineswegs gesagt, daß alle Mitarbeiter, vom Geschäftsführer bis zum Arbeiter, als Gleichgestellte behandelt werden sollten oder daß sich die Mitarbeiter der Existenz einer Hierarchie nicht bewußt wären. Jeder bei *Intel* weiß, daß Andy Grove der Boß ist, ungeachtet der Tatsache, daß auch sein Büro nur eine Nische ist. Wichtiger sind der Symbolgehalt der Botschaft und die Konsistenz beziehungsweise Inkonsistenz, mit der sie ausgesendet wird. Bei *FedEx* und *Southwest Airlines* nahmen Smith und Herbert Kelleher einschließlich ihrer Führungsriegen freiwillige Gehaltskürzungen hin, als es der Luftfahrtindustrie schlechtging. Smith sagte: „Die Spitzenfunktionäre sollten als erste bluten" (Levering/

Moskowitz 1993, S. 125). Die Botschaft ist eindeutig: Wenn es den Gürtel enger zu schnallen gilt, muß jeder leiden, nicht nur die Belegschaft. Und die Spitze muß den Anfang machen. Denken wir nur daran, wie hoch die Wellen der Empörung schlugen, als die leitenden Führungskräfte bei *GM* ansehnliche Prämien erhielten, während Tausende von Mitarbeitern entlassen wurden. Die Antwort der Manager lautete, sie hätten ihre Prämien verdient. Dies mag so sein, aber der symbolische Gehalt des Signals wurde völlig verkannt.

Aus all dem sind wichtige Lehren zu ziehen. Erstens muß das Ziel der Botschaft für den Manager darin bestehen, durch seine unmittelbar sichtbaren Aktionen zu signalisieren, was wichtig ist. In Anbetracht der zwecks sozialer Kontrolle erforderlichen Normen und Werte vermitteln Aktionen den optischen Eindruck, daß den entscheidenden Bezugspersonen (in diesem Fall dem Management) wirklich an den Werten gelegen ist. Wenn etwas Wichtiges vermittelt werden soll, müssen eine Reihe von Botschaften anschaulich und konsistent ausgesendet werden. Und nur, wenn Geschäftsführer wie Smith bei *FedEx* und Barnevik bei *ABB* alles daran setzen, ihre Ernsthaftigkeit unter Beweis zu stellen, horchen die Leute auf. Nur dann gehen Botschaften unter die Haut.

Eine zweite wichtige Erfahrung ist die entscheidende Bedeutung von Konsistenz und Wiederholung beim Aussenden von Signalen. Die Unternehmensleitung von *Southwest Airlines* ist überzeugt, daß jedes Mitglied des Unternehmens im Dienst am Kunden gleichermaßen wichtig ist. Die Reise kann einem Fluggast durch den Angestellten am Reservierungsschalter ebenso verleidet werden wie durch den Piloten. Diese Botschaft kommt in zahlreichen schriftlichen Dokumenten zum Ausdruck. Doch das schriftliche Wort, so eindeutig die Formulierung auch sein mag, ist schnell vergessen. Aus diesem Grund nimmt die Unternehmensleitung demonstrativ Aktionen vor, die ihrer Überzeugung Ausdruck verleihen. Zum Beispiel arbeiten die Topmanager einmal im Vierteljahr den ganzen Tag lang an einem Arbeitsplatz „vor Ort“. Der Symbolgehalt ist offenkundig.

Die Psychologie, die wir heranziehen, um trotz konfligierender Signale zu einem Verständnis zu gelangen, ist hinreichend bekannt: Wir halten Ausschau nach Konsistenz und leiten daraus unser Urteil ab. In Anbetracht inkonsistenten Verhaltens neigen wir von Natur aus dazu, irgendwelche Resultate den glücklichen Umständen oder anderen externen Ursachen zuzuschreiben. Konsistente Aktionen seitens der Führungspersönlichkeiten sind eine unverzichtbare Voraussetzung, wenn ihre Worte ernst genommen werden sollen. In den Beispielen, die wir hier angeführt haben, vertiefen anschauliche, konsistente Aktionen die Botschaft. Konsistenz trägt dazu bei, Unsicherheiten abzubauen. Sobald wir eine Inkonsistenz bemerken, beginnen wir uns zu fragen, ob der Betreffende es wohl ernst meint. Ein Mischmasch an Botschaften leistet der Entschuldigung Vorschub, nichts zu tun und erst einmal abzuwarten, was „die da oben" nun wirklich meinen.

Gestaltung der Unternehmenskultur durch Belohnungen und Anerkennung

Der dritte Ansatz zur Gestaltung von Normen ist der Einsatz umfassender Systeme zur Belohnung und Anerkennung der Mitarbeiter. Gelegentlich machen wir alle mal etwas richtig, selbst wenn wir dafür keinen Lohn, sondern vielleicht sogar eine Strafe erhalten. Dennoch wissen wir, daß sich Belohnungen langfristig auf das Verhalten auswirken. Bei der Gestaltung von Belohnungssystemen müssen wir erkennen, wie vielfältig die Möglichkeiten einer Organisation zur Auszeichnung besonderer Leistungen sind, und wir müssen erkennen, in welcher Weise sie das Verhalten im einzelnen formen. Manager überschätzen häufig die Bedeutung finanzieller Belohnungen und verkennen die unmittelbareren Verstärkungen, die kurzfristig auf das Verhalten einwirken. John Reed, Geschäftsführer von *Citibank*, stellte keinerlei wahrnehmbare Veränderungen im Verhalten seiner 100 Spitzenführungskräfte fest, obgleich er ein 100-Millionen-Dollar-Experiment mit Aktienoptionen gestartet hatte. Sein Kommentar: „Geld ist kein guter Motivator." Vergütungen in ihren vielfältigen Erscheinungsformen sind nicht sehr effektiv, wenn es um die Ausprägung spezifischer Einstellungen und Verhaltensweisen geht. Kaum einer unter uns möchte ohne Lohn und Gehalt arbeiten oder wäre trotz des Gefühls, unterbezahlt zu sein, hochmotiviert. Dennoch ist eine ausschließlich finanzielle Vergütung eine sehr grobe Art und Weise, Mitarbeiter zu motivieren; das Verstärkungsschema ist zu langwierig und zu berechenbar.

Manager belohnen häufig nicht einmal das, was sie – will man ihren Worten glauben – eigentlich belohnen wollen. Immer wieder klagen wir darüber, daß Mitarbeiter schlechte Nachrichten nur zögerlich an ihre Vorgesetzten weitergeben oder arbeitssparende Ideen lieber für sich behalten. Dazu ein Beispiel: Ein Hersteller von Babynahrung bediente sich eines konventionellen Vergütungsplans für seinen Außendienst, demzufolge die Verkaufsziele auf Jahresbasis festgelegt wurden. Höhere Ziele wurden sogleich als Ausgangsbasis für die Zielverhandlungen im Folgejahr genommen. Der nationale Verkaufsleiter stellte nun fest, daß die Mitglieder des Verkaufsdienstes in Florida ihre Ziele routinemäßig festlegten. Ihm war klar, daß sie eine Möglichkeit zur Erhöhung ihrer Absätze gefunden hatten. Genau das aber stritten sie ab – sie weigerten sich, ihr Geheimnis preiszugeben. Mit viel Mühe kam der Verkaufsleiter schließlich doch dahinter: Babynahrung fand auch in Kinderkliniken Absatz. Diese Erkenntnis erwies sich für das gesamte Unternehmen als wertvoll. Leider wurde der Außendienst in Florida für seine Innovation bestraft: Die neuen, höheren Verkaufsziele wurden als Basis genommen. Die Verkäufer hatten sich durchaus rational verhalten in ihrem Bemühen, ihre Entdeckung für sich zu behalten. Vielmehr hatte das Management darin versagt, sein Belohnungssystem sorgfältig zu analysieren: Man behauptete, man wolle A (Innovation, neue Ideen, gemeinsames Lernen), belohnte mit B aber genau das Gegenteil (Geheimhaltung, Besitzstandswahrung).

Um effektiv Einfluß auf die Unternehmenskultur zu nehmen, müssen die Manager ihre Belohnungssysteme auf ihre strategischen Ziele und das angestrebte soziale Kontrollsystem ausrichten – unter Berücksichtigung der folgenden fünf Empfehlungen.

Umfassende Überlegungen zum Thema *Belohnung*

Zunächst einmal müssen Sie wissen, was bei den Mitarbeitern überhaupt als Wert angesehen wird. Die typische *Mary-Kay*-Mitarbeiterin ist Hausfrau im Südwesten mit höherer Schulbildung und mehreren Kindern. Mary Kay weiß, daß Familie und Religion für viele dieser Frauen einen hohen Stellenwert besitzen. Und viele haben für all ihre Arbeit nicht viel Anerkennung bekommen. Deshalb entwickelt Mary Kay Systeme, in denen die gemeinsam mit den Kosmetik-Beraterinnen getragenen Werte gefördert und durch kontinuierliche Anerkennung hervorgehoben werden. So meint Gloria Mayfield, *Harvard*-Absolventin mit Betriebswirtschaftsdiplom, die inzwischen für *Mary Kay* arbeitet: „Bei *IBM* habe ich kaum Anerkennung erfahren. Aber wenn man bei *Mary Kay* etwas leistet, kann man von der *Tatsache* ausgehen, daß man eine Anerkennung erhält. Und das ist unabhängig von der Unternehmenspolitik" (Farnham 1993).

Bei *3M* haben die Mitarbeiter eine andere Wertekombination. Techniker kann man durch Hummel-Broschen und Blumen nicht motivieren. Aber auch sie wollen von ihren Kollegen anerkannt werden. Deshalb hält *3M* andere Formen der Belohnung bereit (Auszeichnung mit Preisen wie *Golden Step Award* und *Pathfinder Award* und Aufnahme in die *Carlton Society*). Der ehemalige Geschäftsführer Lou Lehr hat beschrieben, wie „die Flutlichter angehen, die Glocken läuten und die Videokameras den öffentlich anerkannten Teamerfolg ins Licht rücken".[4] Auch Bob Swanson, Gründer von *Genentech*, einem biotechnologischen Unternehmen, wußte, was seine Wissenschaftler motivierte: Er ließ sie ihre Ergebnisse sofort in führenden Fachjournalen veröffentlichen, so, als ob sie an einer großen Universität arbeiteten. In der Schweiz, in Japan wie auch in anderen Ländern mit kollektivistisch geprägten Kulturen kann die Auszeichnung eines einzelnen als Anerkennung für die gesamte Gruppe unter Umständen unangemessen sein. Allerdings bedeutet dies nicht, daß eine solche Anerkennung nicht motivationsfördernd wäre. Vielmehr geht es darum, Belohnungen und Anerkennung so zu gestalten, daß den nationalen Normen Rechnung getragen wird.

Zur Bedeutung intrinsischer Belohnungen

Manager können auch die mit der Arbeit verbundenen intrinsischen Belohnungen in den Vordergrund rücken, anstatt nur instrumentelle Resultate wie Bezahlung oder Produktion hervorzuheben. Zu den intrinsischen Belohnungen zählen die öffentliche Anerkennung einer guten Leistung, persönliche Aufmerksamkeit oder kleine symbolische Belohnungen. Zu intrinsischen Belohnungen haben alle Manager Zugang – im Gegensatz zu extrinsischen Belohnungen, über die möglicherweise nur die höherrangigen Manager verfügen. In direkten Vertriebsorganisationen wandeln Manager die im wesentlichen ökonomische Funktion (den Verkauf) in eine eher sozial geprägte Funktion um, und dazu zählt auch, daß man anderen hilft. Damit lautet die Botschaft: Die Verkäufer verfolgen die Mission, anderen in bedeutsamer Weise zu Diensten zu sein. Weil diese Firmen sehr flache Hierarchien aufweisen und die Manager kaum formale Autorität besitzen, besteht eine entscheidende Führungsfunktion darin, die Aufmerksamkeit der Mitarbeiter auf den intrinsischen Wert ihres Arbeitseinsatzes zu lenken.

Beispielsweise können die Mitarbeiter bei *Levi Strauss* Kollegen im Unternehmen belohnen, die in vorbildlicher Weise den gemeinsam getragenen Aspirationen gerecht werden. Alljährlich erhält jeder Mitarbeiter eine kleine Anzahl von Kupons, die er an andere Leute vergeben kann. Jeder dieser Kupons kann gegen 25 Dollar oder einen Geschenk-Gutschein eingetauscht werden. Dona Goya, die Leiterin der Personalabteilung bei *Levi*, ist selbst überrascht: „Man wundert sich, wie sehr sich die Leute für eine Anerkennung anstrengen" (Waterman 1994). Vergütungen stehen einem zu; Anerkennung ist ein Geschenk. Formale Belohnungen werden erwartet – es fragt sich nur, ob sie als gerecht angesehen werden. Eine Anerkennung, sofern sie nicht routinemäßig erfolgt oder an ihrer Aufrichtigkeit zweifeln läßt, wird nicht erwartet und kann jederzeit erteilt werden.

Enger Zusammenhang zwischen Belohnungen und Resultaten

Die dritte Lektion betrifft Zeitpunkt und Häufigkeit von Belohnungen. Wenn eine Verstärkung zu lange auf sich warten läßt, verringert sich der Lerneffekt – sowohl für denjenigen, der die Belohnung erhält, als auch (was noch wichtiger ist) für diejenigen, die dabei zuschauen. Anerkennung und kleinere, häufigere Belohnungen sind in besonderer Weise dazu angetan, das Verhalten der Mitarbeiter kurzfristig zu prägen.

Effekte sozialer Lernprozesse

Eine starke Kultur wirkt sich vor allem dadurch aus, daß die Mitarbeiter die wichtigen Werte und Normen erkennen, indem sie die Erfolge anderer miterleben oder davon hören. Dieser Lernprozeß ist an konkrete, beobachtbare Einstellungen und Verhaltensweisen – nicht etwa an abstrakte Leitsprüche und Werte – geknüpft. Beispielsweise bedeutet Kundendienst bei *Nordstrom* nicht irgendein vages Konzept, sondern umschließt ganz bestimmte Einstellungen und Verhaltensweisen, die, wie zu beobachten oder zu hören ist, belohnt werden.[5]

Dieselbe Logik gilt für Bestrafungen: Bleibt eine berechtigte negative Sanktion aus, so ist dies aus Sicht der Beobachtenden gleichbedeutend mit einer Verstärkung des unerwünschten Verhaltens.[6] Bei *NUMMI* gelten strikte Normen in bezug auf Fehlzeiten, während im Rahmen des alten *GM*-Systems die tägliche Fehlquote noch über 18 Prozent lag. Bei der Eröffnung von *NUMMI* stammten mehr als 85 Prozent der Belegschaft aus dem alten *GM*-Werk. Um Abhilfe zu schaffen, wurde ein System erarbeitet, dem zufolge jeder Mitarbeiter, der, aus welchem Grund auch immer, innerhalb eines Zeitraums von 90 Tagen mehr als dreimal fehlt, eine „Verwarnung" erhält. Bei vier Verwarnungen im Jahr wird der Mitarbeiter entlassen. Zusammen mit dem Einsatz von Teams und der öffentlichen Sichtbarmachung aller Fehlzeiten unterstützt dieses System die Normen in bezug auf Anwesenheit am Arbeitsplatz. Effektive Manager wissen, daß Lernen in Organisationen großenteils darauf beruht, daß sich die Mitarbeiter gegenseitig beobachten.

Vermeidung von Routine

Jede Belohnung oder Anerkennung, so angemessen oder verdient sie auch sein mag, verliert an Wert, wenn sie nicht ehrlich gemeint ist, erwartet wurde oder nicht an spezifische Normen und Resultate geknüpft ist. Überraschung und Aufrichtigkeit sind entscheidend; die Empfänger wie die beobachtenden Kollegen müssen den Eindruck erhalten, daß die Belohnung, wie immer sie auch aussehen mag, sowohl verdient ist als auch in aller Aufrichtigkeit erteilt wird. Sobald eine Anerkennung gekünstelt oder routinemäßig erfolgt, schlägt das Signal um – von Belohnung auf Manipulation. Sobald aber der Eindruck entsteht, man würde manipuliert, kommen Zweifel an der Glaubwürdigkeit des „Belohnenden" auf. Und ist das Vertrauen erst einmal gestört, läßt es sich nur sehr schwer wieder aufbauen.

Nehmen wir als Beispiel eine winzige Belohnung – ein Anerkennungsschreiben. In einem kleinen Kommunikationsunternehmen schreibt der Geschäftsführer jedem Mitarbeiter zum Jahrestag seines Eintritts in das Unternehmen einen Brief. Im Prinzip ist das eine hübsche Idee, aber daraus könnte Routine entstehen (jeder bekommt einen Brief), die den Brief letztlich bedeutungslos werden läßt. Doch in diesem Unternehmen bedeutet ein solcher Brief etwas: Zwei Mitarbeiter mit ein und demselben Eintrittsdatum erwarteten einen Standardbrief. Doch als sie die Briefe verglichen, stellten sie fest, daß jeder Brief ganz persönlich gehalten war. Der Geschäftsführer nahm sich tatsächlich die Zeit, an jeden Mitarbeiter persönlich zu denken. Dieser soziale Ansatz war nicht lediglich ein weiterer Versuch, die Mitarbeiter vom Interesse des obersten Chefs zu überzeugen – er wurde als Signal verstanden, daß er tatsächlich Interesse an ihnen hatte.

Die Ergebnisse von Forschungsarbeiten über Belohnungssysteme und die Erfahrungen von Unternehmen mit einer starken Kultur sprechen für sich. Zum einen müssen die Manager bei der Analyse der Belohnungssysteme in ihren Unternehmen systematisch vorgehen. Zum anderen ist eine umfassende Sichtweise von Belohnungen erforderlich, damit nicht nur konventionelle Gratifikationen wie Geldzulagen, Beförderungen und Statuszuwachs zur Anwendung kommen, sondern auch die weniger offensichtlichen Formen der Anerkennung wie persönliche Aufmerksamkeit seitens wichtiger Bezugspersonen, öffentliche Auszeichnung für gute Leistungen, Freizeit und zusätzliche Ressourcen. Anerkennung, ein Gefühl der Zugehörigkeit, Leistung und Selbstachtung sind universelle Verstärker, zu denen die Manager sämtlicher Führungsebenen in aller Regel Zugang haben.

Aufbau eines umfassenden sozialen Kontrollsystems

Unternehmen, die eine starke Kultur aufweisen und sich folglich auf ihre sozialen Kontrollsysteme verlassen können, weisen drei Merkmale auf: ein rigoroses Auswahlsystem, intensive Sozialisierung sowie ein umfangreiches Belohnungs- und Anerkennungssystem.

Rigoroses Auswahlsystem

Zunächst einmal beginnen solche Unternehmen mit einem rigorosen System zur Mitarbeiterauswahl – mit multiplen Schritten, Konzentration auf Kernwerte und klaren Erwartungen in bezug auf angemessene Einstellungen und Verhaltensweisen. Unternehmen mit starken Kulturen ermitteln typischerweise Kandidaten, die voraussichtlich die Normen des Unternehmens zu schätzen wissen oder aufgrund ihrer bisherigen Erfahrungen einem neuen Ansatz Aufgeschlossenheit entgegenbringen. Im Rahmen des Einstellungsprozesses muß sich der neue Mitarbeiter zunehmend im Unternehmen engagieren, und zwar häufig auf eigene psychologische Kosten. Die ersten Eindrücke sind besonders nachhaltig, so daß die für die Einstellung zuständigen Personalsachbearbeiter in dieser Periode die Kernwerte des Unternehmens und die intrinsischen Vorzüge der Zugehörigkeit ständig in den Vordergrund stellen und auf diese Weise zu erkennen geben, daß nur eine ganz bestimmte Persönlichkeit zum Unternehmen paßt.[7]

Intensive Sozialisierung

Sobald ein neuer Mitarbeiter in das Unternehmen eingetreten ist, beginnt eine Periode intensiver Sozialisierung, in der er mit den Kernwerten, Überzeugungen, Verhaltensweisen und Einstellungen des Unternehmens konfrontiert wird. Diese Orientierungsphase umfaßt gewöhnlich folgende Erfahrungen:

- Das Topmanagement zeigt Aufmerksamkeit und bemüht sich um Rollenvorbilder als Zeichen dafür, daß die Normen und Werte wichtig sind und ernst genommen werden müssen.
- Klare, konsistente Aussagen, Beurteilungssysteme und Vorbilder heben bestimmte erwünschte und belohnte Einstellungen und Verhaltensweisen hervor.
- Ein „Linientrupp" wird aufgestellt, dessen Mitglieder die Ziele und Werte des Unternehmens nachdrücklich vertreten und als Rollenvorbild und sozialer Hilfsdienst fungieren können.
- Die Einhaltung der Normen und Werte wird ständig verstärkt und mit Anerkennung belohnt.

- Gelegenheit zur kontinuierlichen Sozialisierung bieten Aus- und Weiterbildung, Zusammenkünfte und gemeinsame Festlichkeiten.

Erfahrungen dieser Art machen neu eingestellte Mitarbeiter bei der *Arthur-Andersen*-Ausbildungsinstitution in St. Cloud, *Kwik Kopy University* (dreiwöchiges Trainingslager außerhalb von Houston), im *Hamburger U.* (Trainingszentrum von *McDonald*) oder beim *U.S. Marine Corps* auf Parris Island. Die Zusammenstellung eines starken „Linientrupps“ und intensive zwischenmenschliche Beziehungen unter den neuen Mitgliedern können die Akzeptanz der neuen Normen verstärken. Die meisten Unternehmen mit starken Kulturen sind sich der Tatsache bewußt, daß diese Erfahrungen „verfallen“ und gewissermaßen eine „Halbwertszeit“ haben, so daß zahlreiche Verstärkungen angebracht sind. Sie sorgen für Gelegenheiten, bei denen sie entsprechende Erfahrungen auffrischen können, wobei häufig die dienstälteren Mitarbeiter die jüngeren informieren. Identifizierung mit dem Unternehmen wird gefördert und belohnt und bietet Gelegenheit zu erhöhtem öffentlichem Engagement.

Umfangreiche Belohnungen und Anerkennungen

Der dritte Mechanismus, wie er in Unternehmen mit starken Kulturen üblicherweise eingesetzt wird, betrifft ein umfassendes Belohnungs- und Anerkennungssystem, das ein schnelles *Feedback* zur Einhaltung beziehungsweise Nichteinhaltung der Unternehmensnormen erlaubt. Diese Systeme

- heben die Einstellungen und Verhaltensweisen hervor, die mit den Normen und Werten in Einklang stehen – nicht nur Leistungsergebnisse;
- ermöglichen schnelles *Feedback* seitens der Kollegen, der Vorgesetzten und der Unternehmensleitung;
- bieten nicht nur kontinuierliches *Feedback*, sondern geben auch zu erkennen, daß man dem Verhalten des Betroffenen zustimmt und Verstöße gegen die grundlegenden Werte nicht toleriert.

Bei jedem Mechanismus ist und bleibt die Funktion des Managements die eines Signalgebers: Informationen über erwünschte Normen und

Werte; eine Vision, die dazu angetan ist, die Mitarbeiter emotional anzusprechen; ein Führungsstil, der die Einbeziehung der Mitarbeiter fördert; Klarheit und Glaubwürdigkeit in Wort und Tat; und kontinuierliche Verstärkung der Normen und Werte. Auch müssen die Manager den Kontext gestalten, indem sie sorgfältig angelegte Sozialisierungs- und Schulungsprogramme einsetzen, Teams und Gruppen zur Identifikationsförderung heranziehen und in ihren Ausbildungs- und Einstellungspraktiken deutlich zu erkennen geben, daß der Mensch im Mittelpunkt steht.

Während die Diagnostizierung und Gestaltung der Unternehmenskultur für kurzfristigen Erfolg von entscheidender Bedeutung ist, kann eine langfristige Anpassung nur durch die Bewältigung multipler und häufig inkonsistenter Kulturen innerhalb einer Geschäftseinheit erreicht werden. Kapitel 7 greift die in Kapitel 2 eingeführten Konzepte wieder auf: Innovationsströme, duale Organisationen und multiple Kulturen, derer es zur Wahrung von Wettbewerbsvorteilen auf lange Sicht bedarf.

Anmerkungen:

1. Diese psychologischen Zusammenhänge werden in hervorragender Weise diskutiert bei Cialdini (1993).
2. Über *NUMMI* ist viel geschrieben worden. Als beste Veröffentlichung ist Adler (1993) zu empfehlen; auch Pfeffer (1994) beschreibt einige Vorgehensweisen bei *NUMMI*.
3. Einen guten Überblick darüber, wie direkte Vertriebsorganisationen ihre Mitarbeiter motivieren, bietet Biggart (1989).
4. Folgende Veröffentlichungen beschreiben verschiedene Techniken, die bei *3M* zur Förderung und Anerkennung von Innovation zum Einsatz kommen: Kelly (1991, S. 59–62); Labich (1988, S. 51–63); Mitchell (1989, S. 58–64).
5. Das Konzept des sozialen Lernens wird diskutiert bei Bandura (1977) und Zimbardo/Lieppe (1991, S. 44–52).
6. Eine Erörterung der Effekte des sozialen Lernens im Fall von Bestrafungen findet sich bei Mitchell/O'Reilly (1983, S. 201–234) sowie O'Reilly/Weitz (1980, S. 445–448).
7. Einen Vergleich der Einstellungsverfahren in Organisationen mit starker Unternehmenskultur bieten Chatman (1991, S. 459–484) und O'Reilly/Chatman (1996, S. 167–210).

Kapitel 7
Bewältigung von Innovationsströmen in dualen Organisationen

Von 1958 bis 1985 beherrschte *Oticon*, ein dänischer Hersteller von Hörhilfen, den Markt in den Vereinigten Staaten und in Europa. Das Unternehmen war unter der Leitung von Bengt Simonsen, Torben Nielsen (Direktor für Technologie und Produktion) und zwei weiteren Spitzenführungskräften für seine hervorragende Qualität in Technik und Herstellung bekannt. Seine hinter dem Ohr zu tragenden Hörapparate (*BTE, behind-the-ear*) galten als technisch ausgereifte wie auch preislich günstige Produkte.

Doch mit zunehmendem Finanz- und Markterfolg entstanden in der Führungsmannschaft von *Oticon* und in seiner Unternehmenskultur zusehends Arroganz und eine gewisse Abschottung nach draußen. Unter dem Einfluß der *Oticon*-Technologen konzentrierte sich die Entwicklung neuer Produkte im Unternehmen auf technische Überlegenheit. Die Manager bei *Oticon* wußten aus Erfahrung, daß sich ein technisch überlegenes Produkt immer gut verkaufen läßt. Und die Technologen im Unternehmen verbrachten mehr Zeit mit Gesprächen untereinander, als daß sie sich um ihre recht unterschiedliche und zunehmend globale Kundschaft bemühten. *Oticon* verstand es hervorragend, seine Produkte immer mehr zu verbessern, doch die zunehmende kulturelle Arroganz und die selbst verursachte Isolierung machten das Unternehmen blind gegenüber einer scheinbar geringfügigen Innovation, die von *Starkey*, einem sehr viel kleineren Marktteilnehmer mit Sitz in den USA, auf den Markt gebracht worden war: *Starkey* setzte die *BTE*-Komponenten so zusammen, daß die Hörhilfe *im* Ohr getragen werden konnte (*ITE, in-the-ear*). Dieser neue Hörapparat war hinsichtlich der Klangqualität nicht ganz so gut, aber er war kleiner und fiel weniger auf. Damit konkurrierte das *Starkey*-Produkt eher als ein modisch orientierter Artikel denn als Krankenhaus- oder Ärztemodell.

Als *Starkey* im Jahr 1985 die *ITE*-Produkte auf den Markt brachte, reagierten das Team von Simonsen und die *Oticon*-Produktmanager defensiv und leisteten aktiven Widerstand gegen *ITE*-Produkte. Sie vertraten die Ansicht, die neuen Hörhilfen von *Starkey* seien ihrem Produkt technisch unterlegen, und – was noch nachteiliger sei – sie könnten nicht in Massenproduktion hergestellt werden, weil sie dem Träger jeweils persönlich angepaßt werden müßten. Wissen und Erfahrung der *Oticon*-Experten und all die bisher erfolgreichen Prozeßverbesserungen gerieten zu „Altlasten": Prozesse, Struktur und Kultur hinderten das Unternehmen daran, eine Innovation ernst zu nehmen, die gegen seine tief verankerten Vorstellungen vom Hörhilfe-Markt verstieß.

Doch der Markt für *ITE*-Hörhilfen boomte. Bis 1986 waren 80 Prozent des amerikanischen Marktes auf *ITE*-Produkte übergegangen. Als sich der Branchenstandard von der *BTE*- auf die *ITE*-Konfiguration verlagerte, waren die fetten Jahre für *Oticon* vorbei. In Anbetracht eines dramatischen Rückgangs der Marktanteile (von 15 auf 9 Prozent allein zwischen 1985 und 1986) und der Gewinne schieden Simonsen und sein Team aus dem Unternehmen aus und wurden durch Lars Kolind ersetzt. Kolind und seine neue Führungsriege mußten unter dem Druck einer Krisensituation arbeiten; sie leiteten einen revolutionären Wandel ein, um die Umstellung von *Oticon* auf die neue dominante Hörhilfe-Version zu beschleunigen. Unter anderem erneuerten sie die fest verankerte funktionale Struktur und Unternehmenskultur durch starke funktionsübergreifende Teams; sie führten mobile Arbeitsstationen anstelle der alten Büros ein; und sie förderten Interaktionen und Lernprozesse durch persönliche Kommunikation mit Kollegen und Kunden. Die Veränderungen zeigten schon bald erste Erfolge. 1995 betrugen die Gewinne bei *Oticon* bereits das Zehnfache des Ergebnisses von 1990, und mit seinen digitalen Hörhilfen erzielte das Unternehmen einen wahren Durchbruch – das Produkt besaß das Potential, den Markt für analog konstruierte Hörhilfen völlig ins Abseits zu drängen.

Die Führungsmannschaft unter Simonsen hatte nicht erkannt, daß langfristiger Unternehmenserfolg von der Fähigkeit abhängt, im Lauf der Zeit verschiedene Arten von Innovationen zu betreiben und eine ganze Palette an Innovationen im Unternehmen gleichzeitig zu entwickeln. Wir bezeichnen diese verschiedenen Arten von Innovationen als *Innovationsströme*. Die folgenden Ausführungen sollen zeigen, wie Manager Organisationen schaffen können, in denen kontinuierliche, architektonische und diskontinuierliche Innovationen parallel gefördert werden. (Unter einer architektonischen Innovation ist die Neukonfiguration vorhandener Technologien zu verstehen – so wie *Starkey* sie mit seinen *ITE*-Hörhilfen betrieb.) Kontinuierliche Innovationen lassen sich im Rahmen der vorhandenen Organisation noch bewältigen, architektonische und diskontinuierliche Innovationen hingegen nicht. Vielmehr setzen architektonische und diskontinuierliche Innovationen einen geradezu radikalen Wandel in der Organisation eines Unternehmens voraus. Viele Unternehmen verfügen über die technischen Fähigkeiten zur Umsetzung von Innovationsströmen – nur werden sie häufig durch interne Kräfte an der Nutzung all dieser Fähigkeiten gehindert.

Unter der Leitung von Simonsen war *Oticon* nicht zur Selbsterneuerung in der Lage, weil es dem Unternehmen nicht gelang, proaktiv Innovationsströme einzuleiten, die auf den vorhandenen Technologien aufbauten; es gelang dem Unternehmen nicht, diese Technologien bis zum nächsten Durchbruch voranzutreiben. Statt dessen blieb *Oticon* seinen derzeitigen Produkten in dem Bemühen um stetige Qualitäts- und Leistungsverbesserung verhaftet, ohne zu bedenken, daß die Zukunft von seiner Fähigkeit abhing, gerade das Geschäft mit den Produkten, an deren Verbesserung es so sorgfältig gearbeitet hatte, zu zerstören. *Oticon* gelang es nicht, das zu entwickeln, was Lew Platt, Geschäftsführer von *HP*, als „Philosophie zum Schlachten der eigenen Produkte mit neuen Technologien" bezeichnet (Zellner 1995, S. 66).

Wie in Kapitel 1 und 2 beschrieben, sind gerade technologieorientierte und ressourcenreiche Unternehmen oft nicht in der Lage, die Technologien, zu deren Entstehung sie beigetragen haben, auch kommerziell erfolgreich zu nutzen. Sowohl der schweizerische Uhrenhersteller *SSIH* als auch *Oticon* hatten einst ihre jeweiligen Weltmärkte dominiert (*SSIH* in den 70er Jahren und *Oticon* bis Mitte der 80er Jahre); beide Unternehmen entwickelten neue Technologien, die das Potential besaßen, ihre Märkte zu erneuern (beispielsweise Quarz-Uhrwerke sowie Klang- und Tonkontrolle der im Ohr zu tragenden Hörhilfen). Obgleich *SSIH* und *Oticon* über die notwendigen Technologien und Ressourcen für Innovationen verfügten, kamen ihnen kleinere, aggressivere Marktteilnehmer mit neuen Technologien bei Uhren und Hörhilfen zuvor. *SSIH* und *Oticon* hatten nur so lange Erfolg, bis neue Branchenstandards die Errungenschaften dieser beiden Unternehmen innerhalb weniger Jahre zunichte machten.

Oticon erfuhr zwar Anfang der 90er Jahre einen neuen Aufschwung, aber es bedurfte erst einer finanziellen Krise, eines neuen Managementteams und eines grundlegenden organisatorischen Wandels, damit sich das Unternehmen von der eigenen Vergangenheit lösen konnte.

Die einlullenden, innovationslähmenden Effekte des Erfolgs sind ein global beobachtbares Phänomen. Ein Management, das sich mit der Schaffung interner Kongruenz, einer starken Kultur und kontinuierlicher Verbesserung begnügt, vermag seine Wettbewerbsvorteile auf Dauer nicht zu halten. Schlimmer noch: Unter bestimmten, erstaunlich häufig anzutreffenden Bedingungen kann sich eine Organisation auf diese Weise in ihrer Vergangenheit verfangen, um dann bei Veränderungen in bezug auf Technologien und Märkte kläglich zu versagen. Erhard Pfeiffer, der bei *Compaq* eine Kehrtwende herbeigeführt hat, bemerkt dazu treffend: „Nichts ist schwerer, als Denkweisen, Strategien und Prioritäten aufzugeben, die einem Unternehmen zum derzeitigen Erfolg verholfen haben. Die Unternehmen müssen lernen, ihre Weisheiten von gestern zu verlernen und abzustreifen" (Loeb 1995, S. 217). Welch eine Ironie – Erfolg könnte an die Fähigkeit gebunden sein, etwas zu lernen, um es dann wieder zu verlernen!

Bewältigung von Innovationsströmen

Während dem Hörhilfe-Hersteller *Oticon* der frühere Erfolg und seine arrogante, selbstisolierende Unternehmenskultur zum Verhängnis wurden, ist die *Crop Protection Divison* von *Ciba-Geigy* eine Erfolgsgeschichte. 1978 waren Pierre Urech und Peter Nixon Projektleiter in der für Pflanzenschutz zuständigen Unternehmenssparte. In Zusammenarbeit mit *Janssen Pharmaceuticals* entwickelten Urech (F&E) und Nixon (Marketing) eine chemische Substanz mit der Bezeichnung *Propiconazol*, die einen deutlich besseren Pflanzenschutz als der von *Bayer* entwickelte Marktführer bot. Nach vielen Experimenten mit verschiedenen Rezepturen wählten Urech und Nixon die Propiconazol-Version *EC250* als besonders vielversprechend aus und veranlaßten die Spartenleitung zu Investitionen in erhebliche Prozeßverbesserungen, um den Preis des kommerziell als *Tilt* bekannt gewordenen Fungizids zu reduzieren. Innerhalb von zwei Jahren hatte sich *Tilt* zum Branchenstandard für Pilzbekämpfungsmittel entwickelt. Gewinne, Umsätze und Marktanteil schnellten in den Jahren 1979 bis 1992 in die Höhe.

Während dieses Zeitraums nahm *Ciba* kontinuierlich Innovationen bei *Tilt* vor – zum Beispiel Veränderungen in Verpackung und Dosierung, Einführung in neuen Regionen wie Japan und Brasilien sowie Änderung der Rezeptur zur Erfassung weiterer Pflanzenarten wie Gerste, Bananen und Reis. Dieser Innovationsstrom festigte die Marktdominanz von *Tilt*. In letzter Zeit hat die Spartenleitung der *Crop Protection Divison* in Anbetracht der Konkurrenzsituation in die Entwicklung von Substitutprodukten für *Tilt* investiert – von Produkten also, die *Tilt* auf dem Markt ersetzen könnten. Eines dieser Ersatzprodukte ist ein genetisch manipuliertes Saatgut, aus dem Pflanzen wachsen, die niemals krank werden und *Tilt* somit niemals brauchen. Wenn *Ciba* keinen Ersatz für sein eigenes Produkt schafft, so Urech und Nixon, werden *Bayer* oder *DuPont* dafür sorgen. Nach Meinung der beiden Experten muß dieses biologisch manipulierte Saatgut weit weg von *Cibas* chemischem Fungizid-Bereich in der Schweiz entwickelt werden und wäre, sollte es zu einer Markteinführung kommen, mit einem diskontinuierlichen Wandel in der Organisation der Pflanzenschutz-Sparte von *Ciba* verbunden.

Organisationen wie die *Crop Protection Division* von *Ciba* oder auch *Microsoft* sind in der Lage, sowohl kontinuierliche Innovationen (z. B. multiple Versionen von *Tilt* oder *DOS*) als auch diskontinuierliche Innovationen (z. B. genetisch manipuliertes Saatgut oder *Windows*) zu betreiben, die bisherige Branchenstandards verändern oder vorhandene Produkte ersetzen. So hat auch *Microsoft* die Schlacht auf dem Desktop-Markt gewonnen, indem das Unternehmen gleichzeitig *DOS*- und *Windows*-Generationen unterstützt und dennoch bemüht ist, diese letztlich durch *Windows 95* zu ersetzen. Eine derartige interne Diversität bietet Gates und seinem Team Optionen, mit denen sie den Markt für Betriebssysteme nach eigenem Gutdünken gestalten können.

In der Uhrenbranche ist *Seiko* ein Unternehmen, das mit Erfolg Innovationsströme zu bewältigen versteht. *Seiko* konkurriert nicht nur mit mechanischen Uhren, deren Technik seit jeher marktbestimmend war, sondern zeigte sich auch bereit, mit Quarz- und Stimmgabel-Uhrwerken zu experimentieren. Ende der 60er Jahre faßten die *Seiko*-Manager aufgrund ihrer experimentellen Erfahrungen den kühnen Entschluß, ihre bisherigen mechanischen Uhrwerke durch Quarz-Uhrwerke zu ersetzen. Diese Umstellung führte zu gänzlich anderen Wettbewerbsregeln in der Uhrenindustrie. Der Kaufpreis für Uhren ging drastisch zurück – eine Uhr galt nicht mehr als kostbares Schmuckstück, sondern eher als Modeartikel.

Große Unternehmen bestimmen auf lange Sicht den Wettbewerb, indem sie die Innovationsströme aktiv gestalten. Diese Ströme umfassen kontinuierliche Innovationen (z. B. flachere mechanische Uhren), architektonische Innovationen (z. B. kontinuierlich nachführbare Kanonengeschütze, *ITE*-Hörhilfen oder *Swatch*-Uhren von *SMH*) sowie diskontinuierliche Innovationen (z. B. Ersatz mechanischer Uhrwerke durch Quarz-Uhrwerke bei *Seiko*). Mit der aktiven Bewältigung von Innovationsströmen erschließen sich die Unternehmen vollkommen neue Märkte für vorhandene Technologien und führen proaktiv Substitutprodukte ein, die zwar vorhandene Produkte verdrängen, dafür aber neue Märkte und Wettbewerbsregeln schaffen.[1]

Um zu verstehen, wie Manager die widersprüchlichen Anforderungen solcher Innovationen bewältigen und die sich entwickelnden Innovationsströme gestalten können, müssen wir das Phänomen der *Technologiezyklen* kennen – Muster für technologischen Wandel, bei dem auf frühe Produktvarianten (z. B. multiple Versionen von Propiconazol) die Ausprägung eines Branchenstandards (z. B. *EC250*) mit anschließender Phase kontinuierlicher technologischer Veränderungen folgt, die ihrerseits durch einen technologischen Durchbruch (z. B. genetisch manipuliertes Saatgut) abgelöst wird. Wer Technologiezyklen durchschaut, vermag den Zeitpunkt und die Bedeutung verschiedener Innovationstypen besser abzuschätzen und erkennt günstige Gelegenheiten für die aktive Gestaltung von Innovationsströmen.

Technologiezyklen

Ausgelöst wird ein Technologiezyklus durch technologische Diskontinuität – ein relativ seltenes, nicht vorhersehbares Ereignis infolge wissenschaftlichen oder technischen Fortschritts (z. B. Batterien als Ersatz für Federn in Uhrwerken). Eine technologische Diskontinuität durchbricht das vorhandene kontinuierliche Innovationsmuster und löst in vielfacher Hinsicht eine Periode technologischen Gärens, die zweite Phase im Zyklus, aus (siehe Abbildung 7.1).

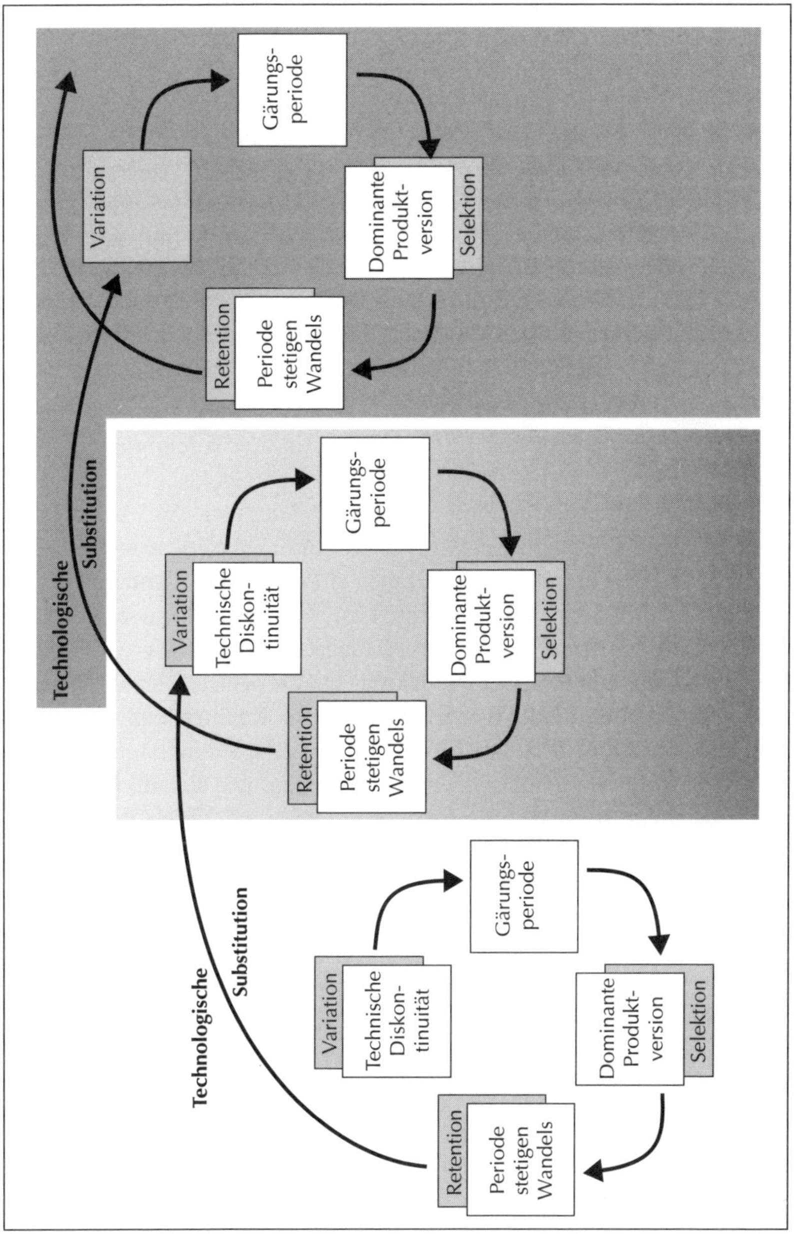

Abb. 7.1: Technologiezyklen

Während dieser Gärungsperiode kämpfen konkurrierende technologische Varianten – jeweils mit unterschiedlichen Betriebsprinzipien – um Marktakzeptanz. Der Wettbewerb findet sowohl zwischen der vorhandenen und der neuen Technologie (z. B. Wettbewerb zwischen Stimmgabel-, Quarz- und Ankeruhrwerken in der Uhrenindustrie) als auch unter den Varianten der neuen Technologie statt. Solche Gärungsperioden sind durch Verwirrung und Unsicherheit geprägt und für Kunden, Lieferanten, Händler und Behörden mit erheblichen Kosten verbunden.

Die Entwicklung einer dominanten Produktversion (und damit eines Branchenstandards) kennzeichnet das Ende der Gärungsperiode und den Beginn der dritten Phase im Technologiezyklus. So dominierte der 60-Hz-Wechselstrom über den 120-Hz-Strom (in den Vereinigten Staaten), das *VHS*-Format dominierte über *Beta* bei den Videokassettenrekordern, und das *Windows*-Format dominierte über *Mac* und *OS/2* bei den Betriebssystemen.[2] Sobald ein Produkt als dominant anerkannt ist, stellen sich die konkurrierenden Unternehmen auf den neuen Standard ein oder laufen Gefahr, vom Markt verdrängt zu werden. Doch wie kommt es nun, daß sich bestimmte Produktversionen als dominant erweisen? Außer bei so unkomplizierten Produkten wie Zement erfolgt die Ausprägung dominanter Produktversionen nicht im Rahmen eines technologisch orientierten Prozesses. Vielmehr entstehen dominante Produkte aus dem Wettbewerb alternativer Technologien, wie sie von Konkurrenten, Allianzgruppen und Regierungsbehörden mit ihren jeweils typischen politischen, sozialen und wirtschaftlichen Prioritäten vertreten werden. Da keine Technologie alle denkbar möglichen Kriterien dominieren kann, wird ein Produkt nicht durch die „unsichtbare Hand" des Marktes und durch natürliche Selektion zum dominanten Produkt bestimmt, sondern resultiert aus dem politischen, organisatorischen und marktbasierten Wettbewerb zwischen alternativen technologischen Varianten. Als sich *Windows 95* gegenüber den *OS/2*- und *Mac*-Betriebssystemen und das *VHS*-Format von *JVC* gegenüber dem *Beta*-Format von *Sony* durchsetzten, geschah dies nicht etwa, weil *Windows 95* und *VHS* die überlegeneren Technologien darstellten, sondern weil diese Produkte gut genug waren und von erfolgreichen Lizenz- und Vertriebsstrategien profitierten.

Die Ausprägung einer dominanten Produktversion wirkt in einem Technologiezyklus wie eine Wasserscheide: Bis zu diesem Zeitpunkt ist der Wettbewerb unter alternativen technologischen Varianten Antriebsmotor für technologischen Fortschritt; danach löst das technische Moment der selektierten Technologie den weiteren technologischen Wandel aus. Für denjenigen, der auf das falsche Produkt setzt, sind die Konsequenzen verheerend – um so mehr, wenn das Subsystem für das Gesamtprodukt von entscheidender Bedeutung ist (z. B. die Tatsache, daß *IBM* seine führende Position bei Mikroprozessoren und PC-Betriebssystemen an *Intel* beziehungsweise *Microsoft* abtreten mußte).

In der vierten Phase eines Technologiezyklus verlagert sich die Innovation von einer größeren Produktvariation zu einer größeren Prozeßinnovation und dann wiederum zu kontinuierlicher Innovation – zu stetigen und häufig signifikanten Verbesserungen des derzeitigen Standardprodukts. Architektonische Innovationen verbinden oder kombinieren vorhandene Technologien auf neuartige Weise. Admiral Scott und Leutnant Sims produzierten auf der Basis der vorhandenen Kanonen-, Getriebe- und Zieltechnologie ein Geschütz mit kontinuierlicher Zielnachführung, so wie *Microsoft* einfach mehrere seiner vorhandenen Anwenderprogramme zum „*Office*-Produkt" zusammensetzte. Neu kombinierte Produkte wie diese werden häufig auf anderen Märkten eingeführt – *Starkey* beispielsweise erschloß sich den Modemarkt für seine Hörhilfen. Obgleich architektonische Innovationen technologisch einfach zu erzielen sind und mit beträchtlichen wirtschaftlichen Erträgen verbunden sein können, finden solche Verlagerungen bei durchaus geeigneten Unternehmen häufig keine Beachtung.

Schließlich löst eine anschließende technologische Diskontinuität, eine Produktsubstitution, einen neuen Zyklus technologischer Variation, Selektion und stetigen Wandels aus. So betrieb die Pflanzenschutz-Sparte von *Ciba* gleichzeitig die Entwicklung grundlegend neuer chemischer Fungizide und die Entwicklung biologisch manipulierten Saatguts. Sollte die eine oder andere dieser Varianten zum Tragen kommen, könnte sie das bisherige Produkt *Tilt* ersetzen.

Technologiezyklen lassen sich am deutlichsten bei einfachen, konstruktionstechnisch unkomplizierten Produkten verfolgen (z. B. Ski, Tennisschläger, Glaswaren, Chemikalien). Auf dem Sektor der Fungizide bedeutete die Einführung von Propiconazol durch *Ciba-Geigy* eine Herausforderung für die entsprechenden *Bayer*- und *BASF*-Produkte. Sie löste eine Gärungsperiode aus, in der die Chemieunternehmen eine Vielzahl alternativer Rezepturen für diese Substanz entwickelten. Nachdem *Tilt* als dominantes Produkt anerkannt war, leitete *Ciba* Hunderte von kontinuierlichen Innovationen für *Tilt* ein und brachte die Originalversion auf verschiedene Märkte. Kürzlich hat *Ciba* mit der Entwicklung von Produkten begonnen, die Propiconazol eines Tages ersetzen sollen. Diese Ersatzprodukte – grundlegend neue Pflanzenschutzmittel – werden dann den nächsten Technologiezyklus auf dem Pflanzenschutzmarkt auslösen.

Bei konstruktionstechnisch komplexeren Produkten (z. B. Uhren) und Systemen (z. B. Radio, *Voice Mail*) erfolgen Technologiezyklen auf der Ebene der Teilsysteme. Uhren beispielsweise sind Produkte, die aus mindestens fünf solcher Teilsysteme bestehen: Energiequelle, Schwingsystem, Übertragung, Gehäuse und Anzeigevorrichtung. Jedes Teilsystem hat seinen eigenen Technologiezyklus. So entwickelte sich im ausgehenden 19. Jahrhundert der Roskopfgang als dominantes Schwingsystem für Uhren. Die Ganggenauigkeit wurde durch kontinuierliche Veränderungen ein und derselben Grundkonzeption bis Ende der 60er Jahre ständig verbessert. Doch zwischen 1968 und 1972 bekam das bisherige Schwingsystem Konkurrenz durch die Stimmgabeltechnologie und den Quarzschwinger. Es begann eine Periode technologischen Wettbewerbs zwischen Unruh oder Pendel, Stimmgabel und Quarzschwinger – und schließlich erwies sich der Quarzschwinger als dominantes Produkt.[3] Zwischen 1970 und 1985 durchlief dann jedes Teilsystem der Uhr, von der Energiequelle bis zum Zifferblatt, den ihm eigenen Technologiezyklus mit technischer Variation, Selektion der dominanten Produktversion und nachfolgender Periode stetigen Wandels.

Darüber hinaus verändert sich mit der Weiterentwicklung der Branche die relative strategische Bedeutung eines jeden Teilsystems. Betrachten wir noch einmal das Uhren-Beispiel: Während bis Anfang der 70er Jahre noch das Schwingsystem als strategisch wichtigster Bereich umkämpft wurde, verlagerte sich der Schwerpunkt strategischer Innovation nach Aufkommen der Quarzuhr als dominantes Produkt auf die übrigen Teilsysteme – Zifferblatt, Energiequelle und Übertragungssystem. Somit erweist sich die

Kontrolle strategisch wichtiger Teilsysteme von Produkten bei der Erschließung eines Marktes als Quelle für strategischen Wettbewerbsvorteil.

Diese Technologiezyklen sind in sämtlichen Produktklassen zu beobachten – der einzige Unterschied zwischen *High-Tech*-Branchen und *Low-Tech*-Branchen besteht in der Zeitspanne, die zwischen dem Auftauchen einer dominanten Produktversion und der nachfolgenden Produktsubstitution vergeht. Aus innovationstechnischer Sicht ist das, was hinter der vertrauten S-Kurve eines Produktlebenszyklus liegt, durch völlig andere Innovationsanforderungen geprägt. Gärungsperioden sind mit diskontinuierlichen Produktinnovationen verbunden, dominante Produkte erfordern grundlegende Prozeßinnovationen, und Perioden stetigen Wandels verlangen sowohl kontinuierliche als auch architektonische Innovationen (siehe Abbildung 7.2).

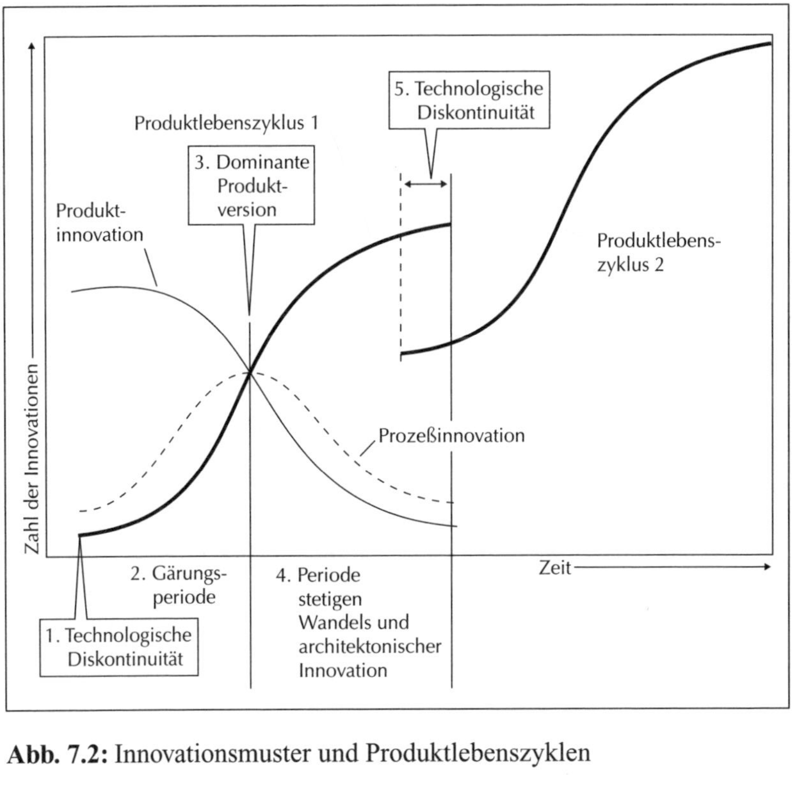

Abb. 7.2: Innovationsmuster und Produktlebenszyklen

Verknüpfung von Technologiezyklen und Innovationsströmen

Der Weg zu nachhaltigem Wettbewerbsvorteil ist nicht durch erfolgreiche kontinuierliche *oder* architektonische *oder* diskontinuierliche Innovationen gekennzeichnet, sondern durch die Erzeugung von Innovationsströmen (siehe Abbildung 7.3). Diese Sichtweise lenkt die Aufmerksamkeit der Manager weg von einer ganz bestimmten Innovation oder innovativen Ausrichtung (z. B. Marktvorstoß gegenüber Technologiezwang; kontinuierlich gegenüber diskontinuierlich); in den Vordergrund rückt vielmehr eine Abfolge gegensätzlicher Innovationen, die es in einem Unternehmen im Lauf der Zeit zu produzieren gilt. Bei Innovationsströmen wird besonders deutlich, wie wichtig es ist, nicht nur die Kontrolle über die Teilsysteme des Kernprodukts zu behalten, sondern auch dominante Produktversionen und architektonische Innovationen zu gestalten und letztlich Produktsubstitute einzuführen. Durch proaktive Ausprägung dominanter Produktversionen, Durchführung architektonischer Innovationen und Einführung von Produktsubstituten bietet sich dem Management die Gelegenheit, Einfluß auf die technologische Entwicklung zu nehmen und so die Grundlagen des Wettbewerbs zu verändern.

Der Walkman von *Sony* ist ein gutes Beispiel für die Bewältigung von Innovationsströmen. Nachdem *Sony* die *WM-20*-Version für seinen Walkman selektiert hatte, entwickelte das Unternehmen im weiteren Verlauf über 30 kontinuierlich veränderte Versionen innerhalb der *WM-20*-Familie. In gerade 10 Jahren konnte *Sony* vier Walkman-Produktfamilien und über 160 kontinuierlich veränderte Versionen dieser vier Familien auf den Markt bringen. Die ständige Konzentration auf Einführung technologischer Diskontinuitäten auf der Ebene der Teilsysteme (z. B. flacherer Motor und Mini-Batterie), Einstellung einiger weniger Standardversionen sowie die Gewährleistung einer kontinuierlichen Produktverbreitung verhalfen *Sony* zur Kontrolle der Branchenstandards in der Produktklasse des Unternehmens und zum Sieg über die japanische, amerikanische und europäische Konkurrenz (Sanderson/Uzumeri 1995). Bei ihrer proaktiven Gestaltung der Innovationsströme bauen die Manager auf reifen Technologien als einer notwendigen Grundlage für die potentielle Entwicklung neuer Technologien auf.

Märkte	Kontinuierliche Innovation	Architektonische Innovation	Diskontinuierliche Innovation
Neu	– *Tilt* für Gerste und Reis – Preiswerte mechanische Uhr (*Timex*) – Bessere *BTE*-Hörhilfen (Krankenhäuser) – Kleinere und flachere mechanische Uhren	– *Swatch*-Uhren – *ITE*-Hörhilfen (Modemarkt) – Sport-Walkman	– Erste Uhr – Erstes Fungizid – Erste Hörhilfe *Tilt* (Fungizid *Propiconazol)* *Tilt* — genmanipuliertes Saatgut
Vorhanden	– Größen und Verpackung bei *Tilt*	– Kanonengeschütz mit kontinuierlicher Zielnachführung	Mechanische Uhren (Pendel, Unruh) — Quarzuhren
	Kleinere Erweiterungen vorhandener Technologien	Neukombination vorhandener Technologien	Neue Funktionsprinzipien in wichtigen Teilsystemen und/oder diskontinuierliche Prozeßinnovation

Innovationstypen

Innovationsströme sind die multiplen Innovationstypen, auf deren Basis ein Unternehmen sowohl die mit Perioden stetigen Wandels verbundenen Vorzüge nutzen als auch Tempo und Richtung innovativer Durchbrüche beeinflussen und damit Branchenstandards vorgeben kann.

Abb. 7.3: Innovationstypen und Innovationsströme

Aufbau dualer Organisationen

Organisationen können ihren Wettbewerbsvorteil mit Hilfe multipler Vorgehensweisen wahren: Ausrichtung auf kurzfristige Effizienz durch Stärkung von Stabilität und Kontrolle einerseits und Bemühen um langfristige Innovation durch Risikobereitschaft und aktives Lernen andererseits. Organisationen, die so vorgehen, sind „duale Organisationen" – sie tragen multiplen, intern inkonsistenten Architekturen, Kompetenzen und Kulturen mit inhärentem Potential an Effizienz, Konsistenz und Zuverlässigkeit ebenso Rechnung wie der Herausforderung zum Experimentieren und Improvisieren und zur Nutzung glücklicher Zufälle (Duncan 1976; Eisenhardt/Tabrizi 1995).

Verschiedene Arten von Innovation erfordern nicht nur eine unterschiedliche organisatorische Hardware (Strukturen, Systeme und Belohnungen), sondern auch eine unterschiedliche Software (Personal, Netzwerke und Kultur) (siehe Abbildung 7.4). In Perioden stetigen Wandels benötigen die Unternehmen organisatorische Einheiten mit relativ formalisierten Funktionen und Verantwortlichkeiten, zentralisierten Verfahren, funktionalen Strukturen, effizienzorientierten Kulturen, hochtechnisierten Arbeitsprozessen, starken Produktions- und Vertriebskompetenzen und relativ homogenen, älteren und erfahrenen Mitarbeitern. Effizienzorientierte Einheiten arbeiten eher mit kurzfristigen Zeithorizonten und gehören zu vergleichsweise großen, alten Organisationen mit tief verankerten, inzwischen für selbstverständlich gehaltenen Annahmen und Wissenssystemen. Solche ausgesprochen trägen Einheiten können häufig mit einer ausgesprochen erfolgreichen Vergangenheit aufwarten (z. B. *SSIH*, *Oticon*, *IBM*, *Philips*). Ihre Kulturen betonen Effizienz, Teamarbeit und kontinuierliche Verbesserung.

In krassem Gegensatz dazu erwachsen diskontinuierliche Innovationen im Verlauf von Gärungsperioden aus unternehmerisch-dynamischen, ausgesprochen arbeitsintensiven Organisationstypen. Solche Einheiten sind relativ klein und durch gelockerte, dezentralisierte Produktstrukturen, experimentelle Kulturen, gelockerte Arbeitsprozesse, eine starke unternehmerische Dynamik und technische Kompetenz sowie eine relativ junge, heterogene Belegschaft geprägt. Unternehmerisch orientierte Einheiten schaffen neue Erfahrungsgrundlagen und Wissenssysteme; sie produzieren die Experimente, Fehlschläge und Varianten, aus denen das Management Rückschlüsse für potentielle dominante Produktversionen und/oder technologische Diskontinuitäten ziehen kann. Anders als die größeren, reiferen Einheiten sind diese kleinen unternehmerischen Einheiten eher ineffizient, kaum rentabel und bar jeder organisatorischen Vergangenheit. Häufig verstoßen sie bewußt gegen Normen, wie sie in älteren Teilen der Organisation hochgehalten werden.

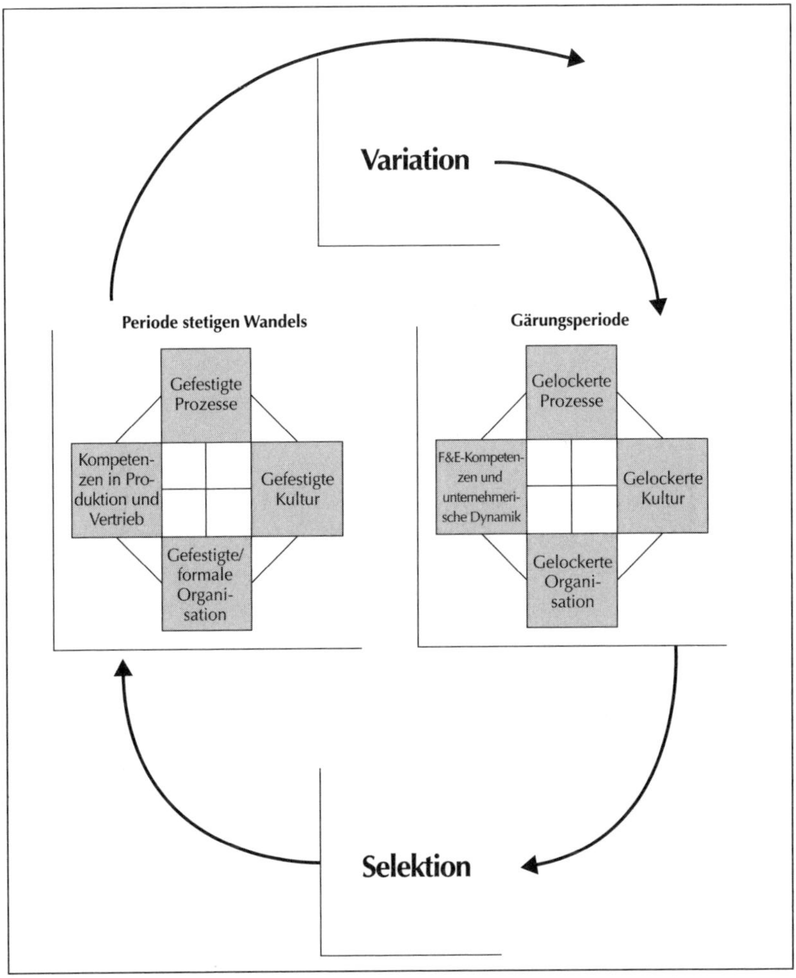

Abb. 7.4: Organisatorische Architekturen und Technologiezyklen

Daß für solche Innovationen andere organisatorische Konfigurationen erforderlich sind, wird an einer Untersuchung von Innovationsaktivitäten in japanischen Unternehmen verdeutlicht. Jiro Nonaka hat analysiert, wie große, konservative japanische Organisationen innovative Durchbrüche erzielen können. Dabei hat er gemeinsame Muster festgestellt. Sobald eine neue Technologie bekannt wird, richten diese Unternehmen Teams mit

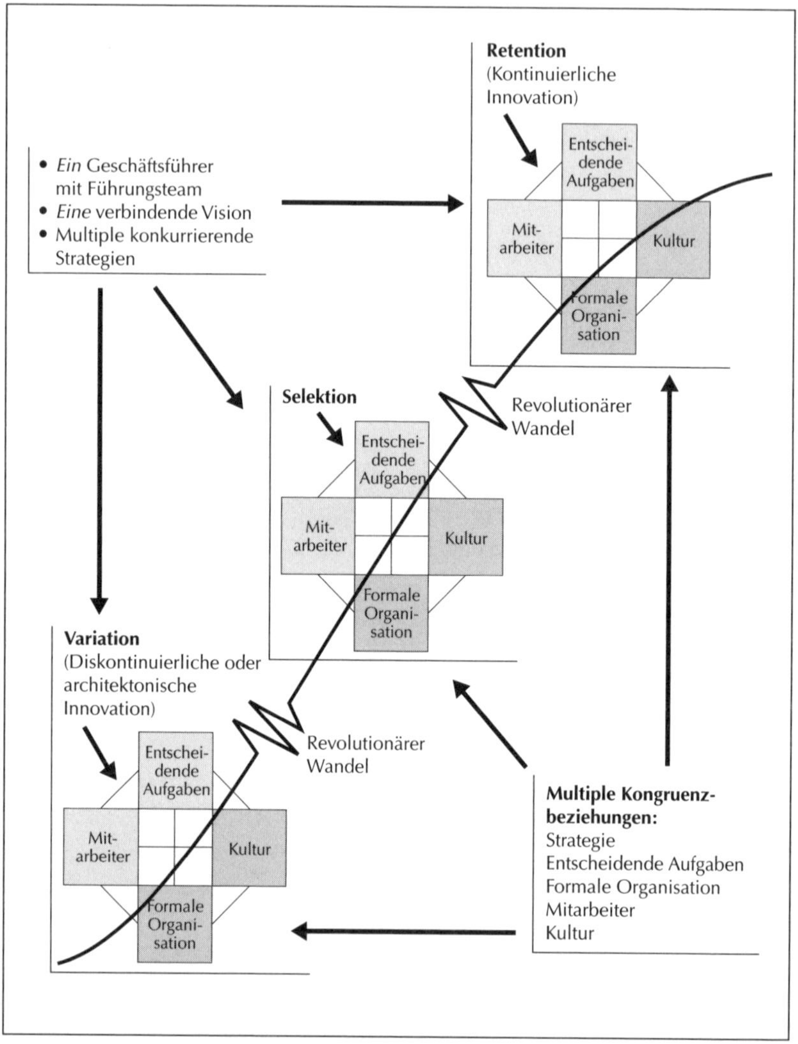

Abb. 7.5: Duales Management: Multiple organisatorische Architekturen und Innovationsströme

relativ jungen Mitarbeitern unter Leitung eines allseits geachteten und erfahrenen Experten ein und beauftragen sie mit der Entwicklung von Durchbruchprodukten. Um zu gewährleisten, daß die Teams nicht durch die vorhandene Organisation behindert werden, erfolgt eine „Auslagerung“ der Gruppenmitglieder in deutlich von der Hauptfirma abgegrenzte Bereiche. Die betroffenen Mitarbeiter werden ausdrücklich aufgefordert, sich über die Kultur der umfassenden Organisation hinwegzusetzen und nichts unversucht zu lassen, um das neue Produkt zu entwickeln. *Canon*, *Honda* und andere etablierte Unternehmen haben sich dieses Ansatzes als einer Möglichkeit bedient, die mit ihrer Größe und ihren konservativen Kulturen verbundenen Nachteile auszugleichen (Nonaka 1988, 1990, 1995).

Ciba Crop Protection, die Pflanzenschutz-Sparte von *Ciba-Geigy*, wendete einen ähnlichen Prozeß zur Umsetzung ihrer dualen Strategie an: Unterstützung kontinuierlicher Innovationen beim reifen Produkt *Propiconazol* und Entwicklung grundlegender Produktsubstitute durch Einrichtung getrennter Einheiten für das reife Fungizid-Produkt und das genetisch manipulierte Saatgut. Jede Einheit – die eine in der Schweiz, die andere in den Vereinigten Staaten – arbeitete mit eigenem Managementteam und eigener Struktur, Kultur und Prozeßkombination.

Bei der Schaffung dualer Organisationen fungieren Managementteams als Triebkraft für kontinuierliche Innovation auch dann, wenn sie andere Teile der Organisation zur „Erschaffung der Zukunft“ herausfordern (siehe Abbildung 7.5). Duale Organisationen müssen bei ihrer Ausrichtung auf Gegenwart wie Zukunft mit Widersprüchen arbeiten. Doch die Gewißheit kontinuierlicher Innovationen von heute führt häufig zur Vernichtung des Potentials architektonischer oder diskontinuierlicher Innovationen von morgen. Die den multiplen Innovationstypen inhärenten Widersprüche lösen Konflikte und Unstimmigkeiten zwischen den organisatorischen Einheiten aus – zwischen den traditionsgemäß rentablen, großen, effizienten, älteren und geldbringenden Einheiten einerseits und den jungen, unternehmerisch-dynamischen, risikobereiten und geldverschlingenden Einheiten andererseits. Da Macht, Ressourcen und Traditionen im Unternehmen gewöhnlich in den traditionelleren Einheiten konzentriert sind, könnten diese versucht sein, die unternehmerische „Konkurrenz“ zu ignorieren, in ihren Verdiensten zu schmälern oder anderweitig zu vernichten. Das Managementteam muß daher die unternehmerischen Einheiten nicht nur schützen und rechtfertigen, sondern von der restlichen Organisation physisch, kulturell und strukturell trennen.[4]

Duales Management – die entscheidende Aufgabe der Unternehmensleitung

Wenn die unterschiedlichen Fähigkeiten dualer Organisationen genutzt werden, lassen sich auch Innovationsströme erfolgreich leiten. Doch ohne angemessene Integration geht das Potential dualer Organisationen verloren. Die Herausforderung an die Manager und ihre Teams lautet daher: Schaffung hochdifferenzierter *und* hochintegrierter Organisationen nebeneinander. Die Differenzierung von Einheiten ist eine leichte Aufgabe (die Zentrallabors bei *SSIH* entwickelten sowohl die Stimmgabeltechnologie als auch Quarzuhren), aber mit der Erzielung von Integration ist das anders. Drei Instrumente sind dazu angetan, dem Topmanagement die Erzielung von Integration zu erleichtern: (1) Formulierung einer klaren, emotional ansprechenden und in sich konsistenten Vision; (2) Aufbau eines Führungsteams mit verschiedenen Kompetenzen; und (3) Entwicklung gesunder Teamprozesse.

Eine klare, emotional ansprechende Vision wirkt wie ein strategischer Anker für die gegensätzlichen Anforderungen von Innovationsströmen. Der sogenannte *HP Way*, die *GE*-Maxime, „Nummer eins oder zwei“ zu sein, oder auch die Aufforderung von *3M* an die Mitarbeiter, „innovativ zu sein und unsere Kunden zufriedenzustellen“ – all dies sind einfache, direkte, wettbewerbskräftige Visionen, die deutlich zu erkennen geben, warum bestimmte Einheiten Effizienz und kontinuierliche Innovation meistern, während andere Teile der Organisation alles daran setzen, genau diese nach Effizienz strebenden Geschäftsaktivitäten zu vernichten. Die Mitarbeiter wissen, daß sie sich gegenseitig aus dem Geschäft drängen können, weil die Organisation – und damit auch ihre Arbeitsplätze – nur dann gesichert ist, wenn sie ihre eigenen Produktprogramme zerstören, bevor dies durch die Konkurrenz geschieht.

Ein nachdrückliches, konsistentes Engagement für die Vision einer Einheit selbst bei veränderten Strategien und Zielsetzungen verstärkt und festigt die Vision. Wettbewerbsfähige Visionen werden noch weiter verstärkt, wenn das Topmanagement Kontinuität und konsistentes Verhalten im Sinne der Vision zu erkennen gibt. So konnten die Visionen von *Motorola* („Klassenbester bei tragbaren Kommunikationsgeräten“) oder von

Ciba Crop Protection („dominanter Pflanzenschutz-Wettbewerber, weltweit") durch die langfristige Unterstützung dieser Visionen seitens des Führungsteams konkretisiert werden. Mit der Klarheit und Konsistenz seiner Vision kann das Führungsteam intern gegensätzliche Architekturen unterstützen und dennoch als konsistent und glaubwürdig gelten.

Auch die Zusammensetzung des Führungsteams mit den verschiedenen Erfahrungen und Kenntnissen seiner Mitglieder und die Art und Weise ihrer Zusammenarbeit können nachhaltig zur Erzielung von Integration beitragen. Effektive Führungsteams arbeiten mit internen Prozessen, die es ihnen ermöglichen, mehr Informationen und Entscheidungsalternativen zu verarbeiten und die mit gegensätzlichen Architekturen verbundenen Konflikte und Mehrdeutigkeiten zu bewältigen.

In Kapitel 5 wurde bereits darauf verwiesen, daß Innovation – ob kontinuierlich oder diskontinuierlich – aus zwei Prozessen erwächst: Zum einen sind es die Strukturen, Mitarbeiter, Anreize und Kulturen, die Kreativität fördern, und zum anderen solche, die eher die praktische Umsetzung fördern. Auf Teamebene wird Kreativität durch eine heterogene Zusammensetzung der Teammitglieder gesteigert, da Heterogenität alternative Ansätze ermöglicht. Dieselbe Heterogenität behindert aber auch die Umsetzung, da sie die Konsensbildung erschwert und der negativen politischen Dynamik innerhalb des Teams Vorschub leistet. Die Alternative lautet: Homogenität unter den Teammitgliedern. Homogen zusammengesetzte Teams finden schneller zu einer Einigung und setzen Entscheidungen rasch um, sind aber weniger gut geeignet, die für signifikante Innovationen erforderliche Kreativität aufzubringen.

Um den unterschiedlichen Erfordernissen dualer Organisationen Rechnung zu tragen, sollten Führungsteams sowohl homogen als auch heterogen zusammengesetzt sein. Wie Sylvia Flatt in einer Studie herausfand, wies das Topmanagement in der Mehrzahl der innovativen Unternehmen Homogenität in bezug auf die gemeinsame Wahrnehmung von Führungsaufgaben auf. Sie stellte aber auch fest, daß die meisten innovativen Unternehmen auf der nachgeordneten Führungsebene heterogene Managementteams hatten (in ihrer Studie handelte es sich um die *Vice Presidents* des Unternehmens). Die konfliktträchtige und kreativitätsförderliche Heterogenität, die von dieser Führungsebene ausging, wurde vom übergeordneten homogenen Führungsteam (den vier bis fünf Spitzenmanagern im Unternehmen) aufgefangen.[5]

Um die negativen Konsequenzen betriebspolitischer Eigenheiten zu vermeiden und die Entscheidungsfindung zu beschleunigen, müssen die Teammitglieder möglichst reibungslos miteinander arbeiten und die gegenseitigen Stärken und Schwächen kennen. Wenn Teammitglieder eine ähnlich lange Dienstzeit hinter sich haben, ist die Wahrscheinlichkeit von Mißverständnissen und inkonsistenten Annahmen geringer. Doch diese Homogenität bedarf eines Gegengewichts in Form von Heterogenität in bezug auf Hintergrund und Perspektive: Man hält die Teams relativ jung – entweder durch periodisch wechselnde Teams wie bei *HP* mit seiner veränderlichen Spartenbildung oder durch gezieltes Rotieren der Teammitglieder, um auf diese Weise frische Ansichten zu alten Problemen zu gewinnen. In jedem Fall gilt es, einen Ausgleich zwischen dem Bedürfnis nach Kreativität und dem Bedürfnis nach Umsetzung zu schaffen. Das Topmanagement muß intellektuell frisch und in der Lage sein, alte und neue Perspektiven abzuwägen und sich nicht auf einen einzigen Standpunkt zu versteifen. Ein zur Konfliktlösung und Kooperation unfähiges Topmanagement läßt äußerst instabile, politisch chaotische Organisationen entstehen, die das Potential dualer Organisationen vergeuden.

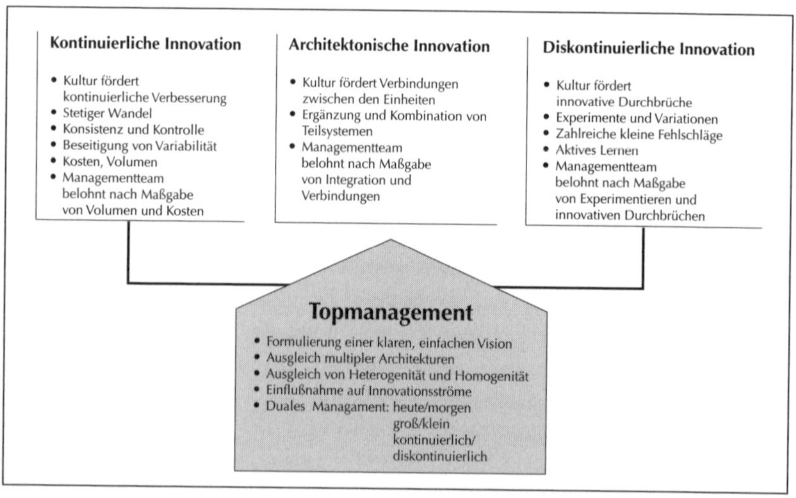

Abb. 7.6: Organisatorische Architekturen und duales Management

Die Bewältigung von Innovationsströmen verlangt von den Führungsteams die Geschicklichkeit eines Jongleurs: Die Manager haben mehrere Bälle gleichzeitig in der Luft – sie formulieren eine einzige, klare Vision und leiten gleichzeitig multiple organisatorische Architekturen, ohne den Eindruck von Verwirrung oder Scheinheiligkeit zu erwecken. Die meisten Managementteams sind durchaus in der Lage, eine einzige Aufgabe gut zu erfüllen; demgegenüber bedarf es schon größeren Geschicks, eine Vielziel von Aktivitäten gleichzeitig in Bewegung zu halten (siehe Abbildung 7.6).

Verknüpfung von Innovationsströmen und diskontinuierlichem organisatorischem Wandel

Die Entscheidung für eine dominante Produktversion und die Einleitung architektonischer oder diskontinuierlicher Innovationen bieten dem Management Gelegenheit, einen Innovationsstrom zu gestalten oder neu zu entwickeln. So können Manager während der Gärungsperioden Einfluß darauf nehmen, wann ein dominantes Produkt vom Markt genommen werden soll. Bei *IBM*, *Ciba* und *Seiko* zum Beispiel veranlaßten interne Experimente mit alternativen Großrechner-, Propiconazol- beziehungsweise Schwinger-Varianten das jeweilige Management, sich für die *360*-Serie, *EC250* beziehungsweise Quarzuhren zu entscheiden. Während der Perioden stetigen Wandels hingegen können die Manager architektonische Innovationen (z. B. die *ITE*-Hörhilfe von *Starkey*) und/oder Produktsubstitutionen (z. B. das genetisch manipulierte Saatgut von *Ciba*) vornehmen.

Duale Organisationen bieten den Managern all die Daten, Erkenntnisse und Innovationsoptionen, auf deren Basis sie Einfluß auf Innovationsströme nehmen können. Dominante Produktversionen und erfolgreiche Produktsubstitute sind im nachhinein festzustellen (z. B. *VHS* als dominante Version gegenüber *Beta*, Quarzuhren gegenüber mechanischen Uhren); dagegen kann das Management weder in bezug auf die dominante Version noch bei der Entwicklung von Ersatzprodukten in Echtzeit wissen, welche Entscheidung die „richtige" ist. Erfolg hängt somit weniger davon ab, daß man die richtige Antwort kennt; wichtig ist vielmehr die Fähigkeit, multiple Aktionskurse zu verfolgen und bei der Gestaltung der Innovationsströme zügig vorzugehen.

Gegen Ende des Lebenszyklus einer dominanten Produktversion verlagern sich die Innovationsaktivitäten innerhalb des Unternehmens von der Produktvariation zur Innovation eines wichtigen Prozesses und im Anschluß daran zu einer längeren Phase kontinuierlicher Innovation. Bei Produktsubstitutionen und architektonischen Innovationen hingegen verlagert sich die Innovation von der kontinuierlichen Innovation zur Produkt- oder Prozeßinnovation. An diesen Schnittstellen müssen die Verlagerungen der Innovationsströme Hand in Hand gehen mit Veränderungen in der Organisationsstruktur. Organisatorische Architekturen, die im Verlauf von Gärungsperioden angemessen waren, werden der nachfolgenden Periode des stetigen Wandels nicht mehr gerecht – so wie auch die in Perioden stetigen Wandels zweckdienlichen Architekturen für das nachfolgende Gärungsintervall nicht mehr geeignet sind (siehe Abbildung 7.4). Bei der *Crop Protection Divison* von *Ciba* muß die organisatorische Architektur, die zur effektiven Produktion, zur Förderung und zum Verkauf des reifen Propiconazol diente, völlig neu gestaltet werden, sollte es zur Einführung des krankheitsresistenten Saatguts kommen.

Verlagerungen bei Innovationsströmen lassen sich nur im Rahmen eines diskontinuierlichen organisatorischen Wandels durchführen. Manager können Branchenregeln nur dann neu schreiben, wenn sie bereit sind, auch die Regeln in ihrer Organisation zu erneuern. Entsprechend waren die Entscheidungen von *Microsoft* (Wechsel von *DOS* zu *Windows*), *Ciba* (Einführung von *EC250* als Branchenstandard bei Fungiziden) und *IBM* (Konzentration auf *360*-Serie bei Großrechnern) begleitet von einschneidenden Veränderungen in den Strukturen, Kontrolleinrichtungen, Systemen und Kulturen der betroffenen Unternehmen. Kühne strategische Schachzüge oder großartige Technologien allein führen zu Minderleistung – parallel dazu müssen organisatorische Veränderungen stattfinden. Die Bewältigung von Innovationsströmen ist von organisatorischen Architekturen und der Integration diskontinuierlichen Wandels ebenso abhängig wie von technologischen Bravourleistungen.

Doch die Forderung nach diskontinuierlichem organisatorischem Wandel steht in krassem Widerspruch zu unternehmensinterner Trägheit. Wie die Muster organisatorischer Entwicklungen über alle Branchen- und Ländergrenzen hinweg erkennen lassen, sind diese gegensätzlichen Kräfte durch stetigen organisatorischen Wandel nicht aufzufangen. Stetiger

Wandel dient der Organisation von heute, behindert aber zugleich den Übergang zur Organisation von morgen. Deshalb können organisatorische Erneuerungen und Verlagerungen bei Innovationsströmen nur durch gleichzeitige Umstellung von Strategie, Struktur, Kompetenzen und Prozessen erfolgen. Die ersten vorsichtigen Schritte bei *Oticon* und *RCA* zu *ITE*-Hörgeräten beziehungsweise Transistoren stießen auf starken Widerstand gegen derartige Verlagerungen. Keines der beiden Unternehmen vermochte sich von seiner Vergangenheit zu lösen.

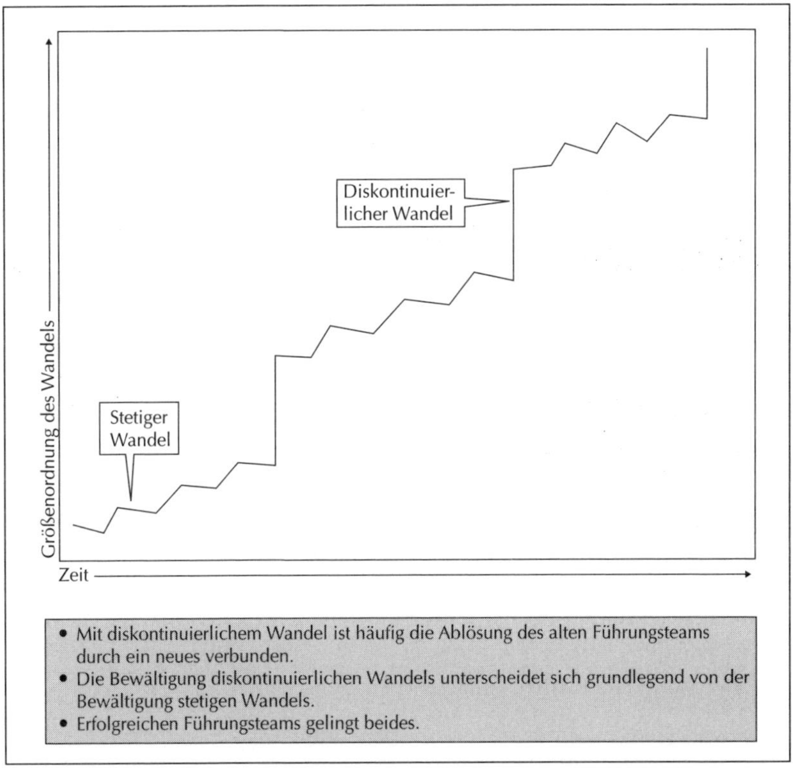

Abb. 7.7: Unternehmensentwicklung: Ablösung von Perioden stetigen Wandels durch diskontinuierlichen Wandel

Die Entwicklung von Organisationen erfolgt in langen Perioden stetigen Wandels, bis schließlich ein diskontinuierlicher, den Rahmen sprengender Wandel notwendig wird (siehe Abbildung 7.7). Unternehmen können durchaus den Übergang von ihrer derzeitigen Position der Stärke zur Stärke von morgen bewältigen – durch diskontinuierlichen organisatorischen Wandel. Derartige strategische Neuorientierungen müssen mit der strategischen Einflußnahme auf Innovationsströme verbunden sein: Es gilt, Alternativen zu dominanten Produktversionen, architektonischen Innovationen und Produktsubstitutionen abzuschätzen. Wenn strategische Neuorientierungen nicht proaktiv erfolgen, werden sie reaktiv. Allerdings sind reaktive Neuorientierungen oder Umstellungen riskanter, weil sie unter Krisenbedingungen und erheblichem Zeitdruck durchgeführt werden müssen und damit das Unternehmen in seiner Lernfähigkeit behindern.[6]

Doch die Bewältigung sowohl stetigen als auch diskontinuierlichen Wandels – erfolgreiches Management für heutiges wie künftiges Wohlergehen des Unternehmens – ist eine schwierige Aufgabe. Wie wir im nächsten Kapitel sehen werden, ist es weitaus leichter, Veränderungen inmitten einer Krise einzuleiten. Deshalb erfordert die Bewältigung von Innovationsströmen nicht nur die Schaffung dualer Organisationen, sondern auch die unternehmerische Fähigkeit, diskontinuierlichen Wandel *trotz* einer erfolgreichen Vergangenheit vorzunehmen. Andy Grove von *Intel* hat einmal gesagt: „In der Entwicklung eines jeden Unternehmens ist irgendwann der Zeitpunkt gekommen, zu dem ein dramatischer Wandel angesagt ist, wenn die nächsthöhere Leistungsstufe erklommen werden soll. Wird dieser Zeitpunkt verpaßt, beginnt unweigerlich der Abstieg. ... Emotional gesehen fällt der Wandel leichter, wenn man ohnehin schon bluten muß“ (Sherman 1993). In der Tat: Beim Management von Innovationsströmen geht es gleichermaßen um die Bewältigung von Wandel wie um die Bewältigung von Technologie. In Anbetracht der Schwierigkeiten bei der Durchsetzung eines proaktiven Wandels bleibt es meistenteils neuen Führungsteams in Krisensituationen überlassen, entsprechende innovative Entscheidungen zu treffen.

Widersprüche und duales Management

Die Bewältigung von Innovationsströmen steht und fällt mit der Bewältigung von Widersprüchen: Effizienz und Innovation, Taktik und Strategie, kontinuierliche und diskontinuierliche sowie große und kleine Veränderungen für Belange von heute und morgen. Die Bewältigung von

Innovationsströmen steht und fällt mit Konsistenz und Kontrolle sowie Variabilität, aktivem Lernen und der Nutzung glücklicher Umstände. Das Führungsteam hat die Aufgabe, all diese Widersprüche aufzufangen und die Spannungen und Synergien zu nutzen, die aus dem Jonglieren mit multiplen Kompetenzen erwachsen. Nur mit Hilfe einer klaren Vision können diese vielfältigen Widersprüche vereint und integriert und Innovationsströme proaktiv bewältigt werden.

Maßgeblich ist die unternehmensweite Schaffung von Führungsteams und Führungspersönlichkeiten, die gleichzeitig die Strategien, Strukturen, Kompetenzen, Arbeitsprozesse und Kulturen zur Gewährleistung kurzfristiger Effizienz organisieren *und* die Bedingungen für künftige strategische Innovationen gewährleisten können. Wir sprechen nicht von *der* innovationsförderlichen Organisationsstruktur oder Unternehmenskultur, sondern von *Strukturen* und *Kulturen* für strategische Innovation und strategischen Wandel. Eine Organisation mit dualen Fähigkeiten ist in der Lage, sowohl die Wahrscheinlichkeit kurzfristiger Effizienz zu maximieren als auch proaktive und gut informierte strategische Entscheidungen zu treffen. Diese dualen unternehmerischen Fähigkeiten sind in eine klare Vision eingebettet und versetzen die Manager in die Lage, Wissen und Können zu gewährleisten und günstige Voraussetzungen für die erfolgreiche Gestaltung der Zukunft ihres Unternehmens zu schaffen.

Auch wenn Perioden allmählichen Wandels in der Tat organisatorischer Trägheit Vorschub leisten, können Unternehmen dennoch von der jetzigen Position der Stärke zur nächsten übergehen. Durch die in dualen Organisationen inhärent vorhandene Diversität entwickeln Manager Optionen, auf deren Grundlage sie Einfluß auf Innovationsströme nehmen. Anschließend können sich die Organisationen mittels proaktiver strategischer Neuorientierungen und mutiger Entscheidungen in bezug auf dominante Produktversionen, architektonische Innovationen und/oder Produktsubstitutionen erneuern. Wie ein verdorrender Rebstock liefert die vorangegangene Periode stetigen Wandels den Humus für die eigene Saat, die eigenen Varianten, um in der darauf folgenden Gärungsperiode und schließlich in einer späteren Periode stetigen Wandels weiter zu gedeihen.

Die Bewältigung von Innovationsströmen – *Innovation ist machbar* – umfaßt nicht nur Innovationsaktivitäten, sondern auch deren Umsetzung in die Praxis. Die Welt ist voller Technologien und Innovationen, die entweder nie bis zur Umsetzung gelangt sind oder erst im Gefolge entsprechender Konkurrenzmaßnahmen verwirklicht wurden. Wer Innovationsströme anführen will, muß auch die Fähigkeit besitzen, Anführer in Zeiten diskontinuierlichen Wandels zu sein. Kapitel 8 hält Instrumente für die effektive Ausrichtung eines systemweiten Wandels bereit.

Anmerkungen:

1. Einschlägige Veröffentlichungen diskutieren zunehmend die Bedeutung von Innovation wie auch den Zusammenhang zwischen Innovation, Technologiezyklen und organisatorischer Erneuerung: Brown/Eisenhardt (1995); Burgelman (1994); Christensen/Bower (1996); Damanpour (1996); Foster (1987); Henderson/Clark (1990); Iansiti/Clark (1994); Leonard-Barton (1995); Morone (1993); Rosenbloom/Christensen (1994); Schoonhoven/Eisenhardt (1990); Utterback (1994).
2. Weitere Einzelheiten zu Technologiezyklen und dominanten Produktversionen bieten Anderson/Tushman (1990); Baum/Korn (1995); Cusumano/Mylonadis/Rosenbloom (1992); Cusumano/Selby (1995); David (1985); McGrath/MacMillan/Tushman (1992); Noble (1984); Teece/Pisano (1994); Tushman/Anderson (1986); Tushman/Rosenkopf (1992); Utterback (1994); Wade (1995).
3. Teilsysteme, Verbindungen und architektonische Innovationen werden ausführlicher erörtert bei Henderson/Clark (1990) und Rosenkopf/Tushman (1994). Einzelheiten zur Uhrenindustrie vermitteln Glassmeier (1991) und Landes (1983).
4. Dieser Zusammenhang ist auch nachzulesen bei Brown/Eisenhardt (1995); Cooper/Smith (1992); Nadler/Tushman (in Vorbereitung) sowie Tushman/Nadler (1986).
5. Weitere Einzelheiten zur Rolle des Führungsteams im Zusammenhang mit Innovationen vermitteln Ancona (1990); Finkelstein/Hambrick (1992); Flatt (1993); Garbarro (1987); Gersick (1994); Hamel/Prahalad (1994); Kearns/Nadler (1992); Morone (1993); Virany/Tushman/Romanelli (1992).
6. Die folgenden Veröffentlichungen enthalten detailliertere Ausführungen zur Verknüpfung von Innovation und organisatorischem Wandel: Gersick (1991); Greenwood/Hinings (1993); Hurst (1995); Iansiti/Clark (1994); Meyer/Goes/Brooks (1993); Miller (1990); Nadler/Shaw/Walton (1995); Pettigrew (1985); Romanelli/Tushman (1994).

Kapitel 8
Umsetzung strategischen Wandels

Bis 1991 war *Sears* mit über 500000 Mitarbeitern der größte Einzelhändler in den Vereinigten Staaten. Doch schon Mitte der 80er Jahre war der Marktanteil des Unternehmens gegenüber dem Höchstwert in den 70er Jahren um 15 Prozent gesunken, und der Aktienpreis war abgestürzt. Die Bemühungen des damaligen Geschäftsführers Ed Brennan um Veränderung der Unternehmensstrategie blieben weitgehend erfolglos. Wie ein Beobachter feststellte, glich *Sears* einem „Marathonläufer in Militärstiefeln mit einem 25-Kilo-Paket auf dem Buckel“ (Caminiti 1996, S. 90). Der Kundendienst erwies sich als problematisch – die Leute liefen über zu Konkurrenten wie *Wal-Mart*. So lautet der Kommentar eines Kunden aus dem Jahr 1991 über seinen Einkauf bei *Sears*: „Es kommt einem so vor, als wäre man in einem Laden in Rußland. Die Leute helfen einem nicht weiter, die Sachen sind nicht vorrätig, und an der Kasse muß man ewig Schlange stehen“ (Diamond 1991).

Dies war die Herausforderung, mit der sich Arthur Martinez konfrontiert sah, als er 1992 die Leitung der Einzelhandelsbetriebe bei *Sears* übernahm. Seither hat sich der Aktienkurs verdoppelt, die Gewinnspannen sind um mehr als 400 Prozent gestiegen, die Verwaltungskosten konnten erheblich verringert werden, und die Betriebsgewinne beliefen sich 1994 auf 890 Millionen Dollar – gegenüber einem für 1992 ausgewiesenen Verlust in Höhe von 2,9 Milliarden Dollar. Wie hat Martinez diese Kehrtwende bei *Sears* erreicht?

Als erstes erkannte er, daß Strategie und Struktur des Unternehmens den Realitäten des Einzelhandels in den 90er Jahren nicht mehr entsprachen. Also sorgte er für eine drastische Veränderung in Strategie, Struktur und Kultur des alten *Sears*-Unternehmens. Er konzentrierte sich auf das Kerngeschäft, veräußerte die Versicherungs- und Finanzdienste, stellte das verlustbringende Kataloggeschäft ein und verkaufte sogar das Gebäude, in dem *Sears* seine Unternehmenszentrale hatte. Er schloß über 100 Geschäfte, entließ mehr als 50000 Leute und investierte über 4 Milliarden Dollar in die Neugestaltung der Geschäfte. Doch Martinez weiß sehr gut, daß es mit der Strategie allein nicht getan ist: „Für mich besteht unsere größte Herausforderung nach wie vor darin, unseren Kundenauftrag zu erfüllen" (Strom 1992).

Von der Bedeutung einer Vision überzeugt, begann er, die Vorstellungen und Absichten des neuen *Sears*-Unternehmens mit schlichten und klaren Worten in der ganzen Organisation zu verkünden. Heute steht für *Sears*-Mitarbeiter fest: „Der Kunde darf nie enttäuscht werden." Und dabei hat der Mitarbeiter – der sogenannte *Associate* – selbst zu entscheiden, wie ihm das am besten gelingt. Im alten *Sears*-Unternehmen existierte ein Regel- und Vorschriftenwerk mit 29000 Seiten. Heute gibt es nur noch eine schmale Mappe, 30 mm dick; sie trägt die Aufschrift: „Rechte und Pflichten". Im Mittelpunkt stehen „die drei Cs" – *„a compelling place to shop, a compelling place to work, and a compelling place to invest"*: Man soll gar nicht erst auf die Idee kommen, *nicht* bei *Sears* einzukaufen, zu arbeiten und zu investieren! Liam Strong, vormals Führungskraft bei der *British Airways* und jetziger Leiter von *Sears* in Großbritannien, sagt: „Man darf den Leuten nur mit ganz einfachen Ideen kommen ..." (Buckley 1994). Wenn Martinez die neue Vision verkündet, pflegt er die Mitarbeiter provokativ an einen *Fortune*-Artikel zu erinnern, in dem *Sears* als Dinosaurier bezeichnet wurde. Damit heizt er dann die Revolution so richtig an (Loomis 1993, S. 36–42).

Martinez hat auch eine Revolution in der organisatorischen Anpassung der *Sears*-Kultur eingeleitet, um seine strategischen Ziele zu verwirklichen. Dazu zählen nicht nur die Institution des sogenannten *„P.S.E. Circus"* (*Pure Selling Environment*), mit der beim Kunden eine gewisse Spannung und Dringlichkeit erzeugt werden soll, sondern auch Diskussionsgruppen, Arbeitsgruppen, umfassende Schulungen an der *Sears University*, neue Arbeitsplatzbeschreibungen, neue Betriebsabläufe, 360°-Beurteilungen sowie ein neues Vergütungssystem, bei dem die Gehälter der Führungskräfte zur Hälfte an die Zufriedenstellung des Kunden gekoppelt sind. Zudem werden die Mitarbeiter in die finanziellen Zusammenhänge bei *Sears* eingewiesen, so daß sie betriebswirtschaftlich fundierte Entscheidungen treffen können. Ein Beobachter faßt diese Maßnahmen im folgenden Kommentar zusammen: „Schüren einer Kulturrevolution, einer Umerziehungsmaßnahme, die Mao mit Stolz erfüllt hätte“ (Dobrzynski 1996). Mit all dem soll erreicht werden, daß die Leute begreifen, welche Einstellungen und Verhaltensweisen mit der neuen Kultur verbunden sind, daß sie sich tatkräftig dafür einsetzen und daß sie eine positive Einstellung zur Zukunft entwickeln.

Doch Martinez erkennt, daß nicht alle *Sears*-Mitarbeiter von der Notwendigkeit eines Wandels überzeugt sind. „Zu dem Bemühen, in diesem Unternehmen etwas zu bewegen, gehört auch, daß die Vergangenheit nicht schlechtgemacht wird, sondern daß versucht wird, die für die Zukunft wichtigen Aspekte der Vergangenheit lobend hervorzuheben“ (Sellars 1995, S. 98). Und er betont, das neue *Sears*-Unternehmen sei nicht für jeden da. Wer sich nicht verändern kann oder will, wird aufgefordert zu gehen – beim Führungsteam angefangen. Um mit den früheren bürokratischen Vorgehensweisen des Unternehmens zu brechen, untersagt Martinez seinen Managern sogar die bisher übliche Numerierung der Abteilungen: Wer eine Ziffer anstelle der Wortbezeichnung benutzt, muß einen Dollar in die Sammelkasse tun. Und von den 100 höchsten Führungspositionen hat er 40 neu besetzt.

Ob die von Martinez ausgelöste Revolution Erfolg hat? Einige Skeptiker meinen, die Ausrichtung auf gewinnträchtigere Bekleidungs- und Modeartikel könne fehlgeleitet sein. Andere fragen sich, ob nicht auch in der Dienstleistungsbranche so etwas wie eine neue dominante Produktversion von „Kategorie-Killer“-Geschäften wie *The Home Depot* und *Staples* auftauchen könnte, so daß schließlich kein Bedarf mehr an mehrwertschöpfenden Warenhäusern wie *Sears* bestünde. So berechtigt solche kritischen Meinungen sein mögen – eines wird dabei übersehen: Unter der Leitung von Brennan wurde *Sears* seinem Kundenauftrag nicht gerecht. Ob er die richtige Strategie verfolgte, war irrelevant – die Bürokratie erstickte jeglichen Wandel. Martinez hingegen hat einen integrierten Plan für die Ausrichtung von *Sears* auf seine neue Strategie entwickelt. Er hat seine Strategie und Vision klar und deutlich verkündet und unverzüglich eine Veränderung der Unternehmenskultur eingeleitet. Er hat allen die unternehmensbedrohende Krise aufgezeigt und die gesamte Belegschaft in die Umsetzung der Veränderungsmaßnahmen eingebunden. Es mag dahingestellt bleiben, ob sich die *Sears*-Strategie letztlich als richtig erweist – in jedem Fall aber hat Martinez mit Erfolg einen revolutionären Wandel bewirkt.

Voraussetzungen im Topmanagement

Erfolg durch Innovation setzt die Bewältigung von Wandel voraus. Innovation bedeutet für eine Organisation immer einen Umbruch. Ob es nun Morisons Bericht von der US-Marine um die Jahrhundertwende oder der Aufruhr bei *Sears* und *Philips* ist – Innovation und Wandel, insbesondere proaktive Innovation und proaktiver Wandel, sind unweigerlich mit Widerstand und betriebspolitischen Machenschaften verbunden. Viele Unternehmen scheitern, weil großartige Strategien oder bahnbrechende Innovationen nicht angemessen umgesetzt werden.

Wandel im Unternehmensalltag stellt eine wichtige Quelle für Wettbewerbsvorteile dar. Die Bewältigung von Wandel ist in Wissenschaft und Praxis ausgiebig untersucht worden. Dabei haben sich klare Muster abgezeichnet, an denen die erfolgreichen Initiativen zur Herbeiführung von Wandel von den weniger erfolgreichen zu unterscheiden sind. Wir wollen zunächst die Aufgabe des Führungsteams bei der Ausrichtung und Gestaltung des Wandels erörtern und uns dann spezifischen Maßnahmen zuwenden, mit deren Hilfe Manager die mit Wandel stets verbundenen politischen Strömungen steuern, individuelles Verhalten motivieren und Widerstand gegen Wandel abbauen sowie den Unternehmensablauf auch in turbulenten Übergangsperioden unter Kontrolle halten können.[1]

Bewältigung von Wandel heißt, daß ein Unternehmen von seinem derzeitigen Zustand durch eine Übergangsperiode hindurch zu einem angestrebten künftigen Zustand gebracht wird. Dabei spielt die Übergangsperiode eine sehr wichtige Rolle: Die Manager und ihre Teams nehmen die Organisation auseinander und richten sämtliche Komponenten auf die Zukunft aus. Wenn man die ganze betriebspolitische Unruhe, den Widerstand einzelner Mitarbeiter gegen den Wandel und mögliche Kontrollprobleme während der Übergangsperioden bedenkt, bleibt nur eine Schlußfolgerung: Je kürzer die Übergangszeit ist, desto besser (siehe Abbildung 8.1).

Entscheidend für die Bewältigung von Übergangsperioden ist die Konzentration auf den Prozeß, mit dem eine Einheit von der Gegenwart in die Zukunft überführt wird. Diese Übergänge werden häufig unterschätzt; Manager delegieren oder ignorieren gern die Dynamik dieser entscheidenden Periode. Ein weitverbreiteter Fehler ist auch die übermäßige Konzentration auf den substantiellen Gehalt des Wandels: Sorgfältig und detailliert wird dargelegt, wie der zukünftige Zustand aussehen soll, während die Frage, wie denn der Wandel bewerkstelligt werden soll, kaum berührt wird. Doch der Prozeß der Bewältigung eines Wandels ist genauso wichtig wie dessen inhaltliche Substanz: Ein unzureichend bewältigter Übergangsprozeß bedeutet stets ein Risiko für die künftige Unternehmensleistung.

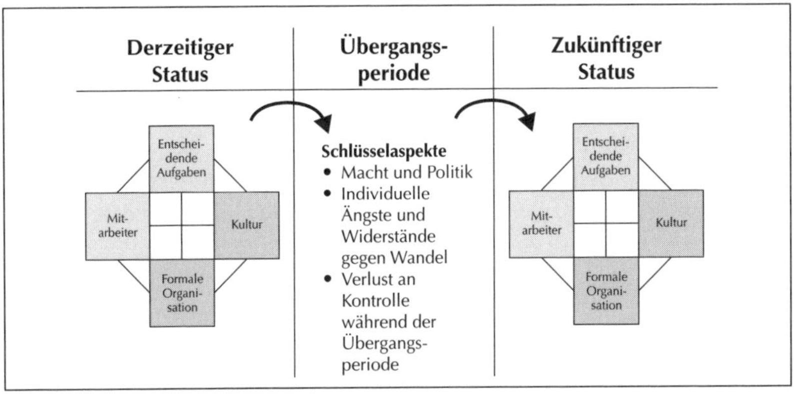

Abb. 8.1: Bewältigung von Übergangsperioden

Zumindest teilweise sind die Erfolge bei *Sears*, *BOC* und *Alcoa* auf die persönliche Verantwortung zurückzuführen, die Martinez, Chow und O'Neill mit ihren Führungsteams bei der Bewältigung der Übergangszeit übernommen haben.

Die Führungsthematik als solche wird seit Jahren ausgiebig diskutiert, doch das spezifischere Problem eines angemessenen Führungsstils in Perioden signifikanten organisatorischen Wandels wurde erst vor kurzem ernsthaft aufgegriffen. Einschlägige Forschungsarbeiten sprechen dafür, daß es in Übergangsperioden auf ein ganz bestimmtes Führungsverhalten und ganz bestimmte Eigenschaften des Führungsteams ankommt.

Visionäre Führungspersönlichkeiten

Visionäre Führungspersönlichkeiten sind imstande, Energie und Aktivität in einer Organisation durch ihr ganz persönliches Vorgehen nachhaltig zu mobilisieren. Sie sind keineswegs „Populärversionen“ großer Redner oder Fernsehstars. Visionäre Führung ist nicht gleichbedeutend mit Charisma. Visionäre Führungspersönlichkeiten besitzen vielmehr die Fähigkeit, ihre Organisation – auf welcher Führungsebene auch immer – emotional anzusprechen. Wie Huber vom *Ciba*-Werk in Grenzach, Chow bei der *BOC*-Industriegas-Sparte oder Barnevik bei *ABB* nehmen sie Einfluß auf die Werte, Ziele, Bedürfnisse und Absichten ihrer Kollegen, indem sie immer und immer wieder für Durchblick und Verständnis sorgen und ein Zweckbewußtsein erzeugen.[2]

Visionäre Führungspersönlichkeiten laden ihre Organisation gewissermaßen mit Energie auf und finden immer Mittel und Wege, um ihre Mitarbeiter zur Erreichung der Unternehmensziele zu motivieren. Sie zeigen Anteilnahme, hören zu, verstehen und achten die Gefühle anderer im Unternehmen. Sie geben zu erkennen, daß sie Vertrauen in ihre eigenen Fähigkeiten wie auch in die Fähigkeiten anderer setzen. Sie sorgen für Anlässe, um Übergänge und Wendepunkte zu signalisieren und zu feiern, leisten denjenigen Hilfestellung, die mit den Zwängen streßbeladener Umsetzungsmaßnahmen zu kämpfen haben, und unterstützen nachhaltig die neue Vision und Kultur.

Die mit visionärer Führung verbundenen Verhaltensweisen fördern Innovation und Wandel in verschiedener Hinsicht. Psychologisch gesehen stehen visionäre Führungspersönlichkeiten im Brennpunkt sämtlicher Energien, Hoffnungen und Bestrebungen seitens der Mitarbeiter im Unternehmen. Sie stellen einflußreiche Rollenvorbilder dar, deren Aktionen und persönliche Kraft die angestrebten Verhaltensweisen veranschaulichen. Ihr Verhalten gilt als Standard, an dem sich andere ausrichten. Durch ihr Engagement, ihre Effektivität und ihre Konsistenz bauen visionäre Führungspersönlichkeiten eine ganz persönliche Bindung zu ihren Organisationen auf.

Führungsteams

Im Alleingang wird eine Führungspersönlichkeit, so heldenhaft sie auch sein mag, kaum einen erfolgreichen Wandel bewirken können. Die Bewältigung von Wandel erfordert integrierte Führungsteams mit festem

Zusammenhalt. Diese Teams sind die einflußreichsten Signalgeber in einer Organisation; sie sorgen für Verbreitung und Institutionalisierung der angestrebten Verhaltensweisen zur Bewältigung von Innovation und Wandel. Erfolgreiche Führungspersönlichkeiten bedienen sich verschiedener Maßnahmen, um effektive, für alle sichtbare und dynamische Führungsteams aufzubauen.

Ermächtigung des Teams: Von Anfang an sollte das Team als „Verlängerung" der jeweiligen Führungspersönlichkeit gelten. Den Teammitgliedern muß das Maß an Selbständigkeit und Ressourcen zugestanden werden, das sie für effektives Arbeiten brauchen (objektives *Empowerment*), während dem Unternehmen in Form von Titeln und formalen Funktionen im Zusammenhang mit der Umstellung unmißverständlich vermittelt werden muß, daß die Teammitglieder stellvertretend für die Führungspersönlichkeit sprechen (symbolisches *Empowerment*). So fungierte das Führungsteam von Chow zugleich als Übergangsteam bei der Umstellung der *BOC*-Industriegas-Sparte. Jedes Teammitglied hatte eine formale Funktion bei der Erarbeitung und Durchführung der mit dem Wandel verbundenen Maßnahmen zu erfüllen.

Förderung der Teammitglieder: Empowerment als solches vermag nichts auszurichten, wenn die einzelnen Teammitglieder nicht in der Lage sind, ihre neuen Führungsrollen wahrzunehmen. Ein großes Problem bei der Durchführung grundlegender Veränderungen ist der Umstand, daß die Mitglieder des Führungsteams häufig das Produkt genau der Systeme, Strukturen und Werte sind, die es zu ändern gilt. Daher ist auf der obersten Führungsebene ein persönlicher Wandel erforderlich: Die ranghöchste Führungspersönlichkeit muß anleitend und unterstützend dafür sorgen, daß die Teammitglieder eigene Führungsfähigkeiten entwickeln. Doch die Mitglieder eines solchen Führungsteams müssen – und sollten – keine „Klone" ihres jeweiligen Vorgesetzten sein, sondern ermutigt werden, ihrem persönlichen Führungsstil durchaus treu zu bleiben. Sollte das eine oder andere Teammitglied nicht auf eine derartige Beratung und Unterstützung eingehen (können), sind Änderungen im Team vorzunehmen, bevor zu großer Schaden angerichtet wird.

Feinabstimmung der Teamzusammensetzung: Die Tatsache, daß ein Führungsteam den angestrebten Wandel umsetzen muß, löst häufig Veränderungen in der Zusammensetzung des Teams aus. So können unterschiedliche Fähigkeiten, Kenntnisse, Führungsstile und Wertvorstellungen erforderlich sein, um die Veränderungen zuwege zu bringen und ein effektives Management in der neu strukturierten Organisation zu gewährleisten. Die Spitzenführungskräfte sollten nicht nur eine klare Vorstellung davon haben, welcher Kompetenzen es zur Durchführung der veränderten Strategie bedarf, sondern auch genau wissen, welche Kompetenzen in ihrem Führungsteam vorhanden sind.

Gewährleistung von Teamzusammenhalt: Das Führungsteam muß Lernfähigkeit bei der Bewältigung von Wandel unter Beweis stellen. Es gilt, die Teammitglieder aneinander zu binden, eine Abschottung nach außen aber zu vermeiden.[3] Andernfalls besteht die Gefahr, daß sich das Team von der übrigen Organisation isoliert, Strukturen dysfunktionaler Konformität entwickelt und mit der Zeit sogar Muster einer erworbenen Inkompetenz ausprägt.

Um Führungsteams nachhaltig zu festigen und dennoch ihren Bezug zum Unternehmen lebendig zu halten, sollte für Diversität hinsichtlich des Alters, der Dienstzeit und des funktionalen Hintergrunds der Teammitglieder gesorgt werden. Diversität läßt sich durch routinemäßigen Arbeitsplatzwechsel wie auch durch Hinzuziehung neuer Teammitglieder erreichen. Derartige Umstellungen innerhalb des Führungsteams sind dazu angetan, einerseits Stabilität der Erfahrungen und andererseits ein vergleichsweise niedriges Durchschnittsalter der Gruppe zu gewährleisten. Eine andere Möglichkeit zur Steigerung der Effektivität des Teams besteht darin, die Mitglieder kontinuierlich mit neuen Ideen und Informationen zu versorgen. So absolviert das Führungsteam bei der *Southwest Airlines* alljährlich ein einwöchiges Programm im Rahmen neuer Herausforderungen.

Entwicklung der Fähigkeit zu strategischer Vorausschau: Die Durchführung strategischen Wandels setzt voraus, daß signifikante externe Ereignisse mit vorausschauendem Weitblick erkannt werden. Proaktiver Wandel erfolgt, weil ein Unternehmen so geführt wird, daß Wettbewerbsvorteile infolge von Veränderungen eher früher als später zu erkennen sind. Als Gruppe vermag das Führungsteam eine Vielzahl von Entwicklungen zu überblicken und kann bei der Analyse des Umfelds potentiell kreativer vorgehen als eine auf sich gestellte Führungspersönlichkeit. Dazu bedarf es einer Investition in Aktivitäten, die vorausschauende Fähigkeiten fördern: Überprüfung des Umfelds, Experimente, Sondierungen innerhalb der Organisation (oft an der Peripherie) und häufige Kontakte zur Unternehmensumwelt. David Kearns von *Xerox* und O'Neill von *Alcoa* hätten es ohne den gezielten Einsatz ihrer weithin geschätzten Führungsteams nicht geschafft, ihre qualitätsorientierten organisatorischen Veränderungsmaßnahmen umzusetzen. Eigens zum Zweck der Schulung ihrer Fähigkeiten in bezug auf Wandel und Qualität besuchten diese Teams Unternehmen in Japan sowie andere Organisationen mit einschlägigen Erfahrungen und nahmen an umfassenden Schulungs- und Problemlösungsprogrammen in ihren eigenen Arbeitsgruppen und Sparten teil. Bei solchen Gelegenheiten dienten sie dann ihrerseits als Rollenvorbilder und „Champions" des anstehenden Wandels.

Entwicklung von Führungsverhalten in der Organisation: Eine effektive Möglichkeit zur Vergrößerung der Reichweite des Führungsteams bei der Umsetzung strategischen Wandels besteht darin, auch die nachgeordneten Führungsriegen im oberen Management sowie einzelne Führungskräfte aus den mittleren und unteren Führungsebenen einzubeziehen. Dabei sind zwei wichtige Ziele zu verfolgen: Zum einen muß gewährleistet sein, daß alle Mitglieder im Führungsteam eine gemeinsame strategische Perspektive und keine Kirchturmpolitik oder funktional verengte Sichtweise von der Organisation vertreten. Zum anderen gilt es einen „Talent-Pool" zu entwickeln und zu unterhalten, welcher der Organisation den Weg in die Zukunft weist. Bei *Corning* beispielsweise richtete Jamie Houghton zwei Gruppen ein – die *Corporate Policy Group* (mit den rund 35 höchsten Spitzenmanagern) und die *Corporate Management Group* (mit den 120 ranghöchsten Managern). Beide Gruppen sollten die Reichweite des Führungsteams vergrößern. Bei so unterschiedlichen Unternehmen wie *ABB*, *BOC*, *PepsiCo* und *GE* betrachtet man diese erweiterten Führungsteams als unternehmerischen Vermögenswert und als Lebenselixier der Zukunft.

Dieser erweiterten Managementgruppe müssen neue Kompetenzen und neue Ansätze im Sinne einer persönlichen Herausforderung vermittelt werden; andernfalls bleiben die Führungskräfte den Strukturen, Systemen und Kulturen verhaftet, die bisher erfolgreich waren, in Zukunft jedoch nicht mehr angemessen sind. Gerstner von *IBM* meint dazu: „Ich hatte den Eindruck, daß es bei *IBM* zu viele Leute gab, die auf verlorenem Posten kämpften" (Sager 1995a, S. 142). Solange nicht eine neu motivierte umfassende Gruppe von Führungskräften aktiv in den Veränderungsprozeß einbezogen wird, könnte der Eindruck einer Entrechtung durch das übermächtige Führungsteam entstehen – einmal mehr, wenn neue Leute „von draußen" in dieses Team berufen wurden.

Umsetzung organisatorischen Wandels

Es gibt im Zusammenhang mit der Herbeiführung von Wandel drei grundlegende Probleme, mit denen sich alle Manager bei der Bewältigung diskontinuierlichen Wandels auseinandersetzen müssen: Umgang mit Macht und betriebspolitischen Strömungen, Umgang mit Ängsten und Widerstand einzelner Mitarbeiter sowie Aufrechterhaltung von Kontrolle gerade in der Übergangsperiode. Bei sorgfältiger Berücksichtigung stellen diese drei Faktoren effektive Ansatzpunkte für die erfolgreiche Umsetzung von Wandel dar. Bleiben sie hingegen unbeachtet, können sie selbst die sinnvollsten Veränderungsinitiativen schnell zum Erliegen bringen.

Bewältigung der betriebspolitischen Dynamik des Wandels

Es ist so gut wie unmöglich, größere Veränderungen herbeizuführen, ohne den betriebspolitischen Kessel anzuheizen. Manager müssen die damit verbundene Dynamik im voraus erkennen und entsprechend vorbereitet sein. Wer sich dieser unausweichlichen Konsequenz nicht stellt, gefährdet unnötig den Erfolg der Veränderungsinitiative.[4] Doch als Führungskraft sind Sie sehr wohl in der Lage, direkten Einfluß auf die Betriebspolitik zu nehmen und Widerstand abzubauen, mit Ihrem eigenen Verhalten den Wandel indirekt zu unterstützen und in Anbetracht unabänderlicher Aspekte für Stabilität zu sorgen.

Bilden Sie Allianzen – gewinnen Sie die Unterstützung der wichtigsten Spieler: Die Hauptspieler bei der Herbeiführung von Wandel sind politisch wichtige Persönlichkeiten innerhalb wie außerhalb des Unternehmens, die in irgendeiner Form vom angestrebten Wandel betroffen sind. Nicht alle Betroffenen sind gleichermaßen einflußreich. Einige besitzen genügend Macht, um über Wohl und Wehe des Wandels zu befinden, andere unterstützen ihn, wieder andere lassen ihn einfach nur geschehen. Diese personalpolitische Analyse darf nicht auf die Einheit des Managers beschränkt bleiben, sondern muß auch die umfassendere Organisation (wichtige Kollegen), den Vorgesetzten des Managers und das Umfeld der Organisation (entscheidende Lieferanten und Kunden) einbeziehen.

Die Beantwortung der folgenden Fragen läßt erkennen, wer die wichtigen Leute sind und wie ihre Reaktion auf den angestrebten Wandel aussehen könnte: Wer hat die Macht, Geburtshelfer oder Totengräber für den Wandel zu spielen? Wer verfügt über entscheidende Ressourcen beziehungsweise Fachkenntnisse und Erfahrungen? Des weiteren gilt es zu überlegen, in welcher Form der Wandel diese Leute betrifft und wie sie darauf reagieren könnten. Wer hat etwas zu verlieren, wer etwas zu gewinnen? Welche Beziehungen bestehen zwischen den Betroffenen? Gibt es Blökke, die Widerstand gegen den angestrebten Wandel mobilisieren oder umgekehrt andere zur Unterstützung motivieren könnten? Und schließlich muß über geeignete Maßnahmen entschieden werden, um den Einfluß der Gegner möglichst klein zu halten und die Motivation potentieller Befürworter möglichst noch zu fördern. Manager müssen aktiv an Allianzen denken, wenn sie Einfluß auf den Wandel nehmen wollen. Wir fordern sie auf, all die Netzwerke und Allianzen in ihren Organisationen, die ihren Bemühungen um Herbeiführung des Wandels dienlich sein könnten, zu diagnostizieren, graphisch darzustellen und aktiv zu gestalten.

Weiterhin ist zu fragen, welche Ansatzpunkte gegeben sind, um auf die wichtigsten Spieler Einfluß zu nehmen. Dabei sind die folgenden Maßnahmen zu nennen – in der Reihenfolge eines zunehmenden Wagnispotentials:

Beteiligung, Einbeziehung, „Kooptation“: Die positivste Methode zur Gewinnung der Unterstützung einflußreicher Persönlichkeiten besteht darin, sie um Mitarbeit in Planung und Ausrichtung der Veränderungsmaßnahmen zu bitten. Je stärker die Betroffenen einbezogen werden, desto größer ist die Wahrscheinlichkeit, daß sie sich persönlich für den Wandel einsetzen, und desto mehr fühlen sie sich diesem Wandel verpflichtet. Genauso sind Dale Gambrill (*Vice President*) und Mike Dale (*President*) bei *Jaguar* vorgegangen. Sie machten die lautesten Kritiker ausfindig und nahmen sie in die Pflicht. Einer der solchermaßen „kooptierten“ Dissidenten meint: „Ich war erst mißtrauisch und leistete instinktiv Widerstand. ... Aber dann sind die doch ganz anders vorgegangen“ (Fisher 1995, S. 124). Interessanterweise waren es aber nicht die leitenden Führungskräfte, die ihren Plan geändert hätten; vielmehr hatte der ursprüngliche Gegner seine Meinung geändert. In ähnlicher Weise waren Kearns bei *Xerox*, O'Neill bei *Alcoa* und Chow bei der *BOC*-Industriegas-Sparte sorgfältig bemüht, ihre Hauptspieler in den Prozeß des Wandels einzubeziehen. Wie immer dieser Prozeß im einzelnen aussehen mag – der psychologische Ansatz bleibt gleich: Beteiligung schafft Verantwortungsbewußtsein. Tun heißt glauben.

Anreize: Belohnungen und Bestrafungen sind ebenfalls effektive Mittel zur Konditionierung erwünschter Verhaltensweisen. In dem Maße, wie die Beteiligten keinen Anreiz zur Unterstützung von Wandel sehen (oder, schlimmer noch, dafür bestraft werden), ist es aus ihrer Sicht durchaus vernünftig, Widerstand zu leisten. Deshalb muß unbedingt geklärt sein, was derzeit belohnt wird und was künftig belohnt werden soll. Bei *BOC* hat Chow die Verhaltensweisen, die sich sein Team für die *Runnymede*-Initiative aneignen sollte, gemessen und beurteilt: Zusammenarbeit, Teamarbeit und schneller Technologietransfer wurden formal mit Hilfe überarbeiteter Systeme und informell bei Stippvisiten von Chow und seinem Team in allen möglichen Bereichen der Organisation bewertet. Infolge der anschließenden klaren Zuordnung von formalen und informellen Belohnungen wurde den wichtigsten Beteiligten schnell und unmißverständlich vermittelt, daß der Wandel ernst gemeint war und von der Unternehmensleitung unterstützt wurde. Ein Manager, der nur von der Notwendigkeit eines Wandels redet, aber die alten Belohnungssysteme beibehält, verunsichert seine Mitarbeiter mit gemischten Botschaften.

Austausch: Organisationen sind wie alle politischen Systeme durch Austauschbeziehungen geprägt: Eine Hand wäscht die andere. Diese auf gegenseitiger Gefälligkeit beruhende Beziehung gibt es überall auf der Welt, und mit der Zeit stellt sich ein Ausgleich ein. Auch Manager sollten über ein solches Bankkonto noch „ausstehender“ Gefälligkeiten verfügen – um sie in Zeiten des Wandels einzufordern. Wenn die Konten der Manager leer sind, könnten ihre Bemühungen um Herbeiführung eines Wandels stark behindert werden. So erinnerte Huber einen seiner leicht resistenten Manager im Grenzach-Werk daran, wie oft er ihm schon geholfen hatte. Letztlich fand sich auch dieser Manager zur Unterstützung der Veränderungen bereit.

Isolation: In dem Maße, in dem wichtige Spieler ihren Widerstand gegen den angestrebten Wandel beibehalten, sollten sie sozial oder auch räumlich isoliert werden. Bei *Anaquest* beispielsweise wollte ein Beteiligter die Veränderungsinitiative nicht unterstützen – trotz persönlicher Aufforderung zur Mitarbeit und trotz der Tatsache, daß man das Vergütungssystem verändert hatte. Nachdem Geschäftsführer Martin McGlynn den widerspenstigen Mitarbeiter bei gemeinsamen Essen und in Zweiergesprächen „bearbeitet" hatte, gewann er ihn schließlich doch noch für den Wandel. In einigen Fällen kann Isolation aber auch bedeuten, daß Mitarbeiter aus der Informationsschleife ausgekoppelt werden, damit sie keine Gelegenheit mehr haben, sich dem Wandel zu widersetzen.

Entfernung oder Weitervermittlung: Hartnäckige Antagonisten, die sich nicht bekehren lassen, müssen unter Umständen entfernt werden. Wenn diese betriebspolitisch einflußreichen Opponenten nicht daran gehindert werden, aktiven oder passiven Widerstand gegen den Wandel zu leisten, könnten sie andere Mitarbeiter dazu bringen, sich ebenfalls zu widersetzen und gegen den Wandel zu verbünden. Viele erfolgreiche, „wandelerfahrene" Manager wissen, wie wichtig eine rasche Ausschaltung der Opposition ist. Um *Scott Paper* zu retten, entließ der neue Geschäftsführer neun der elf Spitzenfunktionäre aus ihrem Amt. Pfeiffer bci *Compaq* forderte sechs leitende Führungskräfte auf, sich eine andere Aufgabe zu suchen. Noch bevor die Wende bei *Philips* vollzogen war, hatte das Führungsteam nahezu vollständig gewechselt. Eine solche Amtsenthebung oder Weitervermittlung ist eine schwerwiegende Entscheidung, die niemals leichthin getroffen werden sollte; doch wenn alle übrigen Versuche einer Einflußnahme fehlgeschlagen sind, ist sie unumgänglich, denn sonst bleibt die Botschaft hinsichtlich der Bedeutung des Wandels allenfalls gemischt. Selbst bei deutlichen Anzeichen für Widerstand zögern Manager Maßnahmen gegenüber wichtigen Teammitgliedern häufig hinaus. Spätestens aber, wenn es tatsächlich zu Behinderungen im Veränderungsprozeß kommt, müssen sie einsehen, daß ein rechtzeitiges Eingreifen besser gewesen wäre.

Dieser personalpolitische Ansatz zur Umsetzung von Wandel stößt natürlich an Grenzen, wenn es sich bei dem Opponenten um den eigenen Vorgesetzten handelt. Ist dieser Vorgesetzte nicht vom Wandel zu überzeugen, hat die Initiative kaum Aussicht auf Erfolg. In einer solchen Situation bleibt nur der Versuch, das Verhalten des Vorgesetzten durch die Bildung von Allianzen mit anderen wichtigen Persönlichkeiten aus der Organisation zu beeinflussen. Finden sich auch diese Leute nicht zur Unterstützung des Wandels bereit, bleibt alles beim alten. Mit anderen Worten: Die Bewältigung strategischen Wandels erfordert außer der Erstellung einer zutreffenden Diagnose ein Management, das nach unten, nach oben und über die Grenzen der Einheit hinaus wirksam ist.

Eine solche Einflußnahme durch personalpolitische Entscheidungen und Allianzen wird vielfach von Managern abgelehnt, die einen Wandel ausschließlich auf der Basis von Fakten und Daten herbeiführen wollen. Besonders Wissenschaftler und Techniker möchten sich ungern darauf einlassen, einen Wandel durch Allianzen zu erzielen. Aber Fakten als solche sind für einen wirklich signifikanten Wandel niemals ausreichend. Peter Drucker hat dazu einmal gesagt: „Jeder Mensch über 21 kann mit Fakten zur Verteidigung der eigenen Position aufwarten“ (Pfeffer 1992a, S. 248). Nein – Fakten müssen durch politisches Agieren ins rechte Licht gerückt werden. Die erfolgreichsten Manager verfügen nicht nur über die notwendigen Fakten, um andere motivieren zu können, sondern wissen auch mit Umsicht die Cliquen und Allianzen zu steuern, die zur Umsetzung des Wandels erforderlich sind.

Verstärken Sie die Botschaft durch indirekte Einflußnahme: Was immer Spitzenführungskräfte sagen und tun – ihr Verhalten spielt eine maßgebliche Rolle bei der Erzeugung politischer Dynamik und Energie für beziehungsweise gegen einen strategischen Wandel. Auch eine solche indirekte Einflußnahme trägt mit klaren, unmißverständlichen Signalen dazu bei, Ungewißheiten und betriebspolitische Machenschaften zu verringern.

Großangelegte Veränderungsinitiativen geraten häufig deshalb ins Schleudern, weil die Worte nicht zu den Taten passen: Der Geschäftsführer gibt eine neue wichtige Parole aus, aber das Vorgehen seiner Führungskräfte läßt ganz andere Rückschlüsse zu. Es folgen weitere Absichtserklärungen, aber wieder werden die alten Vorgehensweisen belohnt. Zynismus macht sich unter denen breit, die den Wandel begrüßen. Schon bald entwickeln selbst die eifrigsten Befürworter eine Risikoversion. In dem Maße, in dem Manager und ihre Teams Mischbotschaften erzeugen und sich nicht an das halten, was sie verkünden, wird zynischem Widerstand gegen Wandel wie auch betriebspolitischen Machenschaften Vorschub geleistet. Deshalb müssen Sie sich als Manager unermüdlich dafür einsetzen, Ihr Vorgehen mit Worten zu untermauern – und umgekehrt. Sie sollten sich dabei nicht auf symbolträchtige Aktivitäten beschränken, sondern auch die in Kapitel 6 angesprochenen Möglichkeiten der indirekten Einflußnahme nutzen:

Behalten Sie Ihren Terminkalender im Auge: Was wichtig ist, läßt sich besonders deutlich an der Zeiteinteilung eines Managers ablesen: Die Bereiche, denen die Manager die meiste Zeit und Aufmerksamkeit widmen, werden als wichtig angesehen; andere Bereiche, die weniger Beachtung finden, gelten als unwichtig. Bei *Anaquest* beispielsweise richtete McGlynn eine Arbeitsgruppe für Innovation und Wandel ein, die sich einmal im Monat traf. Er nahm an jeder Sitzung teil, kam vorbereitet und pünktlich zum Treffen, blieb bis zum Schluß und sagte sogar andere Sitzungen ab, um anwesend zu sein. Die ihm direkt unterstellten Mitarbeiter zogen daraus sehr schnell den Schluß, daß die Arbeitsgruppe wichtig war, während andere „wichtige" Treffen (die er routinemäßig ausließ) weniger wichtig sein mußten. Als *Motorola* seine inzwischen weithin anerkannte Qualitätsinitiative startete, signalisierte der damalige Geschäftsführer Bob Galvin deren Bedeutung, indem er verlangte, daß Qualität auf jeder Tagesordnung an oberster Stelle stand. Er war dafür bekannt, daß er bei Sitzungen stets lange genug blieb, um den Qualitätsbericht und die anschließende Diskussion zu hören und danach zu gehen – ein Zeichen dafür, daß er meinte, was er sagte. Man braucht sich erfolgreiche Veränderungsinitiativen nur anzuschauen: Immer sind Signale dieser Art im Spiel.

Stellen Sie Fragen: Auch Fragen seitens der Spitzenführungskräfte lassen deutlich erkennen, was wichtig ist (und was nicht). Einer der Gründe für die hervorragende Umsetzung strategischer Veränderungen bei *Alcoa* und *Xerox* ist darin zu sehen, daß O'Neill und Kearns, wo immer sie auftauchten, ständig Fragen zum Fortschritt ihrer Veränderungsinitiative stellten. Ein derart nachhaltiges Interesse am Detail mit ständigem Hinterfragen sendet klare Signale, welche Einstellungen und Verhaltensweisen das Management wirklich für notwendig erachtet.

Versichern Sie sich, daß Ihre Botschaft angekommen ist: So, wie die Fragen der Spitzenführungskräfte ein Interesse bekunden, so sind auch Nachfragen dazu angetan, die Ernsthaftigkeit eines Zwecks zu unterstreichen. Im Anschluß an seine Sitzung mit Führungskräften im *Management Development Center* von *GE* verlangt Welch von den Sitzungsteilnehmern immer ein schriftliches *Feedback*, in dem diese zusammenfassen müssen, was sie gelernt haben. Mit Erstaunen stellt er fest, wie leicht Zuhörer Dinge hören, die nie gesagt worden sind – besonders dann, wenn die Botschaft vielleicht gar nicht so gern gehört wurde. Die einzige Möglichkeit, dieses selektive Hören zu überwinden, ist ständiges, konsistentes Wiederholen. Nicht Charisma oder Eloquenz, sondern nur strikt eingehaltene Konsistenz in Wort und Tat kann im Lauf der Zeit Klarheit schaffen und auf diese Weise betriebspolitischen Machenschaften Einhalt gebieten.

Nehmen Sie bei Sitzungen Einfluß auf die Tagesordnung: Ein weiterer Indikator für wichtige Belange sind die Punkte auf der Tagesordnung. Wie weiter oben bereits erwähnt wurde, erkennen die Mitarbeiter in Unternehmen wie *DuPont* und *Marriott* die Bedeutung von Sicherheit und Kundendienst daran, daß diese Punkte jeweils ganz oben auf der Tagesordnung stehen. Welche Punkte auf der Tagesordnung werden ausführlich behandelt, welche werden übergangen? Mit der Zeit leiten die Mitarbeiter daraus ab, daß bestimmte Punkte wichtig sind, andere hingegen nicht; und daran können auch die inhaltlichen Aussagen von Reden und Videobändern aus dem Topmanagement nichts ändern.

Organisieren Sie Festessen und besondere Veranstaltungen: Nutzen Sie spezielle Möglichkeiten, um Ihre Veränderungsinitiative substantiell wie auch symbolisch in Bewegung zu halten. Zum Beispiel veranstalteten McGlynn und sein Team von *Anaquest* im Anschluß an die Berichterstattung ihrer Arbeitsgruppe eine „Spartakus"-Ralley, um auf diese Weise der Arbeitsgruppe zu danken und die Mitglieder zu weiterem Einsatz für die Veränderungsinitiative anzuspornen. Im Grenzach-Werk nutzte Huber eine Reihe von gemeinsamen Essen und Begegnungen, um Fragen zu stellen und seinen persönlichen Einsatz für die einschneidenden Veränderungen zu zeigen. Zunächst galten diese Veranstaltungen als „künstlich", aber schon bald stießen sie auf Anerkennung – als Signal für die Bedeutung des Wandels und als Gelegenheit für die Mitarbeiter, ihre Erfolge gemeinsam mit ihren Ehepartnern zu feiern.

Achten Sie auf zusammenfassende Erläuterungen: Am Ende vieler Sitzungen faßt der Sitzungsleiter die wichtigsten Gesprächspunkte zusammen. Dies ist eine gute Gelegenheit, um die Botschaft noch einmal deutlich hervorzuheben – eine Chance für Manager, ihren Kollegen die Veränderungsinitiative verständlich zu machen und Klarheit zu schaffen, warum gerade diese Initiative so wichtig ist. Eine der Aufgaben des Führungsteams besteht darin, die Turbulenzen in Übergangsperioden dadurch zu mildern, daß sie die Vorgänge im Unternehmen erläutern und anderen den Sinn der Umstellung verdeutlichen. Bei *Anaquest* hielt der *BOC*-Vorsitzende eine Rede über die Zukunft des Gesamtunternehmens. Leider waren seine Ausführungen zur Zukunft der *Anaquest*-Sparte nicht ganz eindeutig. Um die daraus resultierende Ungewißheit und das Potential erhöhter Ängste und Widerstände abzubauen, setzten sich McGlynn und sein Team gezielt dafür ein, daß die *Anaquest*-Mitarbeiter die Rede des Vorsitzenden bezüglich der Veränderungen, die auf die Einheit zukommen würden, richtig verstanden und deuteten.

Schaffen Sie Helden, Erfolgsgeschichten und Mythen: Alle Organisationen haben ihre Helden, Erfolgsgeschichten und Mythen. Angus McDonald von der alten *AT&T*, Wilson von *Xerox*, Watson bei *IBM* und Mary Kay Ash von *Mary Kay* sind nur einige wenige Beispiele. Die Erfolgsstorys von außergewöhnlichen Menschen bieten eine schnelle, anschauliche Möglichkeit, ein Bewußtsein für das wirklich Wichtige zu vermitteln. So enthalten die Berichte über heroische Kundendienstleistungen bei *FedEx* und *Nordstrom* oder über Beständigkeit und Innovation bei *3M* und *J&J* wirksame Aussagen über Verhaltens- und Leistungsstandards. Während der Übergangsperioden müssen Führungskräfte auch daran denken, neue Helden und Erfolgsgeschichten zu schaffen, um den Wandel in bezug auf Standards und Ausrichtung zu veranschaulichen.

Barnevik von der *ABB* meint: „Man muß seine Erfolgsstorys nutzen, um Widerstand zu brechen. ... Wenn Sie die Richtung wechseln wollen, müssen Sie die Leute aufrütteln – aber nicht, indem Sie ihnen drohen, sondern indem Sie anhand einer ähnlichen Situation aufzeigen, was machbar ist“ (Schares 1993, S. 208). Die öffentliche Anerkennung von Leistungen ist sehr wichtig, damit die Leute erkennen, daß etwas, was sie für unmöglich gehalten haben, nicht nur möglich ist, sondern bereits geschieht und belohnt wird.

Nutzen Sie Sprache und Symbole: Manager stellen keine Kopiergeräte her, sie rechnen keine Schecks ab, liefern kein Gas, sie verkaufen auch keine Produkte und betreiben nicht Forschung. Statt dessen arbeiten sie mit Symbolen, Informationen, Strukturen und Organisationsprozessen. Führungsteams können Verhalten formen und die Aufmerksamkeit der Mitarbeiter durch symbolisches Management lenken. Standorte, Namen, Titel und festliche Anlässe sind wirksame Signale. Der Wandel der *Xerox*-Konzeption von einem Kopiergeräte-Hersteller zu einem Dokumenten-Unternehmen signalisiert eine Verschiebung in der Unternehmensvision – so wie auch die Verlagerung der Unternehmenszentrale der *Ciba Vision* von Basel nach Atlanta ein neues Selbstverständnis des Unternehmens als verstärkt unternehmerisch tätige, unabhängige Einheit bedeutet. Auf den Führungsebenen innerhalb des Unternehmens gelten das Angebot einer besonderen Beförderung (oder Rückstufung), der Umzug in ein anderes Büro wie auch die Abschaffung eines getrennten Speiseraums für Führungskräfte und Gäste als kleine, aber sichtbare Signale für den künftigen Status. Und wenn die Angestellten der Organisation fortan als Mitarbeiter und Teammitglieder bezeichnet werden, so ist das an sich nur eine Kleinigkeit. Aber mit der Zeit hat auch die sprachliche Formulierung einen Einfluß darauf, wie die Leute sich und andere einschätzen.

Eine geschickt angelegte indirekte Einflußnahme ist die vielleicht preiswerteste, zugleich aber auch wirksamste Methode zur Konditionierung des Mitarbeiterverhaltens. Für sich genommen, zeigen solche trivialen Aktionen kaum Konsequenzen. Doch bei sorgfältiger Abstimmung bieten sie ein erhebliches Potential, um die Aufmerksamkeit der Mitarbeiter in bestimmte Richtungen zu lenken und das Verständnis für die Zusammenhänge zu schärfen. Gerade weil solche Aktionen einzeln kaum ins Gewicht fallen, ist ihre kombinierte Wirkung um so überraschender und stärker.

Sorgen Sie für Stabilität: Eine letzte Maßnahme zur Einschränkung betriebspolitischer Widerstände gegen den Wandel ist die Gewährleistung von Stabilität bei der Umstellung als solcher. Um die destruktiven Aspekte eines solchen Widerstands zu mildern, sollten Manager zunächst die wichtigsten Leute auf den Wandel vorbereiten, vorab Informationen und Einzelheiten in bezug auf den Wandel liefern, offene und ehrliche Gespräche führen und immer wieder konsistente Botschaften zwecks Verringerung von Unsicherheiten aussenden. Dazu gehört auch eine klare Stellungnahme zu dem, was sich *nicht* ändern wird – woran sich die Mitarbeiter auch künftig halten können. Wenn bestimmte Aspekte hinsichtlich Kultur, Standort und personeller Besetzung unverändert bleiben, so muß ein solches Festhalten an der Vergangenheit von Anfang an immer wieder klargestellt werden. Bei *Alcoa* war es O'Neill und seinem Team selbst im Kontext eines grundlegenden Unternehmenswandels klar, daß sich an *Alcoas* glänzendem technologischem Erbe und seinem Selbstverständnis in bezug auf die Lieferung hochqualitativen Aluminiums nichts ändern würde. Auch bei der Neuorientierung von *Kodak* hat George Fisher immer wieder betont, daß sich das Unternehmen weiterhin dem photographischen Markt verpflichtet fühlt und seiner Diversifikation ein Ende setzt. Klarheit darüber, was sich nicht ändern wird, trägt zum Abbau von Zukunftsängsten bei.

Überwindung des Widerstands einzelner Mitarbeiter

Als zweites Problem müssen alle Manager, die einen umfassenden Wandel anstreben, mit einem auf ganz persönlichen Ängsten beruhenden Widerstand rechnen. Die psychologischen Konsequenzen von Streß und Angst sind allgemein bekannt (siehe Abbildung 8.2). Wenn Leute unter zu hohem Streß stehen, schalten sie ab und leisten fortan aktiven oder passiven Widerstand. Ein Manager hat dies einmal so formuliert: Wann immer er versucht habe, größere organisatorische Veränderungen einzuleiten, habe er stets dieselben neun Fragen beantworten müssen – „Warum, warum, warum? Wann, wann, wann? Ich, ich, ich?" Es gibt vier praktische Vorgehensweisen, wie Manager dysfunktionale Ängste abbauen und konstruktives Verhalten fördern können: Erzeugung von Unzufriedenheit mit dem *Status quo*, Einbeziehung der Mitarbeiter, Anerkennung und Belohnung der erwünschten neuen Verhaltensweisen sowie hinreichendes Angebot an Zeit und Gelegenheit zur Umstellung.

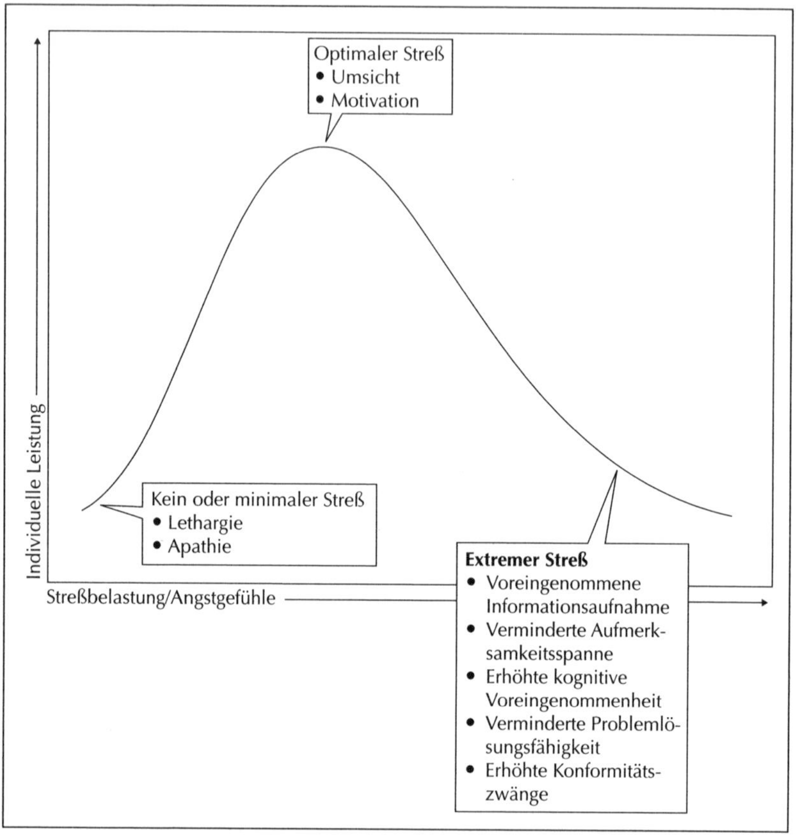

Abb. 8.2: Auswirkungen von Streß und Ängsten auf die individuelle Leistung

Erzeugung von Unzufriedenheit mit dem Status quo: Der erste und wichtigste Schritt zur Motivierung konstruktiven Verhaltens besteht darin, den Leuten nicht nur intellektuell, sondern auch emotional begreiflich zu machen, warum sie sich ändern müssen. Die meisten unter uns entwickeln Ängste, wenn sie sich neuen Situationen stellen müssen. Unsere Reaktion sieht dann so aus, daß wir am *Status quo* festhalten, nur zögerlich vorangehen und die Glaubenssprünge, die ein revolutionärer Wandel erfordern könnte, nach Möglichkeit meiden. Doch wie die hier erörterten Fehlschläge in Unternehmen eindeutig belegen, reicht ein stetiger Wandel in Anbetracht veränderlicher Innovationsströme nicht aus.

Wie gelingt es nun erfolgreichen Managern, die zu persönlicher Veränderung erforderlichen emotionalen Energien freizusetzen? Sie erzeugen eine glaubwürdige Krisensituation – ob nun die Organisation bereits in Gefahr ist und die Krise unmittelbar sichtbar wird oder ob es der Organisation gutgeht und eine Krise heraufbeschworen wird. Roberto Goizueta, Geschäftsführer von *Coke*, hat es auf den Punkt gebracht: „Wenn Sie keinen Feind haben, ist es das beste, Sie kreieren einen" (*Fortune* 1995, S. 98). Brian Dumaine (1993, S. 123–130) hält mehrere Vorschläge bereit, wie Sie als erfolgreicher Manager eine Krise heraufbeschwören können:

- Sie suchen nach Anhaltspunkten dafür, daß eine Krise unvermeidbar ist (z. B. *Benchmarking*, Kunden-*Feedback*).
- Sie sorgen dafür, daß die Krise glaubwürdig ist.
- Sie informieren Ihre Kollegen und Mitarbeiter mit einfachen Aussagen.
- Sie vermitteln den Mitarbeitern eine Vision, die zu emotionaler Reaktion anregt.
- Sie erarbeiten einen Plan und stellen die Ressourcen zur Beilegung der Krise bereit.
- Sie sorgen dafür, daß Ihr gesamtes Team Einsatz zeigt (Sie brauchen eine „Mission" und viele „Missionare").
- Sie rechnen mit Widerstand und haben einen Plan zur Überwindung desselben.

Als das *Boeing*-Management vor einigen Jahren eine größere Veränderungsinitiative starten wollte, schienen seine Fähigkeiten, die Mitarbeiter von der Notwendigkeit des Wandels zu überzeugen, nicht auszureichen. Zu der Zeit war *Boeing* ein florierendes Unternehmen, und die Mitarbeiter sahen die Dringlichkeit eines Wandels kaum ein. Um die Leute emotional anzusprechen, engagierten die Spitzenführungskräfte ein lokales *Seattle-TV*-Nachrichtenteam. Das Team produzierte einen „Nachrichtenbeitrag", der angeblich vom Sender ausgestrahlt werden sollte und in dem von massiven Entlassungen bei *Boeing* die Rede war. Unter anderem umfaßte der Beitrag eine Reportage über geschlossene *Boeing*-Werke und die Auswirkung der Entlassungen auf die lokale Wirtschaft. Die Nachrichtenbilder sprachen mehr als tausend Worte; sie wurden mit Erfolg im Rahmen einer Schulung eingesetzt, die den Mitarbeitern die Realität der potentiellen Krise vor Augen führen sollte.

Manager, die einen Wandel einleiten wollen, müssen sowohl einen glaubwürdigen Grund für den Wandel vermitteln als auch den Abbau von Ängsten konstruktiv kanalisieren. Extreme Ängste führen dazu, daß die Mitarbeiter kaum noch Konzentration und Bereitschaft zum Zuhören aufbringen; entsprechend muß die Begründung für den Wandel einfach, realistisch und wiederholt vermittelt werden. Andernfalls spekulieren die Leute nur darauf, daß die Krise von selbst vorübergeht. In den Anfangsphasen der Neuorientierung bei *ABB* hat Barnevik seine „Schicksalsrede“ immer wieder im ganzen Unternehmen vorgetragen. Er verkündete nachdrücklich, mindestens zwei Drittel aller großen Unternehmen in Europa seien im Gefolge der europäischen Integration aller Wahrscheinlichkeit nach zum Scheitern verurteilt. Die Botschaft war klar: *ABB* mußte einen Wandel vollziehen, um nicht auch zu scheitern. Barnevik erkannte, daß die Leute erst einmal die verhängnisvollen Konsequenzen eines unterbliebenen Wandels emotional begreifen mußten, bevor sie die massiven Veränderungen akzeptieren konnten, die ihnen abverlangt werden würden.

Einbeziehung der Mitarbeiter: Wie die Forschung zum „Management des Wandels“ eindeutig gezeigt hat, verstärkt die Einbeziehung der Mitarbeiter individuelles Verantwortungsbewußtsein und Engagement, was seinerseits den individuellen Widerstand gegen Wandel verringert. Je stärker die Leute einbezogen werden, desto mehr ist die Veränderungsinitiative *ihre* Veränderungsinitiative. Je deutlicher die einzelnen Mitarbeiter absehen können, daß sie nach der Veränderung erfolgreich dastehen werden, desto mehr fühlen sie sich ermächtigt.

Wie wirksam eine Einbeziehung der Mitarbeiter ist, zeigen die drei größten Beispiele für erfolgreichen Wandel in den letzten zehn Jahren – *Xerox*, *GE* und *Philips*. Bei *Xerox* begann die Qualitätsinitiative (*Leadership Through Quality*) an der Spitze und erfaßte nach und nach kaskadenartig die gesamte Organisation unter enormem Mitarbeitereinsatz. Qualitätsteams, Arbeitsgruppen, *Benchmarking*-Teams und Qualitätsräte erzeugten Energie und Begeisterung für den Wandel. Neinsager ließen sich entweder überzeugen oder schieden aus dem Unternehmen aus. In vergleichbarer Weise bezogen die von oben angeordneten Stadttreffen und *Work-out*-Sitzungen bei *GE* die gesamte Organisation in den Prozeß der Erzeugung von „Geschwindigkeit, Einfachheit und Selbstvertrauen“ ein. Bei *Philips* initiierte Jan Timmer mit seiner *Operation Cen-*

turion einen ähnlichen Prozeß, der ebenfalls an der Spitze begann und von dort aus die gesamte Organisation in vielfältiger Weise erfaßte. Timmer behauptet, frühere Initiativen zur Herbeiführung von Wandel seien gescheitert, weil man sich in erster Linie für Systeme und Verfahren und nicht für die Einbeziehung der Mitarbeiter interessiert habe.

Um den Erfolg dieser und vergleichbarer Bemühungen richtig einschätzen zu können, wollen wir einmal das Gegenteil betrachten: eine Veränderungsinitiative ohne Einbeziehung der Mitarbeiter. Ein solches Programm wäre notwendigerweise auf Anordnungen von oben nach unten sowie auf formale Meß- und Belohnungssysteme angewiesen. Das wäre zwar nützlich, könnte aber niemals die Belegschaft zu Energie- und Ideenreichtum und Begeisterung anregen. Die einzige – recht spärliche – Grundlage wären Wissen, Erfahrung und Ausrichtung im Topmanagement. Welch sagt: „Die einzige Möglichkeit zur Erzielung höherer Produktivität sehe ich in der Einbeziehung und Begeisterung der Mitarbeiter für ihre Arbeit“ (Tichy/Sherman 1993b). Dabei sollte beachtet werden, daß die Einbeziehung von Mitarbeitern keineswegs Permissivität bedeutet. Die Mitarbeiter wurden nicht hinzugezogen, als es um die wichtigen strategischen Entscheidungen ging, ob bei *Xerox* und *Alcoa* Qualitätsinitiativen eingeleitet werden sollten oder bei *BOC* und im Grenzach-Werk ein Wandel angesagt war. Vielmehr war es so, daß die Führungsteams die Vision und die strategische Richtung vorgaben und einen Umsetzungsplan erarbeiteten, bei dem dann die Einbeziehung der Mitarbeiter im Vordergrund stand.

Im allgemeinen gilt: je mehr Beteiligung, desto besser. Doch das hängt von zwei Faktoren ab: Befindet sich die Organisation in einer Krise? Und wo ist das entscheidende Potential an Wissen und Erfahrung konzentriert? Wenn ein Manager mit einer realen Krise konfrontiert wird und ein Führungsteam den erforderlichen Sachverstand besitzt, muß das Team autokratisch vorgehen. Brennt beispielsweise das Gebäude, wären Worte wie „He, Leute, wir haben hier eine Krise, über die wir mal reden müssen“ wohl das letzte, was wir vom Löschgruppenführer erwarten würden. Unter extremen Bedingungen muß das Führungsteam (hier: die Löschgruppe) kurz entschlossen handeln. Leute, die nicht Bescheid wissen, zur Mitarbeit aufzufordern ist nicht nur gefährlich, sondern auch unglaubwürdig. Doch solche Krisensituationen sind eher die Ausnahme.

Die Beteiligung der Mitarbeiter baut persönliche Ängste ab und erhöht Einsatzbereitschaft und Verantwortungsgefühl für die Veränderungsinitiative – aber diese Vorzüge haben ihren Preis. Die Mitarbeitereinbeziehung erfordert Zeit und in der Übergangsphase eine verstärkte Übertragung von Kontrollfunktionen auf die Mitarbeiter. Sobald der künftige Status geklärt ist, erhöht eine umfassende Einbeziehung in die Erarbeitung von Umsetzungsplänen das individuelle Verantwortungsbewußtsein und verringert den Widerstand gegen Wandel. Bei *Ford* beispielsweise fiel Geschäftsführer Alex Trotman auf, daß zu viele Veränderungen deshalb so unzureichend umgesetzt wurden, weil diejenigen, die für die Durchführung der Maßnahmen zuständig waren, die Ziele der Initiative gar nicht durchschauten. Als Gegenmaßnahme bezog er Hunderte von Mitarbeitern aller Führungsebenen in die Erarbeitung und Umsetzung neuer Veränderungsinitiativen ein. Bei allem Gerede von *Empowerment* und den klaren Vorteilen einer Einbeziehung ist es erstaunlich, wie selten die Mitarbeiterbeteiligung als Mittel zur Herbeiführung strategischen organisatorischen Wandels eingesetzt wird.

Anerkennung und Belohnung der erwünschten neuen Verhaltensweisen: Ein dritter Mechanismus zur Motivierung konstruktiven Verhaltens ist die Gestaltung und Anwendung von Belohnungssystemen, die besonders auf die im Übergang erforderlichen Einstellungen und Verhaltensweisen abzielen. Die Leute tun das, was aus ihrer Sicht belohnt wird. Wenn sie erkennen, daß neue Einstellungen und Verhaltensweisen belohnt werden, sind sie um so mehr bereit, sich entsprechend zu verhalten. Dazu ein Beispiel: Solange die Leiter der Forschungslabors bei *Torrance* auch weiterhin für das Austüfteln großartiger Technologien bezahlt wurden, verspürten sie keine Motivation, kommerziell erfolgreiche neue Produkte zu entwickeln. Sie leisteten aktiven Widerstand gegen die vorgesehenen Veränderungen. Anders bei der *BOC*-Industriegas-Sparte: Nach dem von Chow modifizierten Teamvergütungssystem erfolgten Bemessung und Belohnung des Führungsteams sowohl nach globalen als auch nach lokalen Kriterien. Das neue Vergütungssystem motivierte die *BOC*-Manager, sich für die globale Matrixorganisation einzusetzen.

Eine Möglichkeit zur Erarbeitung eines dem Wandel dienlichen Vergütungssystems besteht darin, von der Vision ausgehend zu den entscheidenden Aufgaben hinzuarbeiten: Welche Einstellungen und Verhaltensweisen sind erforderlich, um in der veränderten Organisation erfolgreich arbeiten zu können? Erst wenn Einigung über wichtige Einstellungen und Verhaltensweisen erzielt ist, sollte darüber entschieden werden, wie diese zu messen und zu belohnen sind.

Zusätzlich zur Einführung formaler Vergütungen kann das Management auch informelle und symbolische Belohnungen zur Förderung konstruktiven Verhaltens einsetzen. Persönliche Anerkennung, Aufwendung von Zeit und Aufmerksamkeit für die Mitarbeiter sowie Anwesenheit bei besonderen Anlässen haben Signalwirkung und sorgen für eine informelle Verstärkung (und Bestrafung) dessen, was in der Übergangszeit und in Zukunft wichtig (oder unwichtig) sein soll. Auch Huber erkannte die Bedeutung symbolischer Belohnungen (wohl wissend, daß ihm kein größerer Topf mit substantiellen Belohnungen zur Verfügung stand). Er bediente sich der persönlichen Anerkennung, der Verleihung besonderer Preise und einer Reihe von Einladungen zu Geschäftsessen, um die Grenzach-Mitarbeiter für ihren Einsatz bei der Herbeiführung des Wandels anzuerkennen und zu belohnen. In ähnlicher Weise ging der *Boeing*-Geschäftsführer Frank Shrontz dazu über, alle Beförderungen auf den höheren Führungsebenen anzukündigen, indem er den Mitarbeitern schriftlich mitteilte, warum sie befördert wurden. Auf diese Weise konnte er in aller Deutlichkeit klarstellen, auf welche Kompetenzen und Werte es ankam.

Hinreichendes Angebot an Zeit und Gelegenheit zur Umstellung: Manager können ihren Kollegen auch dabei helfen, sich vom derzeitigen Zustand zu lösen. Besonders Leute, die öffentlich für bestimmte Prozesse und Ergebnisse zuständig sind, könnten sich psychologisch dem bisherigen Vorgehen verpflichtet fühlen. Auch der mit Erfolgsleistungen verbundene Stolz kann das Ablegen alter Vorgehensweisen angesichts des bevorstehenden Wandels erschweren. Die Mitarbeiter reagieren auf strategischen Wandel häufig mit dem Gefühl eines persönlichen Verlusts. Sie müssen die alte Ordnung aufgeben und gewissermaßen Trauerarbeit leisten, bevor sie sich psychologisch auf den künftigen Zustand einstellen können. Die Manager und ihre Teams können diese psychologische Umstellung dadurch erleichtern, daß sie den einzelnen Mitarbeitern Zeit, Gelegenheit und das geeignete Umfeld einräumen, um sich von der Vergangenheit zu lösen und gute Erinnerungen aufleben zu lassen, zugleich aber auch die Verheißungen und die Chancen zu erkennen, die ihnen die Zukunft bietet.

Gelegenheiten zum Lösen von der Vergangenheit werden nicht etwa mit Hilfe ganzer Heerscharen von Psychiatern geschaffen. Vielmehr bieten schon einfache Anlässe wie gemeinsame Mittagessen, Festlichkeiten und andere Ereignisse während der Übergangsperiode die Möglichkeit, Vergangenes in Ehren zu halten und die Mitarbeiter zugleich mit den neuen Einstellungen und Verhaltensweisen vertraut zu machen, die für künftigen Erfolg unerläßlich sind. Bei *BOC* wurde jedes Schulungsseminar zur Förderung von Marketing-Kompetenzen und Bereitschaft zum Wandel zugleich als eine Gelegenheit genutzt, bei der Chow wiederholt auf die Notwendigkeit eines Wandels bei der *BOC*-Industriegas-Sparte hinweisen konnte. Chow und sein Führungsteam ließen den Mitarbeitern Zeit, die Vergangenheit von *BOC* in positiver Erinnerung aufleben zu lassen, obgleich man um möglichst rasche Einrichtung der neuen *BOC*-Industriegas-Sparte bemüht war.

Aufrechterhaltung von Kontrolle während des Übergangs

Übergangszeiten haben immer etwas Turbulentes, Ungewisses und Chaotisches an sich – schon allein deswegen, weil der derzeitige Zustand abgebaut wird, bevor der zukünftige Zustand vollends aufgebaut ist. Das Führungsteam muß beim Übergang dieselbe Sorgfalt und Aufmerksamkeit walten lassen, die es auch beim Management anderer strategisch wichtiger Projekte aufbringt. Vier Aktivitäten sind zu berücksichtigen, um während der Übergangsperiode die Kontrolle zu behalten: Vermittlung eines klaren Bildes vom zukünftigen Status, Nutzung vielfältiger Möglichkeiten zur Unterstützung von Wandel, Erarbeitung von Strukturen für das Übergangsmanagement sowie Einsatz von *Feedback*-Daten zur Fortschrittsbeurteilung.

Vermittlung eines klaren Bildes vom zukünftigen Status: Wenn Mitarbeiter weder den Zweck des Wandels noch die Ziele ihrer Einheit beziehungsweise ihre organisatorische Architektur durchschauen, kommt es zu Gerüchten und betriebspolitischen Machenschaften, so daß der Übergang in Gefahr gerät. Deshalb ist es so wichtig, daß der Manager mit seinem Team ein möglichst detailliertes Bild von der Zukunft entwirft und den Mitarbeitern immer wieder vor Augen führt – auch dann, wenn der zukünftige Status noch ein „bewegliches Ziel“ sein sollte.

Zum Beispiel entwickelte *Federal Express* Werbestreifen für das Fernsehen, in denen spezifische Kundendienstleistungen demonstriert wurden, die das Unternehmen künftig bereitstellen wollte. Diese anschaulichen Szenen vermittelten den *FedEx*-Mitarbeitern wie auch den Kunden eine deutliche Vorstellung davon, wie die Organisation in Zukunft aussehen sollte. Auch Chow und sein Team erarbeiteten einen detaillierten Überblick über den zukünftigen Status der *BOC*-Industriegas-Sparte und bereisten alle möglichen Firmen aus der Industriegasbranche, um die Leute über das Wann, Wo, Wie und Warum der Umstellung im Unternehmen zu informieren. Solche klaren, konsistenten und ausführlichen Botschaften halfen den Mitarbeitern, während des Übergangs „linientreu" zu bleiben.

Nutzung vielfältiger Möglichkeiten zur Unterstützung des Wandels: Bei einem stetigen Wandel geht es in aller Regel um die Neuanpassung von ein oder zwei organisatorischen Komponenten (z. B. Veränderungen im Vergütungssystem). Diskontinuierlicher Wandel hingegen ist mit gleichzeitig erfolgenden Verlagerungen in sämtlichen Komponenten verbunden: Er macht eine Neuanpassung von Aufgaben, Mitarbeitern, Kultur und formaler Organisationsstruktur erforderlich. Aus Untersuchungen zum diskontinuierlichen Wandel wird immer wieder deutlich, daß die Durchführung allmählicher, Schritt für Schritt erfolgender Veränderungen nicht ausreicht. Mit der Konzentration auf ein einziges Element im Modell – zum Beispiel nur *Reengineering* oder Umschulung – ist es nicht getan. Um die Erfolgschancen zu erhöhen, bedarf es schon eines integrierten „Pakets" von Veränderungsmaßnahmen: Die Veränderungen in der Organisationsstruktur müssen zu den neuen Schulungsprogrammen passen, und die wiederum müssen auf die neue Kultur und die einem *Reengineering* unterzogenen Arbeitsabläufe abgestimmt werden.

So begann auch die *Operation Centurion* bei *Philips* damit, daß sich die Spitzenführungskräfte erst einmal über die Größenordnung ihres Problems und die erforderlichen Überlebensmaßnahmen einigten. Die daraufhin eingeleitete Veränderungsinitiative umfaßte ein ganzes Arsenal an Maßnahmen zur Neubelebung einer jeden Komponente des Unternehmens. So wurden zur Gewährleistung der erforderlichen Kompetenzen gezielt Schulungen durchgeführt und neue Leute eingestellt. Viele ältere Mitarbeiter von *Philips* verließen das Unternehmen, weil sie sich der neuen Vision einfach nicht anschließen mochten oder auch nicht in der Lage waren, sich die neuen Kenntnisse und Fertigkeiten anzueignen. Gleichzeitig wurden neue Strukturen und Betriebsprozesse sowie Vergütungs- und Beförderungssysteme eingeführt. Desgleichen erfolgten eine Qualitätsinitiative sowie umfassende Umstrukturierungen und *Reengineering*-Maßnahmen. Zugleich war man nachdrücklich bemüht, die Normen zu ermitteln und zu verstärken, derer es bedurfte, um in der Zukunft Erfolg zu haben; viele alte Normen, die den Fortschritt behindern würden, gab man auf. Der Erfolg dieser einschneidenden Initiative war eindeutig darauf zurückzuführen, daß Timmer an vielen Stellen Hebel ansetzte. Ein früherer Versuch zur Herbeiführung eines Wandels bei *Philips* war gescheitert: Zum einen hatten hochrangige Führungskräfte erheblichen Widerstand geleistet, und zum anderen hatte man den Wandel Stück für Stück vornehmen wollen – was den Opponenten genügend Zeit ließ, die Initiative zum Scheitern zu bringen. Der Erfolg beim zweiten Versuch war somit nicht der strategischen Absicht, sondern vielmehr der effektiven Umsetzung zu verdanken.

Erarbeitung von Strukturen für das Übergangsmanagement: Das Management einer Übergangsperiode sollte mit derselben Konsequenz verfolgt werden wie die Einführung eines neuen Produkts. Da die derzeitigen Funktionen, Strukturen und Verfahren möglicherweise nicht mehr sinnvoll, die zukünftig geltenden Regelungen aber noch nicht in vollem Umfang eingeführt sind, sollten die für den Wandel zuständigen Manager gezielt überlegen, welche neuen Funktionen, Strukturen und Verfahren zur Bewältigung des Übergangs erforderlich sind.

Übergangsmanager – geradeso, wie die Organisationen einen Verantwortlichen für die Einführung eines neuen Produkts benennen, so sollte auch eine einzige Führungskraft formell als Übergangsmanager bestimmt werden. Die Beurteilung und Belohnung dieses Managers sollte dann nach Maßgabe der Effektivität des Umstellungsprozesses erfolgen. Je ranghöher und glaubwürdiger der Betreffende ist, desto besser. Unserer Erfahrung nach sind Übergangsperioden besonders effektiv zu bewältigen, wenn es sich beim Übergangsmanager um die ranghöchste Persönlichkeit in der Organisation handelt. Trotz der Schwierigkeit, gleichzeitig den gegenwärtigen Status bewältigen, den zukünftigen Status aufbauen und die Übergangsperiode managen zu müssen, kann die symbolische Bedeutung einer aktiv wahrgenommenen Übergangsverantwortung aus den oberen Führungsrängen gar nicht hoch genug eingeschätzt werden. Wenn schon nicht die ranghöchste Führungskraft die Aufgabe übernimmt, muß der Übergangsmanager zumindest über formale wie informelle Macht und über die für den Übergang erforderlichen Ressourcen verfügen. Bei *BOC* und beim *Ciba*-Werk in Grenzach waren Chow und Huber selbst die verantwortlichen Übergangsmanager. Bei *Alcoa* und *Xerox* benannten O'Neill und Kearns angesehene hochrangige Führungskräfte für diese Posten.

Übergangsteams: Im Alleingang wird keinem Manager ein Übergang gelingen. Er braucht vielmehr ein Team, das die Verantwortung für die Herbeiführung des Wandels mit ihm teilt. Dieses Team sollte ebenfalls nach Maßgabe des Fortschritts der Veränderungsinitiative beurteilt werden. Da die Mitarbeiter im gesamten Unternehmen genau beobachten, wie ernst die Veränderungsinitiative wirklich gemeint ist, müssen die Teammitglieder unbedingt glaubwürdig sein. So waren die Veränderungen in der *BOC*-Industriegas-Sparte, im Grenzach-Werk und bei *Alcoa* zumindest teilweise deshalb so effektiv, weil sie von ausgesprochen glaubwürdigen, einflußreichen Übergangsteams vorangetrieben wurden.

Bob Waterman hat den Einsatz von Teams bei der Herbeiführung organisatorischen Wandels untersucht. Er hat einige sehr praktische und kluge Anregungen zur Maximierung der Effektivität des Teams anzubieten (Waterman 1991):

1. Sorgen Sie für den richtigen Start mit klarer, sichtbarer Unterstützung durch das Topmanagement.
2. Wählen Sie die richtigen Leute aus.
3. Erzeugen Sie Spannung und ein Gefühl der Dringlichkeit.
4. Wenden Sie einen konsequenten, faktenbasierten Ansatz an.
5. Legen Sie den Schwerpunkt auf Resultate – nicht auf Reporte.
6. Nehmen Sie systematische Fortschrittsüberprüfungen vor.
7. Berücksichtigen Sie unterschiedliche Unterstellungsverhältnisse.
8. Verhindern Sie nach Möglichkeit die Einstellung „*wir hier unten/die da oben*“.
9. Bauen Sie Vertrauen auf – räumen Sie Bagatellen aus dem Weg.

Übergangspläne: Das Übergangsteam muß einen realistischen, durchführbaren Übergangsplan ausarbeiten, wobei zu Anfang vorzugsweise verschiedene Szenarien Berücksichtigung finden sollten. Eines dieser Übergangsszenarien könnte beispielsweise ein aggressives Tempo bei der Umsetzung vorsehen, während ein anderes eher konservative Annahmen trifft. Jeder Ansatz wird seine Vor- und Nachteile haben (zum Beispiel umfassende Mitarbeiterbeteiligung auf Kosten der Geschwindigkeit und umgekehrt). Unter Zugrundelegung einer *Kosten/Nutzen*-Analyse sollte das Übergangsteam dann den besten Ansatz auswählen und umsetzen.

Wie der Plan zur Einführung eines neuen Produkts muß auch der Übergangsplan Eckwerte, Ziele, Meßverfahren, Kontrollen, Budgets, Funktionen und Leistungsstandards berücksichtigen. Das Übergangsteam bei *Xerox* erarbeitete detaillierte Schulungs- und Kommunikationsmaßnahmen. Darüber hinaus entwickelte das Team Meßgrößen, Belohnungen und *Feedback*-Verfahren sowie einen Managementprozeß für den Übergang, der nach und nach das ganze Unternehmen erfaßte. Dieser umfassende, detaillierte Übergangsplan und die damit verbundenen Funktionen, Systeme und Prozesse wurden in wochenlangem, vollzeitigem Einsatz der Teammitglieder in Absprache mit anderen Führungskräften bei *Xerox* ausgearbeitet. Demgegenüber sind viele organisatorische Fehlschläge dadurch gekennzeichnet, daß der Übergangsplanung kaum oder keine Beachtung beigemessen wurde.

Übergangsressourcen: Größere Veränderungen verlangen ihren Preis. Die Übergangsteams brauchen Zeit, Ressourcen, Personal und häufig auch externe Beratung. Das Übergangsteam bei *Alcoa* nahm sich die Zeit für gemeinsame Reisen, um Vergleichswerte für den eigenen Übergangsplan zu sammeln, und verbrachte danach wieder Wochen mit der Ausarbeitung detaillierter Pläne für jede *Alcoa*-Einheit. Dem Team wurden Ressourcen zur Verfügung gestellt, um spezielle Schulungs- und Ausbildungsmaßnahmen für die 100 ranghöchsten *Alcoa*-Manager sowie für alle Mittelmanager zu entwickeln. Und zur Einleitung der Umstellungen bei *Boeing* schickte der Geschäftsführer seine 200 Spitzenführungskräfte auf zweiwöchige *Benchmarking*- und Erkundungsreisen rund um die Welt. Im Rahmen der *Operation Centurion* bei *Philips* findet alljährlich ein „Kundentag" statt, an dem alle 250000 Mitarbeiter ihre normalen Pflichten liegenlassen und eigens Treffen veranstalten, um nach neuen Möglichkeiten zur Erfüllung von Kundenbedürfnissen zu suchen. Die Kosten für solche Maßnahmen sind ausgesprochen hoch. Doch ohne einen solchen Einsatz an Zeit und Ressourcen erhalten Übergangsperioden möglicherweise nicht die Aufmerksamkeit, die ihnen gebührt. Und die Kosten für das Scheitern einer strategischen Veränderungsinitiative können geradezu verheerend sein.

Einsatz von Feedback-Daten zur Fortschrittsbeurteilung: Ein letzter Ansatz zur Aufrechterhaltung von Kontrolle ist die systematische Überprüfung des Fortschritts während der Übergangsperiode. Geradeso, als ob der Übergang ein neues Produkt wäre, sollte das Übergangsteam darauf vorbereitet sein, Daten zu sammeln und die Effektivität des Übergangs zu überprüfen. Mike Plaxton beispielsweise ist leitende Führungskraft in der Lebensversicherungsbranche. 1990 wurde ihm die Aufgabe übertragen, eine Wende bei der britischen Filiale eines großen Versicherungskonzerns herbeizuführen. Produktivität, Bearbeitungsmodus und der Dienst am Kunden ließen zu wünschen übrig. Im Rahmen seines Plans zur Veränderung der Organisation entwickelte er eine Vision von Hochleistungsteams, die mit einer vollständigen Neuorientierung der Struktur und Kultur des Unternehmens einherging. Er beschrieb seine Rolle als „dem Team die Vision ständig vor Augen halten, die Verantwortung für Fehlschläge mittragen und bei Erfolgen für individuelle Auszeichnungen sorgen".

Der Manager brachte einen beträchtlichen Teil seiner Zeit für die Unterstützung der neuen Kultur auf, erkannte aber auch, daß ein ganz wesentlicher Teil der Veränderungsinitiative darin bestand, den Fortschritt zu überprüfen und den Wandel „auf Kurs" zu halten. Um den Kulturwandel abschätzen zu können, erarbeitete er mit seinem Team eine anonyme Umfrage: Die Positionen auf dem Befragungsformular betreffen die spezifischen Einstellungen und Verhaltensweisen, die in der neuen Kultur verlangt werden. Diese Umfrage wird in regelmäßigen Abständen unter allen Mitarbeitern durchgeführt, um anhand der Ergebnisse den Fortschritt der Veränderungsinitiative zu messen. Die Ergebnisse sind ermutigend. Seit 1990 hat die Organisation die Kosten um ein Drittel verringert, das Volumen um 12 Prozent erhöht, den Kundendienst um 15 Prozent verbessert sowie Personal abgebaut, ohne die Arbeitsmoral zu beeinträchtigen. Plaxton weiß, daß eine Erfolgsmessung aufgrund von *Feedback*-Daten zu spezifischen Einstellungen und Verhaltensweisen für eine Veränderungsinitiative erfolgsentscheidend ist.

Vor allem müssen die Übergangsteams multiple, redundante Methoden zwecks Einholung von *Feedback* zum Übergangsprozeß nutzen. Dazu bieten sich Umfragen, systematische Interviews (oft von externen Beratern durchgeführt), Fokusgruppen und persönliche Kontakte an. Bei *Anaquest* stellte das Übergangsteam von McGlynn schnell fest, daß nur schwer Bewegung in die F&E-Gruppe zu bringen war. Das Team spürte die Ursache für den Widerstand gegen den Leiter der Forschungsgruppe auf und ersetzte ihn schließlich durch eine andere Führungskraft. Und als Chow von der *BOC*-Industriegas-Sparte nach dem ersten Jahr der Umsetzung seiner neuen Vision den Verdacht hegte, daß die Mittelmanager den Wandel nur schwer verstanden und akzeptierten, sammelte er umgehend Belege für seine Vermutung und führte eine Reihe von Veränderungen im Ausbildungs- und Vergütungssystem ein, die auf die betroffenen Manager ausgerichtet waren.

Beurteilung der Umsetzung

Vier praktische, aber anspruchsvolle Kriterien bieten sich als Vergleichsbasis für die Planung und Beurteilung eines effektiven Veränderungsprozesses an. Zuallererst zählt: „Erreicht die Organisation ihren zukünftigen Status wie geplant?" Bei einer an der *Harvard Business School* durchgeführten Untersuchung von 93 umfangreichen organisatorischen Veränderungsinitiativen stellte sich heraus, daß in 74 Prozent der Fälle nicht vorhergesehene Probleme auftauchten, die den Wandel erschwerten. Aus der Studie ging auch hervor, daß die Veränderungsinitiativen in 76 Prozent der Fälle mehr Zeit in Anspruch nahmen als geplant (Jick 1991; Kanter/Stein/Jick 1992).

Sobald der künftige Status erreicht ist, gilt es an zweiter Stelle zu fragen: „Funktioniert die Organisation wie geplant?" Es wäre kaum etwas gewonnen, wenn der Wandel zwar durchgeführt wurde, das Resultat der Initiative aber nicht den Erwartungen entspricht. Für Huber bei *Ciba* wäre es nur ein schwacher Trost gewesen, hätte man die Anlage umgestellt und die Kosten- und Flexibilitätsziele dennoch nicht erreicht. Erst als die Anlage nach ihrer Umstellung ihren Qualitäts-, Liefer- und Sicherheitszielen sowie der erwünschten Arbeitsmoral gerecht wurde, konnte die Veränderungsinitiative als Erfolg gewertet werden.

Drittens: „Kann ein Wandel erfolgen, ohne daß der Organisation übermäßig hohe Kosten entstehen?“ Strategische Veränderungsinitiativen verlangen ihren Preis. Sie fordern Zeit und Geld und können den Ablauf der Beziehungen zu Lieferanten wie Kunden stören. Diese Kosten lassen sich nicht auf Null reduzieren, doch ist eine erfolgreiche Veränderungsinitiative schon dann gegeben, wenn sie auf ein Mindestmaß beschränkt bleiben. Als die Spitzenmanager von *Jostens*, einem Hersteller für Ring- und Jahrbücher aus Minnesota, Ende der 80er Jahre eine Diversifizierung in Computersysteme beschlossen, entglitt dem Topmanagement die Kontrolle über den Umwandlungsprozeß: Der seit 34 Jahren gehaltene Wachstumsrekord in bezug auf Umsatz und Gewinne wurde nicht mehr erreicht.

Viertens und letztens: „Werden bei dem Prozeß auch die Kosten erkannt und minimiert, die den Mitarbeitern durch den Wandel entstehen?“ Zu berücksichtigen sind solche Kosten nicht nur in bezug auf diejenigen, die aus dem Unternehmen ausscheiden, sondern auch bei den verbleibenden Mitarbeitern. Ein strategischer Wandel wirkt sich unweigerlich auf die Menschen in der Organisation aus. Die damit verbundenen individuellen Kosten lassen sich nicht ganz vermeiden, aber sie lassen sich minimieren. So war im Rahmen der von Warren Buffet und Derek Maughan durchgeführten Initiative zur Erneuerung des Unternehmens *Salomon Brothers* zunächst vorgesehen, die Vergütungskosten bei einigen Einzelhändlern einzuschränken. Dazu sollte ein Bezahlungssystem eingeführt werden, bei dem die Vergütung an das Geschäftsrisiko gekoppelt ist – eine Ideologie, die von vielen Mitarbeitern unterstützt wurde und gegen die kaum etwas einzuwenden ist. Doch die Umsetzung der vorgesehenen Strategie verursachte erhebliche Unzufriedenheit und Unruhe unter den Mitarbeitern. Durch den spontan einsetzenden Verlust an wichtigem intellektuellem Kapital alarmiert, machten Buffet und Maughan ihren Plan wieder rückgängig.

Während die ersten beiden Kriterien noch vergleichsweise objektiv sind, gelten das dritte und das vierte Kriterium als ausgesprochen subjektiv. So werden die verschiedenen Manager zur Beantwortung der Frage nach den Minimalkosten für einzelne Mitarbeiter und für die Organisation unterschiedliche Maßstäbe heranziehen. Einige für den Wandel verantwortliche Manager werden bereit sein, für einen schnellen Übergang zum zukünftigen Status beträchtliche individuelle und organisatorische Kosten in Kauf zu nehmen, andere wiederum nicht. Der Umgang mit solchen

Umsetzungskosten wird nach eigenem Gutdünken und der jeweiligen Wettbewerbssituation unterschiedlich ausfallen. Doch welchen Stellenwert die individuellen und organisatorischen Übergangskosten auch haben mögen – die Herausforderung besteht grundsätzlich darin, den Veränderungsprozeß so zu organisieren und zu lenken, daß die Organisation den angestrebten zukünftigen Status höchstwahrscheinlich erreicht, konsistent nach Plan arbeitet und dabei die Kosten sowohl für die Organisation als auch für die Mitarbeiter auf ein Minimum beschränkt.

Für die Bewältigung von Wandel gibt es keine universell gültigen Rezepte oder Kochbücher. Wohl aber gibt es Strukturen und Muster, in denen sich die erfolgreicheren Initiativen von den weniger erfolgreichen unterscheiden. Die Herbeiführung diskontinuierlichen Wandels ist eine nachweislich schwierige und komplexe, aber dennoch effektiv zu bewältigende Aufgabe. Am schwierigsten ist wohl die Umsetzung proaktiven Wandels, aber gerade aus einem solchen Wandel können große strategische Vorteile erwachsen. Um diskontinuierlichen Wandel effektiv umsetzen zu können, müssen die Manager ihre Kollegen und Mitarbeiter emotional und intellektuell überzeugen. Und dazu gilt es, Krisensituationen zu erzeugen, Allianzen zu bilden, Ängste und Widerstand abzubauen und gelegentlich auch Mitarbeitern den Laufpaß zu geben, die den Veränderungsprozeß gefährden könnten. Auch läßt sich ein weitreichender Wandel nicht im Alleingang eines noch so visionären Managers bewältigen. Es bedarf vielmehr eines engagierten Führungsteams und einer unternehmensweiten Einbeziehung von Mitarbeitern in die Führungsverantwortung. Jack Stack von *Springfield ReManufacturing* faßt dies in treffende Worte: „Eine einzige Person kann man leicht aufhalten, aber bei 100 Leuten ist das kaum noch möglich" (Stack 1992, S. 2).

Anmerkungen:

1. Wir stützen unsere Ausführungen auf zahlreiche Beiträge zum Thema *Bewältigung von Wandel.* Aufschlußreich sind insbesondere die folgenden Veröffentlichungen: Beer/Eisenstadt/Spector (1990); Huber/Glick (1993); Jick (1991); Kanter/Stein/Jick (1992); Nadler/Tushman (1989, 1990, 1992, in Vorbereitung); Nadler/Gerstein/Shaw (1992); Nadler/Shaw/Walton (1995); Pettigrew/Whipp (1991); Tichy (1983).

2. Weitere Einzelheiten sind nachzulesen bei Ancona/Nadler (1989); Barnard (1938); Collins/Porras (1994); Hamel/Prahalad (1989); House/Spangler/Wyecke (1991); Hurst (1995); Nadler/Tushman (1990); Tichy/Sherman (1993).
3. Zur Rolle des Führungsteams und zu den Auswirkungen internen Zusammenhalts auf die Teamleistung liegen zahlreiche Veröffentlichungen vor; siehe zum Beispiel Finkelstein/Hambrick (1996).
4. Pfeffer (1992a) erörtert ausführlich den Zusammenhang von Betriebspolitik und Wandel.

Kapitel 9
Erfolg durch Innovation

Im Jahr 1981 war *Ciba Vision* das 27. Unternehmen, das auf den US-amerikanischen Kontaktlinsen-Markt drängte. Dank einer auf Akquisition, geographische Expansion und Innovation ausgerichteten Strategie erfuhr *Ciba Vision* ein schnelles Wachstum. Bis 1995 beschäftigte das Unternehmen 6000 Mitarbeiter; mit *Bausch and Lomb* und mit *Johnson & Johnson* kämpfte es um die globale Führung auf dem Markt für Kontaktlinsen und Linsenpflege, mit *Alcon*, *Allergan* und *MSD* um die Führung auf dem Markt für augenheilkundliche Produkte. Unter Leitung von Glen Bradley (Geschäftsführer), Luzi von Bidder (Leiterin für den Bereich *Augenheilkunde*) und Adrian Hunter (Leiter für F&E, Optik) bietet *Ciba Vision* ein hervorragendes Beispiel für Erfolg durch Innovation – für den Aufbau einer dualen Organisation, die Lenkung von Innovationsströmen und die Verknüpfung von Innovation und organisatorischem Wandel.

In Anbetracht der kundenorientierten *Ciba-Vision*-Vision („*We help people maintain and improve their vision*") einerseits und aggressiver Wachstums- und Gewinnziele andererseits war es Bradley und seinem Team klar, daß die derzeitigen Produkte nicht ausreichen würden, um auch künftig Wachstum zu gewährleisten. Sie erkannten, daß *Ciba Vision* zur Entwicklung und Sicherung seiner Marktführerposition sowohl kontinuierliche Innovationen als auch radikale Innovationen betreiben mußte.

Bei reifen Produkten wie den herkömmlichen weichen Linsen und den entsprechenden Pflegeprodukten nahm *Ciba Vision* kontinuierliche Produkt- und Prozeßverbesserungen vor. Diese Verbesserungen trugen nicht nur zum Wachstum und zur Verteidigung des Marktanteils des Unternehmens bei, sondern verschafften dem Unternehmen auch den finanziellen Rückhalt zur Erforschung und Entwicklung neuer Kontaktlinsen und augenheilkundlicher Pharmazeutika: Die mit den Produkten von heute erwirtschafteten Mittel finanzierten die Entwicklung der Produkte von morgen. Während beispielsweise in einigen Teilen der Optik-Organisation vornehmlich kontinuierliche Innovationen auf der Basis von Programmerweiterungen und stetigen Produkt- und Prozeßverbesserungen betrieben wurden, konzentrierten sich zwei autonome Optik-Teams auf bahnbrechende Innovationen für den zukünftigen Markt. Das eine Team arbeitete an einem gänzlich neuen kontinuierlichen Produktionsprozeß, der die Herstellungskosten für weiche Einwegkontaktlinsen drastisch reduzieren sollte. Das andere Team war mit der Entwicklung einer vollkommen neuartigen Kontaktlinse befaßt, die ohne Risiko Tag und Nacht getragen werden konnte.

Die beiden autonomen Teams waren mit Leuten aus verschiedenen Funktionsbereichen bei *Ciba Vision* besetzt: F&E, klinischer Bereich, aufsichtsbehördlicher Bereich, Verfahrenstechnik, Herstellung, Marketing und Finanzen. Unter der Führung starker Projektleiter wurden die Teammitglieder in gemeinsamen Räumlichkeiten untergebracht, wo sie unabhängig von der übrigen Organisation arbeiten konnten. Jedes Team erhielt hochgesteckte Zielvorgaben und sollte jeweils mehrere Lösungen für die ihm gestellten technischen Herausforderungen erarbeiten, um auf diese Weise die Chancen für eine Ermittlung wirklich bahnbrechender Lösungen zu erhöhen. Die so entstandenen diskontinuierlichen Produkt- und Prozeßinnovationen besitzen das Potential, die derzeitigen Produkte und Prozesse bei *Ciba Vision* zu ersetzen. Wie schon früher beim Übergang von der spanenden Produktionstechnologie zum Warmformen von Kontaktlinsen müssen auch jetzt Verlagerungen bei den Innovationsströmen mit einem proaktiven, diskontinuierlichen organisatorischen Unternehmenswandel verbunden sein.

Bradley, von Bidder und Hunter stellten fest, daß die größten Barrieren gegen Innovation in der Organisation selbst zu finden waren und der Schlüssel zur Innovation weniger im Kreieren neuer Ideen als vielmehr im Aufgeben alter Konzepte lag. Durch Einführung einer dualen Organisation nutzten Bradley und sein Team den Vorteil, einerseits auf dem heutigen Markt konkurrieren zu können und andererseits Vorkehrungen zur „Erschaffung der Zukunft“ mit bahnbrechenden Produkt- und/oder Prozeßinnovationen zu treffen. Die autonomen Teams waren sich durchaus bewußt, daß es keine Erfolgsgarantie für *Ciba Vision* geben konnte. Dennoch wurden innovative Durchbrüche erzielt, die Bradleys Führungsteam die Möglichkeit zur Neugestaltung des Innovationsstroms auf dem Kontaktlinsen-Markt verschafften. Somit hat *Ciba Vision* über 15 Jahre hinweg mit seinen kontinuierlichen und radikalen Innovationen im

Rahmen allmählicher organisatorischer Veränderungen – von Perioden diskontinuierlichen Wandels unterbrochen – eine Entwicklung genommen, die nach außen hin so aussieht, als ob das Unternehmen ununterbrochen nachhaltiges Wachstum erfahren hätte.

Innovation ist machbar: Unsere Kernaussagen

Am Anfang unserer Untersuchung des Erfolgsparadoxons stand die Schilderung des Widerstands, den die US-Marine vor rund hundert Jahren gegen eine Innovation leistete. Wie die in diesem Buch erörterten Fallbeispiele veranschaulichen, laufen Manager in den 90er Jahren in ganz ähnlicher Weise in eine „Erfolgsfalle" – aber diese Falle ist zu umgehen: Als Quelle für dauerhaften Wettbewerbsvorteil und als Möglichkeit, sich *nicht* in den bisherigen Erfolgen zu verfangen, wird die Einführung und Leitung dualer Organisationen empfohlen. Unternehmen wie *Ciba Vision* können erfolgreich konkurrieren, indem sie die Vorteile von Technologiezyklen nutzen und daraus Innovationsströme ableiten und gestalten. Duale Organisationen werden ihrer heutigen Aufgabe gerecht – sie betreiben kontinuierliche Innovationen und sind um verstärkte Kongruenz von Strategie einerseits und vorhandenen Strukturen, Kompetenzen und unternehmenskulturellen Werten andererseits bemüht. Duale Organisationen treffen aber auch Vorsorge für die Aufgaben von morgen – sie verknüpfen kontinuierliche Innovationen sowohl mit architektonischen als auch mit diskontinuierlichen Innovationen. Wie bei *Ciba Vision* müssen solche Verlagerungen in den Innovationsströmen mit diskontinuierlichem organisatorischem Wandel einhergehen.

Maßgeblich für langfristigen Erfolg ist somit die Fähigkeit, gleichermaßen ein Management für heute und morgen zu leisten, wobei es gegensätzliche Anpassungen von Mitarbeitern, Strukturen, Kulturen und Prozessen zu berücksichtigen gilt. Bei unserer Untersuchung von Unternehmen, die sich wie *BOC*, *Seiko*, *HP* und *Ciba Vision* hervorragend auf diese Fähigkeit verstehen, haben wir feststellen können, wie leistungsstarke Manager sowohl kontinuierliche als auch diskontinuierliche Innovationsaktivitäten fördern und dabei kurzfristige wie langfristige Aspekte einbeziehen. „Wir sagen gern, daß es auf Innovation und Stabilität ankommt", sagt L.D. DeSimone, der jetzige Geschäftsführer von *3M* (Stewart 1996, S. 94). *HP*-

Geschäftsführer Platt stößt in dasselbe Horn: „Wir müssen bereit sein, unsere Aktivitäten von heute zu kannibalisieren, um uns die Führungsposition für die Zukunft zu sichern“ (Deutschman 1994, S. 90). In diesem abschließenden Kapitel wollen wir unsere Kernaussagen noch einmal zusammenfassen.

Von den Vorgehensweisen und Erfahrungen der Manager aus den herangezogenen Fallstudien ist manches zu lernen. So haben wir Pierre Urech als kleineren „Produkt-Champion“ aus der Schweiz wie auch Kurt Huber und John Torrance als Spartenleiter großer Unternehmen in Deutschland und den Vereinigten Staaten kennengelernt. Es wurden Manager vorgestellt, die Geschäftsbereiche leiten – darunter Martin McGlynn von *Anaquest*, C.K. Chow von der *BOC*-Industriegas-Sparte und Glen Bradley von *Ciba Vision*; und auch von den Topmanagern großer Konzerne war die Rede – so von Paul O’Neill (*Alcoa*), Jack Welch (*GE*), Percy Barnevik (*ABB*) und Alex Krauer (*Ciba-Geigy*). Ganz unabhängig vom Land, von der Branche und von der Analyseebene sahen sich alle diese Manager mit Problemen konfrontiert, wie sie Leutnant Sims vor über hundert Jahren quälten: Wie soll man Innovation und Wandel proaktiv betreiben? Wie gelingt der Übergang von einer heutigen Position der Stärke zur zukünftigen Position der Stärke?

Immer wieder haben wir betont, wie leicht selbst bestgeführte Unternehmen zurückfallen – entweder infolge verpaßter strategischer Chancen oder infolge eines gescheiterten Versuchs, einen strategischen Wandel herbeizuführen. Wir haben mit Blick auf die Sorgen von Firmen wie *Oticon*, *SSIH*, *Philips*, *Sears* und *IBM* veranschaulicht, wie Unternehmen mit soliden Marktpositionen, starken Finanzressourcen, hervorragender Technologie und vermutlich guten Managern in Schwierigkeiten geraten können. Und wir haben gezeigt, wie einige Firmen duale Organisationen schaffen konnten, die ihnen zum Überleben verholfen und den Erfolg gesichert haben. Zur Verdeutlichung der Dynamik im Gefolge von Innovation und Wandel wollen wir einige unserer früheren Beispiele noch einmal aufgreifen und zeigen, wie beispielsweise *Philips* kontinuierlich um Selbsterneuerung bemüht ist, während andere große Firmen noch kämpfen. Dabei weisen wir immer wieder darauf hin, daß Erfolg auf Dauer nur gewährleistet ist, wenn sich die Manager *sowohl* für Stabilität *als auch* für Wandel einsetzen.

Gewinner und Verlierer – Verlierer und Gewinner

Im Jahr 1990 mußte Cor van der Klugt seinen Posten als Geschäftsführer des niederländischen Elektronikkonzerns *Philips* räumen. Vier Jahre lang hatte er versucht, der rückläufigen Entwicklung bei *Philips* Einhalt zu gebieten – nach Meinung des Aufsichtsrats ohne Erfolg. Er wurde durch Jan Timmer ersetzt. Wie Martinez bei *Sears* (siehe Kapitel 8) inszenierte Timmer eine Kehrtwende. Im Rahmen seiner *Operation Centurion* veranlaßte er seine hundert höchstrangigen Führungskräfte, ihr Unternehmen in aller Ehrlichkeit unter die Lupe zu nehmen, Einigung über die grundlegenden Problemursachen zu erzielen und schließlich eine Strategie und Vision zur Problemlösung zu erarbeiten. Timmer hielt sich an ein einfaches Rezept: die Leute mit Daten konfrontieren, Probleme realistisch erörtern und einen Ansatz zur Problemlösung festlegen.

Nachdem Timmer die vorhandenen Leistungsprobleme erkannt hatte, bezog er über 250000 Mitarbeiter in seine Initiative zur Erneuerung von *Philips* ein. Wie Welch bei *GE* und Martinez bei *Sears* erfaßte er sämtliche Führungsebenen des Unternehmens. Das Management hat die Strategie gezielt ausgerichtet, die Unternehmensabläufe gestrafft, das Personal um mehr als 100000 Mitarbeiter abgebaut, gut 350 Fabriken geschlossen und 12 der 14 Führungskräfte im Topteam ausgewechselt. Zugleich sorgte Timmer für Veränderungen in bezug auf Strategie, Struktur, Mitarbeiter und Kultur. Wie im Fall *Sears* gibt es auch hier keine Garantie dafür, daß diese Revolution Erfolg hat. Einige Analysten zeigen sich weiterhin skeptisch, aber die ersten Ergebnisse lassen hoffen: *Philips* hat sich von seinen Verlusten in Höhe von 2,3 Milliarden Dollar 1990 erholt und konnte 1994 mit einem Gewinn von fast einer Milliarde Dollar aufwarten. Das Unternehmen ist mit Erfolg in neue Geschäftsbereiche vorgestoßen und hat seine Zykluszeit für neue Produkte verkürzt. Auch in diesem Fall ist der Prozeß entscheidend, den Timmer bei der Umorientierung von *Philips* und seinem über kontinuierliche Innovation und allmählichen Wandel hinausgehenden Vorstoß wählte.

Sears, *Philips*, *IBM*, *GM* und *Kodak* lernen, wie man sowohl revolutionären als auch allmählichen Wandel in den Griff bekommt; demgegenüber geraten selbst erfolgreichere Unternehmen immer wieder ins Stolpern. Im vierten Quartal 1995 wies *3M* eine Einkommensbelastung in Höhe von 600 Millionen Dollar aus und kündigte eine einschneidende Umstrukturierung an, bei der auch 5000 Mitarbeiter entlassen werden sollten. *Rubbermaid*, 1993 und 1994 höchstgepriesenes *Fortune*-Unternehmen, geriet ebenfalls ins Schwanken und konnte seinen 15 Jahre andauernden Rekord mit ständig steigenden Gewinnen nicht halten. In ihrem Bemühen um Verbesserung der Finanzleistung des Unternehmens überspannten die Topmanager die Organisation, verärgerten wichtige Einzelhandelskunden und taten sich schwer, neue Konkurrenten überhaupt wahrzunehmen. Anstatt seine Finanzziele in Anbetracht steigender Rohmaterialkosten niedriger anzusetzen, erhöhte *Rubbermaid* die Preise, stieß die eigenen Kunden vor den Kopf und gab so der Konkurrenz eine Chance. „Die haben sich zu sehr auf ihren Lorbeeren ausgeruht", meint ein maßgeblicher Einzelhandelskunde (Schiller 1995). Selbst große Unternehmen wie *Wal-Mart* und *Motorola* sehen sich mit ähnlichen Herausforderungen konfrontiert: Auf ihren Märkten vollzieht sich ein Wandel, und in bezug auf kontinuierliche und diskontinuierliche Innovationen gilt es, einen neuen Ausgleich zu finden.

10 wichtige Erkenntnisse

Diese und andere Beispiele in unserem Buch vermitteln wichtige Erkenntnisse:

- Vision, Strategie und Ziele sind eine solide Grundlage für die Bewältigung von Innovation und Wandel.
- Innovation hat etwas mit der praktischen Durchführung zu tun.
- Ohne Leistungsdefizit ist Innovation unwahrscheinlich.
- Der Schlüssel zur Diagnose ist Kongruenz.
- Trägheit tötet. Die Gestaltung der Unternehmenskultur ist das am meisten vernachlässigte und dennoch wirkungsvollste Instrument zur Förderung von Innovation und Wandel.
- Erfolgreiche Innovation erfordert diplomatisches Geschick.
- Für Innovationsströme sind Technologiezyklen maßgeblich.
- Duale Organisationen ermöglichen ein erfolgreiches Konkurrieren auf den Märkten von heute und morgen.

- Die Bewältigung von Innovationsströmen bedeutet die Bewältigung diskontinuierlichen Wandels.
- Innovation ist ein Teamsport.

Vision, Strategie und Ziele sind eine solide Grundlage für die Bewältigung von Innovation und Wandel: Manager und ihre Teams müssen in der Lage sein, eine wettbewerbsfähige Vision, Strategie und Zielsetzung für ihre Geschäftseinheit zu erarbeiten und in aller Klarheit zu formulieren. Ohne eindeutige Mitteilung der Absichten und Erwartungen wird jede Initiative zur Einführung dualer Organisationen und zur Bewältigung von Innovation und Wandel unter Undeutlichkeiten und Ungewißheiten leiden. Eine wettbewerbsfähige Vision setzt bei den Mitarbeitern emotionale Energien frei und beantwortet die Frage nach dem *Warum* der ganzen Initiative. Doch Visionen als solche sind abstrakt; die damit verbundenen Absichten und Erwartungen müssen mit konkreten Strategien und Zielen der Geschäftseinheit in Verbindung gebracht werden (zum Beispiel Gewinn, Investitionsrentabilität, Wachstumsraten, Kundenzufriedenheit). So ist der nachhaltige Erfolg bei *Ciba Vision* teilweise darauf zurückzuführen, daß es dem Unternehmen gelungen ist, seine klare Vision an hochgesteckte Ziele zu koppeln.

Innovation hat etwas mit der praktischen Durchführung zu tun: Strategische Klarheit allein reicht nicht. Viele Konkurrenten haben ähnliche Visionen und Strategien. Erfolg leitet sich nicht aus der Artikulation von Vision, Strategie und Zielsetzung ab, sondern beruht auf ihrer Umsetzung in die Praxis. Um Erfolg zu haben, müssen die Manager Organisationen schaffen, mit denen sich ihre strategischen Ziele schneller realisieren lassen, als es der Konkurrenz möglich ist. Dazu bedarf es der Einführung einer Organisation, die nicht nur den Aufgaben von heute effektiver gerecht wird, sondern auch Diskontinuitäten von morgen vorausahnt. Innovation resultiert aus der erfolgreichen Umsetzung kreativer Ideen. Die praktische Durchführung ist für die Schaffung von Wettbewerbsvorteilen ebenso wichtig wie die Strategie.

Ohne Leistungsdefizit ist Innovation unwahrscheinlich: Zu den wichtigsten Aufgaben eines Managers zählen Ermittlung und Klärung der vordringlichen derzeitigen Probleme in seiner Organisation. Wie die Geschichte von Leutnant Sims und der US-Marine anschaulich zeigt, neigen

Organisationen in Ermanglung dringlicher Probleme zu Selbstgefälligkeit und Widerstand gegen Innovation und Wandel. Manager sollten Probleme als reale oder potentielle Lücken zwischen den strategischen Anforderungen und der aktuellen Unternehmensleistung definieren. Probleme lassen sich leicht benennen, wenn sich ein Unternehmen in einer Krisensituation befindet. Da ist es schon schwieriger, Krisen in einer derzeit erfolgreichen Organisation proaktiv zu erzeugen. Gerstner von der *IBM* bezeichnet eine solche Situation als „den Fluch des Gewinners": „Man braucht wahrhaftig eine Krise, auf die man die Notwendigkeit eines Wandels projiziert. Ich habe den Leuten hier einfach gesagt: Wir haben 17,8 Milliarden Dollar verloren, 150000 Leute haben ihre Arbeitsplätze verloren, und die Medien wollen uns schon zum alten Eisen werfen. Es sieht so aus, als ob das, was wir tun, nicht funktioniert. Sehen Sie das auch so? Und deshalb müssen wir etwas anderes probieren" (Sager 1995b, S. 120). Erst die Fähigkeit, Probleme beziehungsweise Chancen zu ermitteln, noch während ein Unternehmen gute Leistungen erbringt, versetzt den erfolgreichen Manager in die Lage, sowohl kontinuierliche als auch diskontinuierliche Innovationen und Veränderungen zum Vorteil des Unternehmens zu nutzen.

Der Schlüssel zur Diagnose ist Kongruenz: Die Problemdefinition führt zur Erstellung einer systematischen Diagnose in bezug auf die Ursachen des Leistungsdefizits. Dieser systematische Problemlösungsansatz war die Ausgangsbasis, als Huber im Grenzach-Werk und Chow bei der *BOC*-Industriegas-Sparte Veränderungsinitiativen einleiteten und Welch bei *GE* sein *Work-out*-Programm und Timmer die *Operation Centurion* starteten. Unser Kongruenz-Modell basiert auf der gegenseitigen Anpassung von vier grundlegenden organisatorischen Baublöcken: (1) Aufgaben und Arbeitsabläufe, (2) Mitarbeiterpotential, (3) organisatorische Strukturen und Systeme sowie (4) Unternehmenskultur. Dieses Modell bietet einen direkten Ansatz zur Problemdiagnose: Bei den grundlegenden Komponenten handelt es sich um „harte Ansätze" (Aufgaben und Strukturen) wie auch um „weiche Ansätze" (Mitarbeiter und Kultur), die den Managern die Möglichkeit zur Gestaltung organisatorischer Fähigkeiten und Veränderungen verschaffen.

Trägheit tötet. Die Gestaltung der Unternehmenskultur ist das am meisten vernachlässigte und dennoch wirkungsvollste Instrument zur Förderung von Innovation und Wandel: Von diesen vier organisatorischen Baublöcken ist die Kultur am schwersten zu diagnostizieren und zu verändern. Soziale Kontrollprozesse können zur Motivierung der Mitarbeiter beitragen und lassen sich effektiv zur Ausrichtung von Verhaltensweisen in einem komplexen und veränderlichen Umfeld einsetzen. Doch andererseits kann die Unternehmenskultur eine Organisation auch zum eigenen Nachteil an die Vergangenheit binden. Deshalb ist es wichtig, daß die Manager es einem Platt bei *HP* oder Bradley bei *Ciba Vision* gleichtun und eine klare Vision mit begrenztem Bestand an Kernwerten schaffen, die auch unterschiedliche Kulturen innerhalb der Organisation auffangen. Manager hingegen, die sich nicht gezielt um die kulturelle Vielfalt und um kulturellen Wandel bemühen, zahlen (wie Simonsen bei *Oticon*) einen hohen Preis bei dem Versuch, Innovation und Wandel zu bewältigen.

Erfolgreiche Innovation erfordert diplomatisches Geschick: Bei langfristigen Innovationen müssen Innovationsströme, Markterfordernisse und organisatorische Fähigkeiten aufeinander abgestimmt werden. Dazu gilt es, entsprechende funktionale Kompetenzen (zum Beispiel in Technologie, Marketing oder Vertrieb) zu schaffen und so miteinander zu kombinieren, daß Produkte beziehungsweise Dienstleistungen entstehen, die den Kundenerfordernissen gerecht werden. Da beim Innovationsmanagement auch diverse Kompetenzen über vielfältige Grenzen hinweg zu kombinieren sind, müssen die Führungsteams organisatorische Prozesse nicht nur innerhalb ihrer Einheiten, sondern auch zu ihren Kollegen auf gleicher Ebene, zu ihren Vorgesetzten nach oben und über die Unternehmensgrenzen hinaus zu wichtigen Lieferanten, Verkäufern, Allianzpartnern und Kunden bewältigen. Gerade diese externen Beziehungen erfordern vielfach ein Vorgehen ohne formale Macht oder Kontrolle. Deshalb müssen Manager, die grenzüberschreitende Prozesse zu bewältigen haben, diplomatische Politiker, Verhandlungspartner und Netzwerker zugleich sein. So hatte Pierre Urech mit seinem *Tilt*-Produkt sicher auch deshalb einen derartigen Erfolg, weil es ihm gelungen war, enge Bande zu einflußreichen Akteuren in der zentralen Forschung und Entwicklung, in seiner Sparte und in den geographischen Regionen zu knüpfen.

Für Innovationsströme sind Technologiezyklen maßgeblich: Technologien sind durch Entwicklungszyklen gekennzeichnet. Auf Perioden der Variation folgt die Selektion einer dominanten Version, an die sich Perioden allmählichen technologischen Wandels anschließen, die ihrerseits mit einem technologischen Durchbruch enden. Die erfolgreichsten Unternehmen sind in der Lage, Einfluß auf diese Technologiezyklen zu nehmen; sie sind in der Lage, dominante Versionen zu gestalten (wie *Seiko* mit seinen Quarzuhren) und neue Technologiezyklen durch proaktive Einführung bahnbrechender Produkt- oder Prozeßinnovationen auszulösen (wie *Ciba Vision* mit seinen Tag und Nacht zu tragenden Kontaktlinsen). Durch gezielte Gestaltung einschlägiger Technologiezyklen können Manager Ströme von Innovationen schaffen – kontinuierliche, architektonische und diskontinuierliche Innovationen. Und wenn sie diese Innovationsströme zu lenken verstehen, zählen sie nicht nur zu den Gewinnern von heute, sondern geben zugleich die Standards von morgen vor.

Duale Organisationen ermöglichen ein erfolgreiches Konkurrieren auf den Märkten von heute und morgen: Strategische Innovation und die Notwendigkeit zur gleichzeitigen Bewältigung kontinuierlicher, architektonischer und diskontinuierlicher Innovationen machen einen Ausgleich zwischen widersprüchlichen Zwängen erforderlich. Dies bedeutet, daß Manager – wie bei *Ciba Vision* – die organisatorischen Kompetenzen schaffen müssen, um multiple Strategien, Strukturen, Prozesse und Kulturen für den Erfolg von heute erfassen und gleichzeitig Vorkehrungen für diskontinuierliche künftige Innovationen treffen zu können. Klare, einfache Visionen sind ein wichtiges Instrument, um die unvermeidlichen Widersprüche in dualen Organisationen in Einklang zu bringen. Doch erst interne Diversität und Experimentierfreudigkeit verschaffen dem Management die Datenbasis für strategische Entscheidungen. Deshalb gehört schon ein Quentchen Glück zu erfolgreichem langfristigem Innovationsmanagement. Als Manager kann man für Erfolg nicht garantieren – aber man kann Organisationen schaffen, die auf systematische Weise mehr Glück haben als die Konkurrenz.

Die Bewältigung von Innovationsströmen bedeutet die Bewältigung diskontinuierlichen Wandels: Innovationsströme sind mit organisatorischem Wandel verbunden. Während kontinuierliche Innovationen (wie bei *Oticon*, *Ciba Vision* und im Fall des Leutnants Sims) im Rahmen der derzeitigen Organisationsstruktur zu bewältigen sind, machen sowohl architektonische als auch diskontinuierliche Innovationen einen systemweiten organisatorischen Wandel erforderlich. Diese Innovationsformen bedeuten immer eine Loslösung von bisherigen Vorgehensweisen; sie ziehen und zerren am politischen, strukturellen und kulturellen Strukturgefüge einer Organisation. In so unterschiedlichen Unternehmen wie *Xerox*, *Alcoa*, *SMH* und *Ciba Vision* bedeutet die Bewältigung von Innovationsströmen stets die Bewältigung eines allmählichen wie auch revolutionären organisatorischen Wandels. Es reicht nicht, über die richtige Technologie zu verfügen. Innovationen müssen selbst im Kontext einer häufig gleichgültig, wenn nicht gar feindlich gesonnenen Organisation umgesetzt werden. Erfolgreiche Innovationen hängen entscheidend vom Verständnis für die grundlegende Dynamik beim integrierten „Management des Wandels" ab: Es gilt, Einfluß auf die mit dem Wandel verbundenen betriebspolitischen Strömungen zu nehmen, individuelle Ängste und Widerstände abzubauen sowie die Kontrolle während der Übergangsperioden zu behalten.

Innovation ist ein Teamsport: Gleich, ob es sich um die Pflanzenschutz-Sparte von *Ciba*, um *Anaquest* oder um die *BOC*-Industriegas-Sparte handelt – Erfolg durch Innovation steht und fällt mit dem Führungsteam. Wenn die Organisation in der Lage sein soll, all die widersprüchlichen Anforderungen kontinuierlicher, architektonischer und diskontinuierlicher Innovationen in Einklang zu bringen, müssen der Manager und die ihm unmittelbar unterstellten Mitarbeiter in der Lage sein, diese Spannungen aufzufangen. Das Team muß über die erforderlichen Kompetenzen und Prozesse verfügen, um der internen Diversität im Rahmen einer klaren, gemeinsam getragenen Vision gerecht werden zu können. Dieses Team – die gesamte Führungsspitze – ist ein mächtiger Signalgeber, der von allen Mitarbeitern der Organisation genau beobachtet wird. Wenn das Führungsteam das eine predigt und das andere praktiziert, schließen die Mitarbeiter aus solch widersprüchlichem Vorgehen schnell auf Verwirrung, Unfähigkeit oder Unehrlichkeit. Ein konsistentes Vorgehen ist nur möglich, wenn das ganze Team klare Vorstellungen davon hat, was wichtig ist, und wenn es seine Botschaft der gesamten Organisation immer wieder mit Nachdruck vermittelt. Um eine mit Erfolg häufig verbundene intellektuelle Trägheit zu vermeiden, muß das Durchschnittsalter des Führungsteams unter Umständen bewußt jung gehalten werden – entweder durch systematisches Rotieren oder durch Ersetzen von Mitgliedern. Es ist kein Zufall, daß erfolgreiche Revolutionen zumeist von neuen Führungsteams ausgelöst werden!

Strategische Innovation setzt voraus, daß man auch im Topmanagement dual vorgeht und Führungsstil wie Kompetenzen im Team so abstimmt, daß den gegensätzlichen Anforderungen kurzfristiger Effizienz einerseits und langfristiger Anpassung andererseits Rechnung getragen wird. So setzte Bradley bei der *Ciba Vision* unternehmerisch handelnde Teams ein, die für die „Durchbruch-Bereiche" zuständig waren, während er in den reiferen Produktbereichen eher effizienzorientierte, kostenbewußte Manager bevorzugte. Ein solches Portefeuille an Managementeigenschaften, eingebettet in eine gemeinsame Vision mit klaren Zielen, ist eine wichtige Voraussetzung für die Bewältigung von Innovationsströmen.

Bewältigung von Widersprüchen

Erfolg durch Innovation bedeutet die Bewältigung von Widersprüchen – Management von heute *und* für morgen. Erfolg durch Innovation bedeutet, daß Technologiezyklen zur proaktiven Gestaltung heutiger wie zukünftiger Innovationsströme genutzt werden. Wie die Beispiele von Leutnant Sims, C.K. Chow in der *BOC*-Industriegas-Sparte sowie Glen Bradley bei *Ciba Vision* zeigen, geht Innovationsmanagement mit tiefgreifenden, weltweit zu beobachtenden Schwierigkeiten einher. Dabei hat Innovationsmanagement mehr mit Führungsverhalten und organisatorischen Fähigkeiten als mit technologischer Bravourleistung zu tun. Erfolg durch Innovation setzt Manager voraus, die all die in dualen Organisationen unvermeidlichen Widersprüche zu integrieren, aufzufangen und zum Vorteil des Unternehmens zu nutzen verstehen. Solche Manager sind in der Lage, die derzeitige Kultur und die bisherigen Erfolge des Unternehmens für ihre Zwecke einzusetzen, ohne sich darin zu verfangen.

Erfolg durch Innovation bedeutet auch die Bewältigung von Wandel. Die Welt ist voll anregender Visionen, großartiger Strategien und bahnbrechender Innovationen, die entweder nie oder aber zu spät umgesetzt worden sind. Erfolg durch Innovation steht und fällt mit der Fähigkeit des Managers, auch in selbstgefälligen, träge gewordenen Organisationen einen Wandel zu bewirken. Da Innovation und Wandel unweigerlich miteinander verbunden sind, haben wir uns vornehmlich mit der Bewältigung von unternehmensinternen wie unternehmensübergreifenden Veränderungen befaßt. Auch haben wir die Bewältigung von Innovationsströmen mit der Bewältigung unternehmenspolitischer Strömungen, organisatorischer Kontrolle und individueller Widerstände gegen Wandel in Verbindung gebracht.

Der Manager als:	Rolle:
Architekt	Erzielung von Anpassung, Konsistenz und Kongruenz in bezug auf Strukturen, Mitarbeiterpotential und Kulturen zur Durchführung entscheidender Aufgaben im Dienst von Strategie, Zielen und Vision
Netzwerker	Bewältigung strategischen Wandels durch Bildung von Netzwerken und Allianzen innerhalb und außerhalb der jeweiligen Einheit – vertikal und horizontal
Jongleur	Auffangen widersprüchlicher Strategien, Strukturen, Kompetenzen und Kulturen im Dienst kontinuierlicher, architektonischer und diskontinuierlicher Innovationen sowie Integration dieser Widersprüche durch eine klare Vision

Tab. 9.1: Führungsrollen bei der Bewältigung von Innovation und Wandel

Unser Buch veranschaulicht an drei Führungsrollen, wie Managern die Bewältigung von Innovation und Wandel gelingen kann. Gleich, ob es sich um Spitzenmanager (wie Chow bei *BOC*) oder um einen Projektleiter (wie Urech in der *Ciba*-Pflanzenschutz-Sparte) handelt – Manager sind stets organisatorische Architekten, Netzwerker und Jongleure in einer Person (siehe Tabelle 9.1). Der Manager als Architekt nutzt Strategie, Strukturen, Kompetenzen und Kulturen als Instrumente zur Schaffung dualer Organisationen. Doch Innovationsströme sind auch mit diskontinuierlichem Wandel verbunden. Die zweite Führungsrolle erfüllt der Manager als Netzwerker und Diplomat, indem er Cliquen und Allianzen im Dienst von Innovation und Wandel bildet. Und schließlich haben wir den Manager als Künstler oder Jongleur dargestellt: Er fängt all die Spannungen und Widersprüche auf, die dualen Organisationen innewohnen, und integriert sie in das Management von heute und für morgen. Die besten Manager verfügen über all diese Kompetenzen und flexiblen Verhaltensweisen – sie verstehen es, die diversen Managementfähigkeiten zur Bewältigung von Innovationsströmen und zur organisatorischen Erneuerung in Einklang zu bringen.

Die Wirtschaftspresse ist voller Klischees, aber auch voller Wahrheiten in bezug auf das Tempo des Wandels, dem unsere heutigen Führungskräfte ausgesetzt sind. Wie wir von Leutnant Sims in Kapitel 1 lernen konnten, fällt es erfolgreichen Organisationen schwer, sich zu erneuern. Überall in der Welt geraten erfolgreiche Organisationen ins Stolpern, weil das Management unfähig war, Innovationsströme zu steuern. Wir haben gezeigt, wie ein Verständnis der Dynamik von Innovation und Wandel zu erreichen ist und wie sich die Tyrannei des Erfolgs vermeiden läßt. Tom Peters hat behauptet, es gäbe keine „exzellenten Organisationen". Das mag zutreffen, aber unsere Erfahrung ist, daß es exzellente Manager gibt – Männer und Frauen, die gelernt haben, verschiedenartige Führungsteams aufzubauen sowie soziale Kontrollprozesse und unterschiedliche Kulturen bei der Gestaltung dualer Organisationen zu nutzen. Sie sind es, von denen wir gelernt haben, wie Organisationen ihre heutige Stärke in zukünftige Stärke umwandeln können. Sie sind Architekten, Netzwerker und Jongleure – sie sichern Erfolg durch Innovation.

Bibliographie

Abernathy, W. 1978. *The Productivity Dilemma*. Baltimore: Johns Hopkins University Press.

Abernathy, W., and K. Clark. 1985. "Innovation: Mapping the Winds of Creative Destruction." *Research Policy* 14: 3–22.

Abernathy, W., and J. Utterback. 1978. "Patterns of Industrial Innovation." *Technology Review* 80: 40–47.

Abrahamson, E. 1996. "Management Fashion." *Academy of Management Review* 21: 254–285.

Adler, P. 1988. "Managing Flexible Automation." *California Management Review* (Spring): 34–55.

—.1993. "The Learning Bureaucracy: New United Motors Manufacturing, Inc." In *Research in Organizational Behavior*, edited by B. Staw and L. Cummings. Greenwich, Conn.: JAI Press.

Aitken, H. 1985. *The Continuous Wave*. Princeton: Princeton University Press.

Allen, T. 1977. *Managing the Flow of Technology*. Cambridge, Mass.: MIT Press.

Ancona, D. 1990. "Top Management Teams: Preparing for the Revolution." In *Social Psychology in Business*, edited by J. Carroll. Hillsdale, NJ: Erlbaum.

Ancona, D., and D. Caldwell. 1992. "Bridging the Boundary: External Processes in Organization Teams." *Administrative Science Quarterly* 37: 634–665.

—.Forthcoming. "Making Teamwork Work: Boundary Management in Product Development Teams." In *Managing Strategic Innovation: A Collection of Readings*, edited by M. Tushman and P. Anderson. New York: Oxford.

Ancona, D., and D. Nadler. 1989. "Top Hats and Executive Tales." *Sloan Management Review* 30: 19–28.

Anderson, P., and M. Tushman. 1990. "Technological Discontinuities and Dominant Designs: A Cyclical Model of Technological Change." *Administrative Science Quarterly* 35: 604–633.

—. 1991. "Managing Through Cycles of Technological Change," *Research and Technology Management* 34: 26–31.
Argyris, C., and D. Schon. 1978. *Organizational Learning*. Reading, Mass.: Addison– Wesley.
Ash, M. K. 1995. *Mary Kay: You Can Have It All*. Rocklin, Calif.: Prima Publishing.
Bandura, A. 1977. *Social Learning Theory*. Englewood Cliffs, N.J.: Prentice-Hall.
Barley, S. 1990. "The Alignment of Technology and Structure through Roles of Networks." *Administrative Science Quarterly* 35, no.1: 61–103.
Barnard, C. 1938. *Functions of the Executive*. Cambridge, Mass.: Harvard University Press.
Barnett, W. 1994. "The Liability of Collective Action: Growth and Change Among Early American Telephone Companies." In *Evolutionary Dynamics of Organizations*, edited by J. Baum and J. Singh. New York: Oxford University Press.
Barnett, W., and G. Carroll. 1995. "Modeling Internal Organization Change." *American Review of Sociology* 21: 217–236.
Bartlett, C., and S. Ghoshal. 1989. *Managing Across Borders*. Boston: Harvard Business School Press,
—. 1990. "Managing Innovation in the Transnational Corporation." In *Managing the Global Firm*, edited by C. Bartlett, Y. Doz and B. Hedlund. New York: Oxford University Press.
Bartunek, J. 1984. "Changing Interpretative Schemes and Organizational Restructuring." *Administrative Science Quarterly* 29: 355–372.
Baum, J. 1996. "Organization Ecology." In *Handbook of Organization Studies*, edited by S. Clegg, C. Hardy, and W. Nord. London: Sage.
Baum, J., and H. Korn. 1995. "Dominant Designs and Population Dynamics in Telecommunications Services." *Social Science Research* 24: 97–135.
Baum, J., and J. Singh. 1994. *Evolutionary Dynamics of Organizations*. New York: Oxford University Press.
Beer, M., R. Eisenstadt, and B. Spector. 1990. *The Critical Path to Organization Renewal*. Boston: Harvard Business School Press.
Bellah, R., R. Madsen, W. Sullivan, A. Swidler, and S. Tipton. 1985. *Habits of the Heart: Individualism and Commitment in American Life*. Berkeley: University of California Press.

Biggart, N. 1989. *Charismatic Capitalization; Direct Selling Organization in America*. Chicago: University of Chicago Press.
Boeker, W. 1989. "Strategic Change: Effects of Founding and History. "*Academy of Management Journal* 32: 489–515.
Brass, D., and M. Burkhardt. 1993. "Potential Power and Power in Use." *Academy of Management Journal* 36: 441–470.
Brown, J. 1991. "Research that Reinvents the Corporation," *Harvard Business Review* (January-February): 102–111.
Brown, S., and K. Eisenhardt. 1995a. "Product Development: Past Research, Present Findings, and Future Directions." *Academy of Management Review* 20: 343–378.
—. 1995. "Product Innovation as Core Capability: The Art of Dynamic
Adaptation." Stanford University Working Paper, Stanford, Calif.,
Buckley, N. 1994. "Break-Out: A New Fashion at Sears." *Financial Times*, September 28.
Burgelman, R. 1991. "Intraorganizational Ecology of Strategy Making and Organizational Adaptation." *Organization Science* 2, no. 3: 239–262.
—. 1994. "Fading Memories: A Process Theory of Strategic Business Exit." *Administrative Science Quarterly* 39: 24–56.
Burgelman, R., and R. Rosenbloom. 1989. "Technology Strategy: An Evolutionary Perspective." In *Research on Technological Innovation*, edited by R. Rosenbloom and R. Burgelman. Greenwich, Conn.: JAI Press.
Burkhardt, M., and D. Brass. 1990. "Changing Patterns or Patterns of Change: Effects of Technology Change on Social Network Structure and Power." *Administrative Science Quarterly*, 35, no. 1: 104–127.
Caldwell, D., and C. O'Reilly. 1995. "Promoting Team-Based Innovation: The Use of Normative Influence." Paper presented at the 54th Annual Meetings of the Academy of Management, Vancouver, B.C., August.
Caminiti, S. 1996. "Sears Need: More Speed." *Fortune*, February 13.
Carroll, G., and M. Hannan. 1989. "Density Dependence in the Evolution of Populations of Newspaper Organizations." *American Sociological Review* 54: 524–541.
—. 1995. *Organization in Industries*. New York: Oxford University Press.
Chakravarthy, B. 1981. *Managing Coal*. New York: SUNY Press.

Chandler, A. 1962. *Strategy and Structure*. Cambridge, Mass.: MIT Press.

—. 1990. *Scale and Scope*. Cambridge, Mass.: Harvard University Press.

Chapman, R. 1986. *New Dictionary of American Slang*. New York: Harper Collins.

Chatman, J. 1991. "Matching People and Organizations: Selection and Socialization in Public Accounting Firms." *Administrative Science Quarterly* 36: 459–484.

Chatman, J., and S. Barsade. 1995. "Personality, Organization Culture, and Cooperation." *Administrative Science Quarterly* 40: 423–443.

Christensen, C., and J. Bower. 1996. "Customer Power, Strategic Investment, and the Failure of Leading Firms." *Strategic Management Journal* 17, 197–218.

Cialdini, R. 1993. *Influence: The Psychology of Persuasion*. New York: Quill Press.

Clark, K., and T. Fujimoto. 1991. *Product Development Performance*. Boston: Harvard Business School Press.

Clark, K., and S. Wheelwright. 1992. "Organizing and Leading 'Heavyweight' Development Teams." *California Management Review* (Spring): 9–27.

Cohen, M., and L. Sproul, eds. 1996. *Organizational Learning*. London: Sage.

Cohen, W., and D. Levinthal. 1990. "Absorptive Capacity: A New Perspective on Learning and Innovation." *Administrative Science Quarterly* 35: 128–152.

Collins, J., and J. Portas. 1994. *Built to Last*. New York: Harper Business.

Comer, R., and J. Laird. 1975. "Choosing to Suffer as a Consequence of Expecting to Suffer: Why Do People Do It?" *Journal of Personality and Social Psychology* 32.

Cooper, A., and C. Smith. 1992. "How Established Firms Respond to Threatening Technologies." *Academy of Management Executive* 6, no. 2: 55–70.

Cusumano, M., Y. Mylonadis and R. Rosenbloom. 1992. "Strategic Maneuvering and Mass Market Dynamics: The Triumph of VHS Over Beta." *Business History Review* (Fall): 51–93.

Cusumano, M., and R. Selby. 1995. *Microsoft Secrets*. New York: Free Press.

Damanpour, F. 1996. "Organizational Complexity and Innovation: Developing and Testing Contingency Models." *Management Science* 42, no. 5: 693–701.

D'Aveni, R. 1994. *Hypercompetition*. New York: Free Press.

David, P. 1985. "Clio and the Economics of Qwerty." *American Economic Review* 75 no. 2: 332–337.

Davis, S., and P. Lawrence. 1977. *Matrix*. Reading, Mass.: Addison-Wesley.

Day, D. 1994. "Raising Radicals: Different Processes for Championing Ventures." *Organization Science* 5: 148–172.

De Meyer, A. 1991. "Tech Talk: How Managers Are Stimulating Global R&D Communication." *Sloan Management Review* (Spring): 49–58.

Deschamps, J., and P. Nayak. 1995. *Product Juggernauts*. Boston: Harvard Business School Press.

Deutschman, A. 1994. "How HP Continues to Grow and Grow." *Fortune*, May 2.

Diamond, S. 1991. "Sears Biggest Problem May Be Its Service." *Los Angeles Times*, February 2.

Dobrzynski, J. 1996. "Yes, He's Revived Sears. But Can He Reinvent It?" *New York Times*, January 7.

Donaldson, L. 1995. *American Anti-management Theories of Organization*. Cambridge, England: Cambridge University Press.

Dosi, G. 1982. "Technological Paradigms and Technological Trajectories." *Research Policy* 11: 147–162.

Dougherty, D., and T. Heller. 1994. "The Illegitimacy of Successful Innovation in Established Firms." *Organization Science* 5: 200–218.

Doz, Y., and G. Hamel. 1995. "The Use of Alliances in Implementing Technology Strategies." In *Managing Technology and Innovation for Corporate Renewal*, edited by Y. Doz. New York: Oxford University Press.

Dumaine, B. 1993. "Times Are Good? Create a Crisis." *Fortune*, June 28.

Duncan, R. 1976. "The Ambidextrous Organization: Designing Dual Structures for Innovation." In *The Management of Organizational Design*, edited by R. Kilman and L. Pondy. New York: North Holland.

Dutton, J., L. Fahey, and V. Narayanan. 1983. "Toward Understanding Strategic Issue Diagnoses.“ *Strategic Management Journal* 4: 307–323.

Ehrnberg, E. 1995. "On the Definition and Measurement of Technological Discontinuities.“ *Technomation* 5: 437–452.

Eisenhardt, K. 1989. "Making Fast Strategic Decisions in High Velocity Environments.“ *Academy of Management Journal* 32: 543–576.

Eisenhardt, K., and B. Tabrizi. 1995. "Acceleration Adaptive Processes: Product Innovation in the Global Computer Industry.“ *Administrative Science Quarterly* 40: 84–110.

Ettlie, J., and E. Reza. 1992. "Organizational Integration and Process Innovation.“ *Academy of Management Journal* 35: 795–827.

Farnham, A. 1993. "Mary Kay's Lessons in Leadership.“ *Fortune*, September 20.

Finkelstein, S. 1992. "Power in Top Management Teams.“ *Academy of Management Journal* 35: 505–538.

Finkelstein, S., and D. Hambrick. 1996. *Strategic Leadership: Top Executives and Their Effects on Organizations*. New York: West.

Fisher, A. 1995. "Making Change Stick.“ *Fortune*, April 17.

Flatt, S. 1993. "The Innovation Edge: How Top Management Demography Makes a Difference.“ Ph.D. diss., University of California, Berkeley.

Florida, R., and R. Kenney. 1990. *The Breakthrough Illusion*. New York: Basic Books.

Fortune. 1991. "Today's Leaders Look to Tomorrow.“ March 26.

—. 1995. "A Conversation with Roberto Goizueta and Jack Welch.“ December 11.

Foster, R. 1986. *Innovation: The Attacker's Advantage*. New York: Summit Books.

Foulkes, F. 1991. *Executive Compensation: A Strategic Guide for the 1990s.* Boston: Harvard Business School Press.

Gabarro, J. 1987. *The Dynamics of Taking Charge*. Boston: Harvard Business School Press.

Galbraith, J. 1973. *Designing Complex Organizations*. Reading, Mass.: Addison-Wesley.

Galunic, C., and K. Eisenhardt. 1994. "Reviewing the Strategy-Structures-Performance Paradigm.“ In *Research in Organization Behavior*, edited by B. Staw and L. Cummings. Greenwich, Corm.: JAI Press.

Gargiulo, M. 1993. "Two-Step Leverage: Managing Constraint in Organizational Politics." *Administrative Science Quarterly* 38: 1–19.

Gersick, C. 1991. "Revolutionary Change Theories: A Multi-Level Exploration of the Punctuated Equilibrium Paradigm." *Academy of Management Review* 16: 1–32.

—. 1994. "Pacing Strategic Change: The Case of New Ventures." *Academy of Management Journal* 37: 945.

Glassmeier, A. 1991. "Technological Discontinuities and Flexible Production Networks: The Case of Switzerland and the World Watch Industry." *Research Policy* 20: 469–485.

Gomory, R. 1989. "From the Ladder of Success to the Product Development Cycle." *Harvard Business Review* (November-December): 110–115.

—.1991. "The Technology-Product Relationship: Early and Late Stages." In *Technology and the Wealth of Nations*, edited by N. Rosenberg, R. Landau, and D. Mowery. Stanford, Calif.: Stanford University Press.

Gould, S. 1987a. "The Panda's Thumb of Technology." *Natural History* 1: 14–23.

—. 1987b. *Time's Arrow, Time's Cycle*. Cambridge, Mass.: Harvard University Press.

Greenwood, R., and H. R. Hinings. 1993. "Understanding Strategic Change." *Academy of Management Journal* 6: 1052–1081.

Gresov, C. 1989. "Exploring Fit and Misfit with Multiple Contingencies."*Administrative Science Quarterly* 34: 43 1–453.

Gresov, C., R. Drazin and A. Van de Ven. 1989. "Work Unit Uncertainty, Design and Morale." *Organization Science* 10: 45–62.

Grinyer, R., and P. McKiernan. 1990. "Generating Major Change in Stagnating Companies." *Strategic Management Journal* 11: 131–146.

Hambrick, D., and R. D'Aveni. 1988. "Large Corporate Failures as Downward Spirals." *Administrative Science Quarterly* 33: 1–28.

Hamel, G., and C.K. Prahalad. 1989. "Strategic Intent." Harvard Business Review, 67: 63–76.

—. 1994. *Competing for the Future*. Boston: Harvard Business School Press.

Hammer, M., and J. Champy. 1993. *Reengineering the Corporation*. New York: Harper Business.

Hannan, M., and G. Carroll. 1992. *Dynamics of Organizational Populations*. New York: Oxford University Press.

Hannan, M., and J. Freeman. 1989. *Organizational Ecology.* Cambridge, Mass.: Harvard University Press.

Haveman, H. 1992. "Between a Rock and a Hard Place: Organization Change Under Conditions of Fundamental Environment Transformation." *Administrative Science Quarterly* 37: 48–75.

Hays, L. 1994. "Gerstner Is Struggling to Change Ingrained IBM Culture." *Wall Street Journal*, May 13.

Henderson, R. Forthcoming. "Of Life Cycles Real and Imaginary: The Unexpectedly Long Old Age of Optical Lithography." *Research Policy.*

Henderson, R., and K. Clark. 1990. "Architectural Innovation: The Reconfiguration of Existing Product Technologies and the Failure of Existing Firms." *Administrative Science Quarterly* 35: 9–30.

Henkoff, R. 1994. "Finding and Keeping the Best Service Workers." *Fortune*, October 3.

Herstatt, C., and E. von Hippel. 1992. "Developing New Product Concepts via the Lead User Method: A Case Study in a 'Low-Tech' Field." *J. of Product Innovation Management* 9: 213–221.

Hof, R. 1992. "Inside Intel." *Business Week*, June 1.

Hofstede, G. 1991. *Cultures and Organizations.* New York: McGraw-Hill.

Hollander, S. 1965. *Sources of Efficiency.* Cambridge, Mass.: MIT Press.

Homans, G. 1950. *The Human Group.* Orlando, Fla.: Harcourt Brace.

House, R., W. Spangler, and J. Wyocke. 1991. "Personality and Charisma in the U.S. Presidency." *Administrative Science Quarterly* 36: 364–396.

Howard, R. 1992. "The CEO as Organizational Architect: An Interview with Xerox's Paul Allaire." *Harvard Business Review* (September-October): 107–119.

Huber, G. 1991. "Organization Learning: Contributing Processes and the Literature." *Organization Science* 2: 88–115.

Huber, G., and W. Glick, eds. 1993. *Organizational Change and Design.* New York: Oxford University Press.

Hughes, T. 1983. *Networks of Power.* Baltimore, Md.: Johns Hopkins Press.

Hurst, D. 1995. *Crisis and Renewal.* Boston: Harvard Business School Press.

Iansiti, M., and K. Clark. 1994. "Integration and Dynamic Capability." *Industry and Corporation Change* 3: 557–606.

Ibarra, H. 1993. "Network Centrality, Power and Innovation Involvement." *Academy of Management Journal* 36: 471–501.

Ibarra, H., and S. Andrews. 1993. "Power, Social Influence, and Sense Making: Effects of Network Centrality on Employee Perceptions." *Administrative Science Quarterly* 38: 277–303.

Imai, K., I. Nonaka, and H. Takeuchi. 1985. "Managing the New Product Development Process: How Japanese Firms Learn and Unlearn." In *The Uneasy Alliance*, edited by K. Clark, et al. Boston: Harvard Business School Press.

Ingrassia, P., and J. White. 1994. *Comeback: The Fall and Rise of the American Automobile Industry*. New York: Simon & Schuster.

Jackson, S. 1992. "Consequences of Group Composition for the Interpersonal Dynamics of Strategic Issue Processing." *Advances in Strategic Management* 8: 345–382.

Jackson, S., and S. Dutton. 1988. "Discerning Threats and Opportunities." *Administrative Science Quarterly* 33: 370–387.

Jasinowski, J., and R. Hamrin. 1995. *Making It in America: Proven Paths to Success from 50 Top Companies*. New York: Simon & Schuster.

Jellinek, M., and C. Schoonhoven. 1990. *The Innovation Marathon*. New York: Blackwell.

Jick, T. 1991. "Implementing Change." Case 9–491–114. Boston: Harvard Business School Publishing.

Kano, N. 1993. "A Perspective on Quality Activities in American Firms." *California Management Review* (Spring): 12–30.

Kanter, R., J. North, L. Richardson, C. Ingols, and J. Zolner. 1991. "Engines of Progress: Designing and Running Entrepreneurial Vehicles in Established Companies; Raytheon's New Product Center, 1969–1989." *Journal of Business Venturing* 6.

Kanter, R., B. Stein, and T. Jick. 1992. *The Challenge of Organizational Change*. New York: Free Press.

Katsumata, M. 1994. "Interview with Ciba-Geigy Japan President Paul Dudler." *The Nikkei Weekly*, November 14.

Katz, D., and R. Kahn. 1966. *Social Psychology of Organizations*. New York: Wiley.

Katz, R. Forthcoming. "Managing Professional Careers: The Influence of Job Longevity and Group Age." In *Managing Strategic Innovation*,

edited by M. Tushman and P. Anderson. New York: Oxford University Press.
Katz, R., M. Tushman and T. Allen. 1995. "Dual Ladder Promotions in R&D." *Management Science* 41: 848–863.
Kearns, D., and D. Nadler. 1992. *Prophets in the Dark*. New York: Harper.
Kelly, K. 1991. "3M Run Scared? Forget About It." B*usiness Week*, September 16.
Kerr, S. 1995. "On the Folly of Rewarding A., While Hoping for B." *Academy of Management Executive* 9: 7–14.
Kets de Vries, M., and D. Miller. 1984. "Neurotic Style and Organization Pathology." *Strategic Management Journal* 5: 82–104.
Kidder, T. 1982. *The Soul of a New Machine*. Boston: Little, Brown,
Kimberly, J., and R. Miles. 1980. *The Organization Life Cycle*. San Francisco: Jossey-Bass.
Kolesar, P. 1993. "Vision, Values, and Milestones: Paul O'Neil Starts Total Quality at Alcoa." *California Management Review* (Spring): 133–165.
Kotter, J., and Heskitt, J. 1992. *Corporate Culture and Performance*. New York: Free Press.
Kotter, J., and N. Rothbard. 1993. "Cultural Change at Nissan Motors." Case 9–49 1–079, Harvard Business School Publishing.
Kraar, L. 1989. "Japan's Gung-Ho U.S. Car Plants." *Fortune*, January 30.
Krackhardt, D. 1990. "Assessing the Political Landscape: Structure, Cognition and Power." *Administrative Science Quarterly* 35: 342–369.
Labich, K. 1988. "The Innovators." *Fortune*, June 6.
Landes, D. 1983. *Revolution in Time*. Cambridge, Mass.: Harvard University Press.
Lant, T., F. Milliken, and B. Batra. 1992. "The Role of Managerial Learning and Interpretation in Strategic Persistence and Reorientation." *Strategic Management Journal* 13: 585–608.
Lawler, E. 1986. *High-Involvement Management: Participative Strategies for Improving Performance*. San Francisco: Jossey-Bass.
Lawrence, P., and D. Dyer. 1983. *Renewing American Industry*. New York: Free Press.

Lawrence, P., and J. Lorsch. 1967. *Organizations and Environments*. Boston: Harvard Business School Press.
Leahy, J. 1990. "Changing the Culture at British Airways." Case 9–491–009, Harvard Business School Publishing.
Lee, J., D. O'Neil, M. Pruett, and H. Thomas. 1995. "Planning for Dominance: A Strategic Perspective on the Emergence of a Dominant Design." *R&D Management* 25: 3–15.
Leonard-Barton, D. 1992. "Core Capabilities and Core Rigidities: A Paradox in Managing New Product Development," *Strategic Management Journal* 13: 111–125.
—. 1995. *Wellsprings of Knowledge*. Boston: Harvard Business School Press.
Levering, R., and M. Moskowitz. 1993. *The 100 Best Companies to Work for in America*. New York: Currency Doubleday.
Levitt, B., and J. March. 1988. "Organization Learning." *American Review of Sociology* 14: 3 19–340.
Loeb, M. 1995. "Leadership Lost– and Regained." *Fortune*, April 17.
Loomis, C. 1993. "Dinosaurs?" *Fortune*, May 3.
Lorenzoni, G., and C. Baden-Fuller. 1995. "Creating a Strategic Center to Manage a Web of Partners." *California Management Review* 37, no. 35: 146–162.
Louis, M., and R. Sutton. 1989. "Switching Cognitive Gears: From Habits of Mind to Active Thinking," In *Advances in Organizational Sociology*, edited by S. Bacharach. Greenwich, Conn.: JAI Press.
Lublin, J., and A. Markels. 1995 "How Three CEOs Achieved Fast Turnaround." *Wall Street Journal*, July 21.
Lucas, H. 1996. *The T-Form Organization*. San Francisco: Jossey-Bass.
Lynn, Gary S., Joe Morone and Albert S. Paulson. Forthcoming. "Marketing and Discontinuous Innovation: The Probe and Learn Process." *In Managing Strategic Innovation*, edited by M. Tushman and P. Anderson. New York: Oxford University Press.
Machiavelli, N. 1985. *The Prince*. Translated by L.P.S. de Alvarez. Dallas: University of Dallas Press.
March, J., and H. Simon. 1958. *Organizations*. New York: Wiley.
Martin, J., and C. Siehl. 1983. "Organizational Culture and Counterculture: An Uneasy Symbiosis." *Organizational Designs* 12: 52–64.
McGrath, R., I. MacMillan and M. Tushman. 1992. "The Role of Executive Team Actions in Shaping Dominant Designs: Towards Shaping

Technological Progress." *Strategic Management Journal* 13: 137–161.
Meyer, A., G. Brooks, and J. Goes. 1990. "Environmental Jolts and Industry Revolutions." *Strategic Management Journal* 11: 93–110.
—. 1993. "Organizations' Reaction to Hyperturbulence." In *Organization Change and Redesign*, edited by G. Huber, and W. Glick. New York: Oxford University Press.
Meyer, M., and V. Gupta. 1994. "The Performance Paradox." *Research in Organization Behavior*, 309–369.
Meyer, M., and J. Utterback. 1993. "Product Family and the Dynamics of Core Capability." *Sloan Management Review* 34: 29–47.
Mezias, S., and M. A. Glynn. 1993. "Three Faces of Corporate Renewal: Institution, Revolution and Evolution." *Strategic Management Journal* 14: 77–101.
Miles, R., and K. Cameron. 1982. *Coffin Nails and Corporate Strategy.* Englewood Cliffs, N.J.: Prentice Hall.
Miles, R., and C. Snow. 1994. *Fit, Failure and the Hall of Fame.* New York: Free Press.
Miller, D. 1986. "Configurations of Strategy and Structure: Towards a Synthesis." *Strategic Management Journal* 7: 233–249.
—. 1990. *The Icarus Paradox: How Exceptional Companies Bring About their Own Downfall.* New York: Harper.
—. 1993. "The Architecture of Simplicity." *Academy of Management Review* 18: 116–138.
—. 1994. "What Happens After Success?" *J. of Management Studies* 31: 325–358.
Miller, D., and P. Friesen. 1984. *Organizations: A Quantum View.* Englewood Cliffs, N.J.: Prentice-Hall.
Milliken, F., and T. Lant. 1991. "The Effect of an Organization's Recent History on Strategic Persistence and Change." In *Advances in Strategic Management*, vol. 7, edited by J. Dutton, A. Huff, and P. Shrivastava. Greenwich, Corm.: JAI Press: 129–156.
Mintzberg, H., and F. Westley. 1992. "Cycles of Organization Change." *Strategic Management Journal* I 3: 39–59.
Mitchell, G., and W. Hamilton. 1988. "Managing R&D as a Strategic Option." *Research and Technology Management* (May-June): 15–22.
Mitchell, R. 1989. "Masters of Innovation." *Business Week*, April 10.

Mitchell, T., and C. O'Reilly. 1983. "Managing Poor Performance and Productivity Organizations." In *Research in Personnel and Human Resources Management*, Vol. 1. Greenwich, Conn.: JAI Press.
Mokyr, J. 1990. *Lever of Riches*. New York: Oxford University Press.
Morison, E. 1966. *Men, Machines, and Modern Times*. Cambridge, Mass.: MIT Press.
Morone, J. 1993. *Winning in High Tech Markets*. Boston: Harvard Business School Press.
Nadler, D., and M. Tushman. 1980. "A Model for Diagnosing Organization Behavior." *Organization Dynamics* (Spring): 148–163.
—. 1988. *Strategic Organization Design*. New York: Harper.
—. 1989. "Organization Frame-Bending: Principles for Managing Reorientation." *Academy of Management Executive* 3: 194–204.
—. 1990. "Beyond Charismatic Leaders: Leadership and Organization Change." *California Management Review*, Winter, 1990, 77–90.
—. 1992. "Designing Organizations that Have Good Fit." In *Organization Architecture*, edited by D. Nadler: San Francisco: Jossey Bass.
—. Forthcoming. *Competing by Design: The Power of Organizational Architectures*. New York: Oxford University Press.
Nadler, D., M. Gerstein and R. Shaw. 1992. *Organization Architecture*. San Francisco: Jossey-Bass.
Nadler, D., R. Shaw and E. Walton. 1995. *Discontinuous Change*. San Francisco: Jossey-Bass.
Nelson, R. 1995. "Recent Evolutionary Theorizing About Economic Change." *Journal of Economic Literature* 33: 48–90.
Nelson, R., and S. Winter. *An Evolutionary Theory of Economic Change*. Cambridge, Mass.: Harvard University Press, 1982.
Noble, D. 1984. *Forces of Production*. New York: Knopf.
Nohria, N., and R. Eccles, eds. 1992. *Networks and Organizations*. Boston: Harvard Business School Press.
Nonaka, I. 1988a. "Creating Order Out of Chaos: Self Renewal in Japanese Firms." *California Management Review* 30, no. 3: 57–73.
—. 1988b. "Toward Middle-Up-Down Management: Accelerating Information Creation," *Sloan Management Review* (Spring): 9–18.
—. 1990. "Redundant, Overlapping Organization: A Japanese Approach to Innovation." *California Management Review* 32: 27–38.
—. 1993. *The Knowledge Creating Company*. New York: Oxford University Press.

O'Reilly, C. 1989. "Corporations, Culture and Commitment: Motivation and Social Control in Organizations." *California Management Review* 31: 24–38.

—. Forthcoming. "Organization Culture and Managing Innovation." In *Managing Strategic Innovation*, edited by M. Tushman and P. Anderson. New York: Oxford University Press.

O'Reilly, C., and J. Chatham. 1986. "Organizational Commitment and Psychological Attachment: The Effects of Compliance, Identification, and Internalization on Prosocial Behavior." *Journal of Applied Psychology* 71: 492–499.

—. 1995. "Working Smarter and Harder: A Study of Managerial Success." *Administrative Science Quarterly* 39: 603–627.

——.1996. "Culture as Social Control: Corporations, Cults, and Commitment." In *Research in Organization Behavior*, edited by B. Staw and L. Cummings. Greenwich, Conn.: JAI Press.

O'Reilly, C., D. Caldwell, and W. Barnett. 1989. "Work Group Demography, Social Integration and Turnover." *Administrative Science Quarterly* 34: 21–37.

O'Reilly, C., J. Chatman, and D. Caldwell. 1991. "People and Organizational Culture." *Academy of Management Journal* 34: 487–516.

O'Reilly, C., R. Snyder and J. Booth. 1993. "Effects of Executive Team Demography and Organizational Change." In *Organizational Design and Change*, edited by G. Huber and W. Glick. New York: Oxford University Press.

O'Reilly, C., and B. Weitz. 1980. "Managing Marginal Employees: The Use of Warnings and Dismissals." *Administrative Science Quarterly* 25: 467–484.

Pascale, R. 1990. *Managing on the Edge*. New York: Simon & Schuster.

Perrow, C. 1970. *Organizational Analysis*. Belmont, Calif.: Wadsworth.

Peters, T,, and R. Waterman. 1983. *In Search of Excellence*. New York: Free Press.

Pettigrew, A. 1985. *The Awakening Giant: Continuity and Change at ICI*. Oxford, England: Blackwell, 1985.

Pettigrew, A., and R. Whipp. 1991. *Managing Change for Competitive Success*. Oxford, England: Basil Blackwell.

Pfeffer, J. 1981. "Management as Symbolic Action." In *Research in Organizational Behavior*, edited by B. Staw and L. Cummings. Greenwich, Conn.: JAI Press.

—. 1992a. *Managing with Power*. Boston: Harvard Business School Press.
—. 1992b. "Understanding Power in Organizations," *California Management Review* (Winter): 29–50.
—. 1994. *Competitive Advantage through People*. Harvard Business School Press
Porter, M. 1980. *Competitive Strategy: Techniques for Analyzing Industries*. New York: Free Press.
Prahalad, C. 1993. "The Role of Core Competencies in the Corporation," *Research and Technology Management* (November-December): 40–47.
Quinn, J. 1992. *Intelligent Enterprise*. New York: Free Press.
Quinn, R., and K. Cameron. 1983. "Organization Life Cycles and Shifting Criteria of Effectiveness." *Management Science* 29: 33–51.
—. 1988. *Paradox and Transformation*. Cambridge, Mass.: Ballinger Publications.
Redding, G. 1975. *International Cultural Differences*. Aldershot, England: Dartmouth.
Robello, K., P Burrows, and I. Sager 1996. "The Fall of an American Icon." *Business Week*, February 5.
Roberts, E., and C. Berry. 1985. "Entering New Businesses: Selecting Strategies for Success." *Sloan Management Review* (Spring): 3–17.
Romanelli, E., and M. Tushman. 1994. "Organization Transformation as Punctuated Equilibrium." *Academy of Management Journal* 37: 1141–1 166.
Rosenbloom, D., and C. Christensen. 1994. "Technological Discontinuities, Organization Capabilities, and Strategic Commitments." *Industry and Corporate Change* 3: 655–686.
Rosenkopf, L., and M. Tushman. 1994. "The Coevolution of Technology and Organization." In *Evolutionary Dynamics of Organizations*, edited by J. Baum, and J. Singh. New York: Oxford University Press.
Ross, L., and R. Nisbett. 1991. *The Person and the Situation: Perspectives of Social Psychology*. New York: McGraw-Hill.
Rousseau, D. 1995. *Psychological Contracts in Organizations*. Thousand Oaks, Calif.: Sage.
Royston, G., and C. Hinings. 1993. "Understanding Strategic Change: The Contribution of Archetypes." *Academy of Management Journal* 30, no. 5: 1052–1081.

Sager, I. 1995a. "The View from IBM." Business Week, October 30.
—. 1995b. "We Won't Stop... Until We Find Our Way Back." *Business Week*, May 5.
Sager, I., and A. Cortese. 1994. "Lou Gerstner Unveils His Battle Plan." *Business Week*, April 4.
Sakakibara, K., and E. Westney. 1991. "Japan's Management of Global Innovation: Technology Management Crossing Borders." In *Technology and the Wealth of Nations*, edited by N. Rosenberg, R. Landau, and D. Mowery. New York: Oxford University Press, 1991.
Sanderson, S., and M. Uzumeri. 1995. "Product Platforms and Dominant Designs: The Case of Sony's Walkman." *Research Policy* 24: 583–607.
Sastry, A. Forthcoming. "Problems and Paradoxes in a Theoretical Model of Punctuated Organization Change." *Administrative Science Quarterly.*
Schares, G. 1993. "Percy Barnevik's Global Crusade." *Business Week Enterprise*.
Schein, E. 1977. *Process Consultation*. Reading, Mass.: Addison-Wesley.
—. 1985. *Organizational Culture and Leadership: A Dynamic View.* San Francisco: Jossey-Bass.
—. 1996. "Culture: The Missing Concept in Organization Studies." *Administrative Science Quarterly* 41, no. 2: 229–240.
Schiller, Z. 1995. "The Revolving Door at Rubbermaid." *Business Week*, September 18.
Schoonhoven, K., and K. Eisenhardt. 1990. *Managing Complexity in High Technology Organizations*. New York: Oxford University Press.
Schoonhoven, K., K. Eisenhardt, and K. Lyman. 1990. "Speeding Products to Market. *Administrative Science Quarterly* 35, no.1: 177–207.
Sellars, P. 1993. "Companies That Serve You Best." *Fortune*, May 31.
—. 1995. "Sears: In with the New: Out with the Old." *Fortune*, October 16.
Senge, P. 1990. *The Fifth Discipline*. New York: Doubleday.
Sherman, S. 1993. "Andy Grove: How Intel Makes Spending Pay Off." *Fortune*, February 22.
—. 1994. "Is He Too Cautious to Save IBM." *Fortune*, October 3.

Smith, D., and R. Alexander. 1990. *Fumbling the Future*. New York: Harper.
Smith, M. R., and L. Marx. 1994. *Does Technology Drive History?* Boston: MIT Press.
Smith, P., and M. Ford. 1994. *Social Psychology Across Cultures*. Boston: Allyn & Bacon.
Spender, J. C. 1989. *Industry Recipes: An Enquiry into the Nature of Managerial Judgment*. New York: Blackwell.
Stack, J. 1992. *The Great Game of Business*. New York: Currency/Doubleday.
Stewart, T. 1990. "A New Way to Wake Up a Giant." *Fortune*, October 22.
—. 1994. "How to Lead a Revolution." *Fortune*, November 28.
—. 1996. "3M Fights Back." *Fortune*, February 5.
Strebel, P. 1992. *Breakpoints: How Managers Exploit Radical Business Change*. Boston: Harvard Business School Press.
Strom, S. 1992a. "Further Prescriptions for the Convalescent Sears." *New York Times*, October 10.
—. 1992b. "Signs of Life at Sears, Roebuck." *New York Times*, October 25.
Taylor, W. 1991. "The Logic of Global Business: An Interview with ABB's Percy Barnevik." *Harvard Business Review* (March-April): 91–105.
—. 1993. "Message and Muscle: An Interview with Swatch Titan Nicholas Hayek." *Harvard Business Review* (March-April): 99–1 10.
Teece, D. 1987a. "Capturing Value from Technological Innovation: Integration, Strategic Partnering, and Licensing Decisions." In *Technology and Global Industry*, edited by B. Guile and H. Brooks.
—. 1987b. "Profiting from Technological Innovation." In T*he Competitive Challenge*, edited by D. Teece. New York: Harper & Row.
Teece, D., and G. Pisano. 1994. "Dynamic Capabilities of Firms." *Industry and Corporate Change* 3: 537–556.
Thompson, J. 1967. *Organizations in Action*. New York: McGraw-Hill.
Tichy, N. 1983. *Managing Strategic Change*. New York: Wiley.
Tichy, N., and S. Sherman. 1993a. *Control Your Destiny or Somebody Else Will*. New York: Currency/Doubleday.
—. 1993b. "Jack Welch's Lessons for Success." *Fortune*, January 25.

Tomsho, R. 1992. "Worm Turns Out to Have Many Uses Few Can Appreciate.“ *The Wall Street Journal*, March 4.
Tushman, M. 1978. "Task Characteristics and Technical Communication in R&D.“ *Academy of Management Journal* 21: 624–645.
Tushman, M., and P. Anderson. 1986. "Technological Discontinuities and Organization Environments.“ *Administrative Science Quarterly* 3 1: 439–465.
Tushman, M., and D. Nadler. 1978. "Information Processing as an Integrating Concept in Organization Design.“ *Academy of Management Review* 3: 613–624.
—. 1986. "Organizing for Innovation.“ *California Management Review* 28, no. 3: 74–92.
Tushman, M., and E. Romanelli. 1985. "Organization Evolution: A Metamorphosis Model of Convergence and Reorientation.“ In *Research in Organization Behavior*, Vol. 7, edited by B. Staw and L. Cummings. Greenwich, Corm.: JAI Press.
Tushman, M., and L. Rosenkopf. 1992. "On the Organizational Determinants of Technological Change: Towards a Sociology of Technological Evolution.“ In *Research in Organization Behavior*, Vol. 14, edited by B. Staw and L. Cummings. Greenwich, Conn.: JAI Press.
Tushman, M., P. Anderson, and C. O'Reilly. Forthcoming. "Technology Cycles, Innovation Streams and Ambidextrous Organizations.“ In *Managing Strategic Innovation*, edited by M. Tushman, and P. Anderson. New York: Oxford University Press.
Tushman, M., W. Newman and E. Romanelli. 1986. "Convergence and Upheaval: Managing the Unsteady Pace of Organizational Evolution.“ *California Management Review* (Fall): 29–44.
Tyre, M., and W. Orlikowski. 1993. "Exploiting Opportunities for Technological Improvement in Organizations.“ *Sloan Management Review* (Fall): 13–26.
Utterback, J. 1994. *Mastering the Dynamics of Innovation*. Boston: Harvard Business School Press.
Van de Ven, A., and R. Drazin. 1985. "The Concept of Fit in Contingency Theory.“ In *Research in Organization Behavior*, Vol. 4, edited by B. Staw and L. Cummings. Greenwich, Conn.: JAI Press.
Van de Ven, A., and D. Ferry. 1980. *Organization Assessment*. New York: Wiley.

Van de Ven, A., and R. Garud. 1994. "The Coevolution of Technical and Institutional Events in the Development of an Innovation." In *Evolutionary Dynamics of Organizations*, edited by J. Baum, and J. Singh. New York: Oxford University Press.
Van de Ven, A., and D. Grazman. Forthcoming. "Evolution in a Nested Hierarchy." *Strategic Management Journal.*
Van de Ven, A., H. Angle, and M. Poole. 1989. *Research on the Management of Innovation*. New York: Harper, Vedin, B. 1994. *Management of Change and Innovation*. Alderhot, England: Dartmouth.
Virany, B., M. Tushman, and E. Romanelli. 1992. "Executive Succession and Organization Outcomes in Turbulent Environments." *Organization* Science 3: 72–92.
Von Hipple, E. 1988. *Sources of Innovation*. New York: Oxford University Press.
Wade, J. 1995. "Dynamics of Organizational Communities and Technological Bandwagons." S*trategic Management Journal* 16: 111–133.
Wageman, R. 1995. "Interdependence and Group Effectiveness." *Administrative Science Quarterly* 40: 145–180.
Walton, M. 1986. *The Deming Method*. New York: Dodd Mead.
Waterman, B. 1991. *Adhocracy: The Power to Change*. New York: Norton.
—. 1994. W*hat America Does Right: Learning from Companies That Put People First*. New York: Norton.
Weick, K. 1979. *The Social Psychology of Organizing*. Reading, Mass.: Addison-Wesley.
Westney, E., and K. Sakakibara. 1986. "The Role of Japan-Based R&D in Global Technology Strategy." *Technology and Society* 7: 315–330.
Wiersema, M., and K. Bantel. 1992. "Top Management Team Demography and Corporate Strategic Change." *Academy of Management Journal* 35: 91–121.
Zellner, W., R. Hof, R. Brandt, S. Baker, and D. Greising. 1995. "Go-Go Goliaths." *Business Week*, February 13.
Zimbardo, P., and M. Lieppe. 1991, *The Psychology of Attitude Change and Social Influence*. New York: McGraw-Hill.

Stichwortverzeichnis

D

E

F

G

H

I

L

W

X

Z